家园与天下

——明代书文化与寻常阅读

何予明 著/译

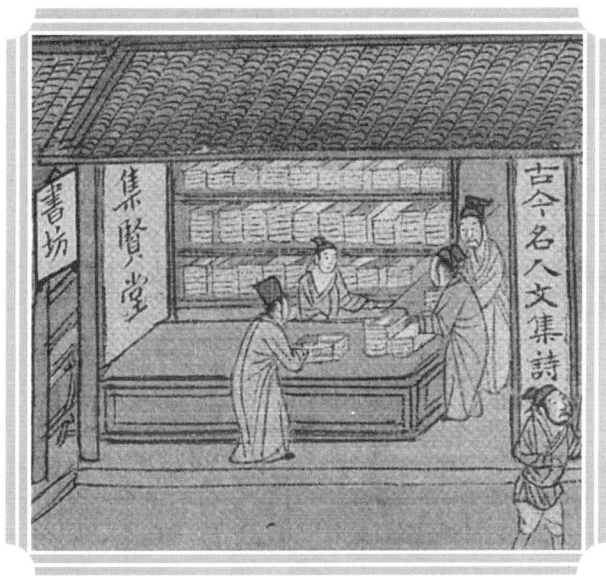

中华书局

图书在版编目(CIP)数据

家园与天下：明代书文化与寻常阅读/何予明著；何予明译.
—北京：中华书局，2019.9
ISBN 978-7-101-13997-6

Ⅰ.家…　Ⅱ.何…　Ⅲ.①古籍-图书史-中国-明代②文化史
-中国-明代　Ⅳ.①G256.1②K248.03

中国版本图书馆 CIP 数据核字(2019)第 149564 号

*Home and the World: Editing the "Glorious Ming" in Woodblock-Printed Books
of the Sixteenth and Seventeenth Centuries*, by Yuming He, was first published
by the Harvard University Asia Center, Cambridge, Massachusetts, USA, in 2013.
Copyright © 2013 by the President and Fellows of Harvard College. Translated
and distributed by permission of the Harvard University Asia Center.
本书由美国马萨诸塞州剑桥市哈佛大学亚洲中心于 2013 年首次出版。
© 2013 版权由哈佛大学校董委员会所有。经哈佛大学亚洲中心许可翻
译和发行。

书　　名	家园与天下——明代书文化与寻常阅读	
著　　者	何予明	
翻 译 者	何予明	
责任编辑	侯笑如　吴稼南	
出版发行	中华书局	
	（北京市丰台区太平桥西里 38 号　100073）	
	http://www.zhbc.com.cn	
	E-mail：zhbc@ zhbc.com.cn	
印　　刷	北京市白帆印务有限公司	
版　　次	2019 年 9 月北京第 1 版	
	2019 年 9 月北京第 1 次印刷	
规　　格	开本/710×1000 毫米　1/16	
	印张 21½　插页 2　字数 230 千字	
印　　数	1-3000 册	
国际书号	ISBN 978-7-101-13997-6	
定　　价	78.00 元	

序

　　读书、识书，通过书的内容来还原一个已经远逝的世界，这是何予明力作的主题。当我撰写这篇序言时，我不禁想到了书对每一位学者而言所具有的特别地位和价值。中华民族是一个崇尚书籍的民族，中华文化的精髓是书本文化。中国学人对书籍和书文化的传承有着深深的情怀。历史上，不论是君主还是庶民，人们都把书籍放在至高无上的神圣位置。唐宋以降，从朝廷到民间，帝王将相和文人雅士都有识书、考书、鉴书的风气，所以中华文明就有了"有册有典"的美名。然而，传统书学注重的是版本优劣、名家题跋、传藏历史和源流考据。在研究书籍发展史时，也都是围绕这一脉络来进行的。此外，人们还始终如一地对书籍加以甄选，评出优劣，凸显权威和学术正统观。这种做法在清代乾隆年间修《四库全书》时达到了巅峰。所谓"平庸低劣"的作品被纳入"禁毁"或"存目"之中，打入"冷宫"，不得选用。

　　然而，从社会文化研究的角度来看，这样"精英学术"的做法是有许多瑕疵的。首先，书籍的最大功能是记载和传递信息。在没有媒介和无法用发达工具来记录社会和文化风貌的古代，用文字和图画来记录世界是唯一可行的方法。今天，我们要了解久远的过去只能通过存世文献或古图。从这个意义上来说，书籍所包含内容和信息的重要性远远大于它们的版本价值。更何况，人们了解历史的角度和欣赏艺术的品味也是在不断变化的，所谓"优秀"典籍的定义也是相对的，就像欧洲早期的古典绘画艺术充满了宗教和神圣意义的圣经故事题材一样，人们一开始会把单一主题视为圣明，然而，随着社会的发展，一些曾经被人们忽略的主题，如现实生活、自然风景以及人们生活中的点滴事物皆被引入艺术家的视线，出现了现实主义和后现代派画家作品，而后者则更能反映社会和世界的本质。

在书籍史研究中，之前我们较少见到将书的内容与版刻印刷、社会及文化生活研究结合在一起的著作。本书是这方面的一部新作。它从明版图书中不同形态的文本和话语结构来构建一个独特的历史时空，作者不受经典意识的束缚，把一些坊本纳入版本研究和印刷史研究的框架，以求构建出一幅真实的明代社会百态图。简而言之，从明版书中的一些非经典作品来体会、观察明代文人的情怀和他们的心灵世界是本书的独到之处。

中国雕版印刷始于唐宋，到了明代就已经达到了空前的昌盛。明朝的商业印刷业非常发达，印刷业普及全国，尤其是新的印刷技术，如套版彩印，这些技术给书籍的制作带来了前所未有的活力。然而，明版书的质量远远达不到宋本的高度，因为宋元时期出版的书较少，并且宋代刻书人的校勘功夫做得很深；宋代纸张和印刷都很精美，堪称艺术精品，这都是一般的明版书无法与之媲美的。但明代出版的书在数量上和版式多元化方面则大大超过了宋、元两代。更为重要的是明版书内容丰富，它们所能反映出的社会生活和文化生态的广度和深度则是宋、元两代的书籍所远远达不到的。何著主要对非经典类的明书，如坊本、俗本和所谓"庞杂不伦"的书作进行深刻的研究，此类书籍也是最接近生活，最能反映民俗民风，最贴近社会万象的作品，它们同时反映出明人交流和社会变迁的步伐和足迹。何著的研究构建出明代书籍文化的框架。

尽管本书作者提出了一个构建明人社会和书籍文化循环的大题材，但仍然遵循了书史研究的基本途径，即对刻书、版式和校勘方面皆作出了颇为深刻且独到的论述。与传统的书史研究著作相比，《家园与天下》更显得有血有肉、生动活泼、新颖并独具视角。它读起来更像一本文化史，而非传统的文本分析和考据之作。这应当是该书的一大特点和建树。《家园与天下》是一本不依据经典来撰写明代书籍史和描绘书籍文化的独辟蹊径的大作。书中提到的人物既不是赫赫有名的一代鸿儒，也不是留名青史的文化大师，他们只是一些小人物和都市中人。他们的语言和思想代表了芸芸众生。这种不追随精英意识的书籍史研究方法可谓开创了书史研究的先河。

说到这里，我不得不提到二十一世纪美国汉学研究领域里的一些发展情况。史学家研究小人物，从小人物来看历史、文学批评家研究坊间俗文学、文化研究学者研究社会生活资料、书史学家则研究非经典的版本，这些都反映了二十一世纪美国汉学研究领域里的一些深刻变化。《家园与天下》是在这个大学术潮流之中的一颗闪亮的明珠。它给我们带来了一个独特的境界和学术研究方法。在今天美国的汉学研究界，具有深厚汉学功底的学者并不多，何予明是其中之一。她的这本著作既无装腔作势的空洞理论，也无一些学者在研究中国时常用的那些故弄玄虚的思维游戏。她对明书的内容、版刻特征、话语体系和那个时代的历史框架做出了缜密分析，下笔之处言之有物，眼光独到。要想做到这一点，没有对中国古籍长期研究和对东西方两大学术话语体系的精确把握是绝对做不到的。

最后谈一点与这本书的内容无关的事。两年前，我向中华书局的总编辑顾青先生推荐了何予明这本书的英文版，我对顾兄说这是美国近年来出版的中国文学和文化研究类书籍中少见的一本好书。顾兄随后就组织中华书局的编辑对这本书进行评审，并很快做出了出版该书中文译本的决定。作为一个在国内极具学术声望的顶级出版社，中华书局出版翻译图书实不多见，于此可见《家园与天下》这本书的学术价值和地位。

美国加州大学柏克莱分校东亚图书馆馆长　周欣平

2018 年 10 月 30 日于加州湾区梅岭山舍

目 录

绪　言

　　其书掇拾诸史及诸小说而成，颇多疏舛。如占城役属于安南，
乃云安南为占城役属，殊不足据，其他叙述，亦太寥寥。

［清］《四库全书总目》①

　　以上是清代大型解题书目《四库全书总目》（以下简称《总目》）对
一本内容不可靠、种类不纯粹的名为《异域图志》的明代书籍的题评。
显然《总目》认为《异域图志》乏善可陈，而《异域图志》也只在《总
目》中存目，未被收入《四库全书》丛书中。

　　《四库全书》的整理是中国历史上一系列对历代典籍进行清点、考
评、复制保存的王朝工程中的最后一次，也是规模最大的一次。四库馆臣
编纂的《四库全书总目》也受到赞誉："总汇三千年间典籍，持论简而明，
修辞淡而雅，人争服之。"② 对《异域图志》的评价，显示了四库馆臣从其
考据、考证出发的版本价值判断，以及馆臣们对一些价值可疑的明书及其
体现的明代书文化的态度。对明书编写疏舛、征引不详以及媚俗射利的
针砭，在《总目》中不乏其例。流风所及，清代目录学家形成了对明书的
普遍不屑，诸如"明人刻书而书亡""明人不知刻书"等清人感慨，流传

---

① 《四库全书总目》卷七八，史部，地理类。见永瑢等《四库全书总目》，中华书局版，
　第678页。本书页底注释均从简标注引文出处，详见第308页"参考文献"。
② ［清］昭梿，何英芳点校《啸亭杂录》，第353页。

至今,仍然是治书史者今天耳熟能详的书史行话。①

　　四库馆臣对明书的不屑,与清人的文化自视和清人学术品格的建立有关,其中所揭示的清代文化与意识形态的形成过程,与其中所揭示的明书特质,实在难说哪个更多一些。② 郭伯恭即曰:"故四库书乃后人求清代公案之资,非可恃为学术之益也。"③ 比如,在四库全书这个整理古今图书、彰显清代文明的工程中,明代的许多类书成为明显的箭垛,被四库馆臣斥为剽窃腐烂之书。从考证立场出发的馆臣,将这些书斥为"荒谬""赝讬""舛谬百出""庞杂不伦""猥杂""攘古自益"等。④ 简言之,这些明代类书编纂者,在十八世纪的四库角度看来,毋宁说是一群文化盗贼("攘古自益")。明遗民视满清为以夷变夏的天崩地解,四库馆臣的书史观则反过来视相当一部分的明书为异类或不类,需要甄别排除才能维护图书的良好秩序。但这些类书从明人自身的角度来看,却是最能体现其文化活力的刻本书籍类型之一。或者说,"撮辑"是明书中的一大文化技术。

---

① "明人刻书而书亡",见陆心源(1834—1894)《仪顾堂题跋》,1.19B(本书对刻本书籍采取"卷数·页数+页面"的标注方式,如"1"指卷一,"19"指第19页,"B"指刷印时页面的左面。下同)。"明人不知刻书",见叶德辉(1864—1927)《书林清话》,第150页。现当代学者对这些论述的引用,见周采泉为杜信孚《明代版刻综录》所作序言等。当代研究者对这些书史行话的重述,未必表示对其全盘接受,但对这些传统说法的有意无意的回顾,却也反映出它们在书目学中根深蒂固的影响。

② 从晚明到康、雍、乾各方面的文化转变,学者论述颇多,不一一列举。英文著述方面,本杰明·艾尔曼(Benjamin Elman)的《从理学到朴学》(*From Philosophy to Philology*)从知识建构的话语和机构革新入手,讨论知识常态的根本性变化。盖博坚(Kent Guy)的《四库全书》(*The Emperor's Four Treasuries*)剖析了"四库"工程的复杂过程,特别是帝王、官僚机构和文士势力之间的角力、妥协与平衡。盖氏指出,乾隆皇帝极为着意对前朝帝王的超越,四库编纂也相应地对明书持有偏见。另外,在《帝制中国晚期儒家礼教主义的兴起》(*The Rise of Confucian Ritualism in Late Imperial China*)一书中,周启荣(Kai-wing Chou)也讨论了清代经学研究的新发展和对礼教的推崇,以及其中对新的社会秩序的理解。

③ 郭伯恭《四库全书纂修考》,第234页。

④ 见酒井忠夫《明代の日用类书と庶民教育》一文第29—38页对《四库全书总目》中明代类书批评的详尽讨论。

近年来明代书史研究力图探讨明书自身（特别是商业印本）的价值，不以清代四库官学为唯一价值衡量标准，改变着传统上轻坊本、俗本、庞杂不伦之书的倾向。① 事实上，如果暂时搁置四库官学对明书不屑之词背后的价值判断，这些不屑之词本身恰恰为我们了解明代书文化提供了有力的线索。比如《总目》中常用来指责一些明书的"稗贩"一词，即为"简而明"之洞见。从词源上来说，"稗"，"谓禾类而别于禾也"（《说文解字》段玉裁注），指的是跟禾类长在一起、形状像禾但损害禾苗生长

① 晚清以来对《四库全书总目》的研究、辨误及批评使得"总目学"成为显学，学者们对《总目》的考据之误、官学地位、政治背景以及馆臣之间的思想博弈等均有深入探讨。今有《中国四库学》辑刊，近有何宗美、张晓芝的《〈四库全书总目〉的官学约束与学术缺失》等。同时，近年印刷史、书史领域的研究成果，特别是其中对明清刻书的商业意义以及对雕版印书的社会影响的分析，也为我们提供了一个更全面、更植根于历史经验的对明清书史的历史描述。中文著作如张秀民著，韩琦增订的《中国印刷史》，杜信孚《明代版刻综录》《全明分省分县刻书考》《全清分省分县刻书考》，缪咏禾《明代出版史稿》，瞿冕良《中国古籍版刻辞典》，肖东发、谢水顺、李珽、陈铎、方彦寿等对福建刻书的研究，周心慧对中国版画史的资料搜集、出版与研究，张伯伟、程章灿等域外汉籍、新文献学方面的工作等。近期又有《中国藏书通史》《中国出版通史》《中国阅读通史》相继问世。英文近期明清印刷史、书史著述包括何谷理（Robert Hegel）《阅读帝制中国晚期插图本小说》（*Reading Illustrated Fiction in Late Imperial China*）；贾晋珠（Lucile Chia）《为利而印》（*Printing for Profit*）；周启荣（Kai-wing Chow）《近世中国的出版，文化，及权力》（*Publishing, Culture, and Power in Early Modern China*）；包筠雅（Cynthia Brokaw）《文化贸易》（*Commerce in Culture*）；包筠雅、周启荣《帝制中国晚期的印刷与书文化》（*Printing and Book Culture in Late Imperial China*）；周绍明（Joseph McDermott）《书籍的社会史》（*A Social History of the Chinese Book*）等。高彦颐（Dorothy Ko）的《闺塾师》（*Teachers of the Inner Chamber*）中有相当部分也涉及十七世纪的印刷文化。对近期明清印刷史、书史研究中的英文著作的评介，则有梅尔清（Tobie Meyer-Fong）《印刷中的世界》（"The Printed World"）；包筠雅《现代之前的中国书史》（"Book History in Premodern China"）。周绍明和彼得·伯克（Peter Burke）编辑的《欧洲与东亚的书籍世界，1450—1850》（*The Book Worlds of East Asia and Europe, 1450—1850*）一书中也有一篇研究著作介绍，题为《东亚与欧洲书史：简目》（"East Asian and European Book History: A Short Bibiographyical Essay"）。对中西书史（book history, 或称书籍史）研究的评介，参见张炜《西方书籍史理论与 21 世纪以来中国的书籍史研究》。

的草；与之相关的则有"稗官""稗史"等词语。其中"稗官"指的是采集街谈巷语、搜罗小说的小官；"稗史"则指与正史相对的野史、杂史等。简言之，"稗"指的是似是而非之物、轻杂之文，被用来提醒人们提防那些看似无足轻重，但若以假乱真则会有损视听的东西。"贩"，贩卖、买贱卖贵之意，这里被用来点出明人造书时的商业动机和对各种材料的投机挪用。其实，当《总目》指责某部书体现了"稗贩之学"时，也无意中勾画出了文化贩卒（如书坊主们）在学识构建中的重要作用，提醒我们官学、正统儒学之外的另类学识空间（"稗贩之学"）的存在。①

　　故而尽管本书的目的与清代官学目录学家们不同，旨在尽量还原明书自己的文化世界，但清人的针砭之词却为我们认知明书——文本、图像、书页、卷册——及明代阅读文化提供了方向。遵循"稗贩"一词中的两条线索，我们可以对文化商贩的一些"庞杂不伦"的产品进行重新审视。一条线索是"稗"：给人随意撮辑、自我夸饰、衍生杂糅的印象的明代书文化；另一条线索是"贩"：市场推进下各类版刻图籍的生产、宣传和消费策略。换言之，我们可以将"稗贩"作为检视中国书文化的明代时期的起点，来探讨这一现象背后明书世界的文化潜质。

　　十六、十七世纪，特别是晚明（约 1570 年代到 1640 年代），人口的快速增长、城市化的加速、商业网络的扩展、内外贸易的活跃使得明朝成为全球现代经济萌芽期的一个重要力量。随之而来的人们社会、经济生活中的变化也使得明人感受到自己身处时代的不同，形成了对自我、王朝及世界的新的认知，商业活动也尤为明显地开始在社会结构和人们的世界观中起主导作用。与此同时，明人跨洲际交流和贸易活动的日渐深广

---

① 学界对庶民文化、民间学术、都市文化等方面的探讨都从不同的角度勾画出文化、学识在各类公共空间中异于官学和正统之学的鲜活发展。

也使得晚明自然地成为学者们探讨中国早期现代性的着眼点。[1]

商业刻书在这一历史时刻得到了前所未有的发展,并重塑着人们的社会文化生活。本书在力图将明代雕版印刷推动的书文化放置在大的历史框架中的同时,所讨论的图籍以及刊行者、编纂者、绘图者和刻工集中于晚明,特别是万历年间(1573—1620)。从明史来看,万历皇帝为明代在位最久的皇帝,主政四十八年,为明代全部统治时期的六分之一,是了解明代的重要时期。对书史来说,万历年间也尤为重要,提供了前瞻后顾的枢纽。

将明代的制书者(或称造书者,包括著、编、述、写、绘、刻者等,其中编又包括集、选、订、纂、校、注、版面设计等)与货郎相比,当然不是清人的发明。王祎(1321—1374)即云:"书之有类,其犹物之有市乎。"[2]

明代郑若庸(1490—1577)花费了二十年,仿《初学记》《艺文类聚》等类书,采集众书而成《类隽》。当时的藏书家、文坛领袖王世贞(1526—1590,字元美,号凤州,又号弇州山人,"后七子"之一)在为《类隽》所写的序中,也将类书制作与货物贩卖相比:[3]

> 故夫善类者,犹之乎善货殖者也:当其寡以多之用也。[4]

---

[1] 柯律格(Craig Clunas)在其著作《早期现代中国的图像与视觉性》(*Pictures and Visuality in Early Modern China*)(此书有黄晓娟中译本,题为《明代图像与视觉性》)以及《长物》(*Superfluous Things*)中均用到"早期现代中国"这个概念。在《长物》2004 年英文平装本序言中,柯氏特别谈到这一概念的正当性及其修辞效果的问题。"早期现代"作为欧洲史书写中的分期概念,在学者们用于中国研究时,集中于 16—17 世纪的中国史研究。这一概念以一种全球视角扩展了对"现代"史的理解,对此学界仁者见仁,智者见智。笔者有意将英文著述中的这一概念在本书中稍作译介,故在这里保留了柯律格书题中"早期现代"一词。关于这一概念,参见汪晖《关于"早期现代性"及其他》。

[2] 王祎《王忠文集》卷五《敏求录序》。本书以"制书者"或"造书者"称参与到书籍制造过程的任何人,用"制书者"时,更突出其中的抽象劳动。

[3] 关于王世贞的领袖地位,《明史》曰:"世贞始与李攀龙狎主文盟。攀龙殁,独操炳二十年……一时士大夫及山人、词客、衲子、羽流,莫不奔走门下。片言褒赏,声价骤起。"《明史》,24:287.7381。

[4] 王世贞《类隽序》,见郑若庸《类隽》,第 225 页。下同。

这里王世贞以赞赏的语气，将善编类书与善货殖做了拟比。书史研究对
副文本（paratext）极为关注，王世贞的《序》，作为副文本，也的确为我
们了解《类隽》的成书过程，乃至当时的士庶文化景观，提供了很多宝贵
的细节。[①] 这里不耽烦琐，将这篇序言全篇录出：

> 《类隽》序
>
> 　　自汉时学士大夫以经术行能相高，不断断为琐屑之学，[②] 即啬
> 夫以利口斥焉。然贰负见表于中山，三筋流迹于洛水，则不克以臆
> 对，而述家所由兴矣。齐梁之君臣，既务为组织雕缋，不能运独至
> 之意，而一时风靡者，大致有二：应制则巧迟败于拙速；征事则伸
> 多胜于屈寡。至博学宏词之科设于唐，而其用益迫矣，故白氏贱之，
> 而其书曰白仆。仆者，役使之也。一曰白襁，若取以襁衣也。然学
> 士大夫往往起田舍，远于金匮石室之藏，壮者役于生，而晚者窘于
> 余，其力不能得之；即得之矣，而东西南北，唯朝夕之是逐。夫惠
> 子之五车纷如，而安能以充后乘也？故夫善类者，犹之乎善货殖者
> 也：当其寡以多之用也。吾友郑山人，年三十余即厌经生业，弃之
> 而杜门为古文辞。吴中号"阛阓诗书"，山人多所假贷，分暑而受
> 之辄成诵。中年而其所为古文辞称于中原，赵康王闻而聘山人，立
> 谈而贤之，曰："生非所谓'行秘书'也耶？"趣授传舍，美酒粱肉
> 大殽已，又曰："生为我成一书，其概若徐坚之《初学记》、欧阳询
> 之《艺文类聚》。"已给笔札，颇出其所藏书，每奏一篇辄称善。会
> 山人北游京师，即少师华亭徐公而语之故，徐公复大贤之，曰："此
> 吾窃有志焉，而未之逮也。"因谓山人：採而唐以前毋略，略惜其遗
> 也；宋而后毋广，广恶其杂也。宁稗而奇，毋史而庸；宁巷而雅，毋
> 儒而俚。山人拜受教。又二十年而书成，名之曰《类隽》，以所类

---

① 　关于［法］哈·热奈特提出的副文本概念，学者讨论颇多，徐彩雯"将文本转变成
书本时的成分均被视为副文本"的译解言简意赅，见《跨越文化藩篱：〈浪漫骑士
堂吉柯德〉之副文本变异》。

② 　断断：文渊阁四库本为"斷斷"，意为争辩貌，当是。

靡匪隽者。则康王久捐国矣，徐公亦谢首揆归其乡，而山人老开九袠，然尚能不废其业。一旦以属余曰："吾业谋于赵嗣王，已告成矣。吾子好为一家言，以吾之不得当也。虽然，其谓我何？"余谢不敏，则曰："子书成而懈，夫豪杰之士以无事殚力于学则不可，然使途之人亦或尽染指焉，以立取而立应，而无腐相如之毫也，则亦唯子之功。"谓康王诚贤王矣。刘孝标作《类苑》，而梁武以人主之重，不能见推诩，顾集诸学士为《华林要略》以高之。康王不爱赵赀与书，以共山人笔札而成山人名。康王诚贤王也。然闻国学汪生，不靳浩费，鸠工登梓，以竟山人之志。则山人之传，籍是大且久矣，讵曰小补之哉！

　　万历甲戌（1574 年）仲冬赐进士出身嘉议大夫都察院右副都
　　御史奉敕提督军务兼抚治郧襄三省地方琅琊王世贞撰

王世贞在《序》中依次讲了几个事项：类书的历史及其功用，郑山人（郑若庸）早年生涯，山人际遇赵康王，山人与少师徐阶（1503—1583，官至内阁首辅）的会面，山人书成、延请王世贞写序等，最后以盛赞康王之贤、汪生绣梓之助收束全文。《序》中提到他与郑若庸就写序一事的对话时，这样看待《类隽》的作用：

　　夫豪杰之士以无事殚力于学则不可。然使途之人亦或尽染指

焉，以立取而立应，而无腐相如之毫也，则亦唯子之功。

"腐相如之毫"是一个典故。汉朝司马相如赋云："控引天地，错综古今，忽然如睡，焕然而兴，几百日而后成。"（见《西京杂记》卷二①）后代遂以"腐毫"指行文迟巧，这里简单地指行文迟缓。王世贞话中值得注意的一点，就是他对学与用的区别，以及他对类书之"用"的强调。（其实在序言的开头，王世贞就已经提到类书之"用"："至博学宏词之科设于唐，而其用益迫矣。"）对王世贞来说，《类隽》不能代替"学"本身（"夫豪杰之士以无事殚力于学则不可"），但却因便于随时翻检，而有应用之奇效：

———————
① ［晋］葛洪《西京杂记》，第 12 页。

即使是"途之人"（路上的人，众人）①，拿来便可以用（"立取"），且可以立竿见影（"立应"），现学现卖，让自己的写作变得流畅起来。"立应"一词，见于传统药名，比如"立应散""立应丸"等，用这个词来描写《类隽》之用，一是指出人们日常写作之苦，如病痛一般；二是突出了《类隽》具有解决人们写作困苦的应急之效。

巧的是，序文中不但提到了"货殖"，而且提到了"稗"。王世贞提到朝中重臣徐阶闻听郑若庸编纂类书之事时，对郑叮嘱道："宁稗而奇，毋史而庸；宁巷而雅，毋儒而俚。"这样看来，"稗"与"货殖"（即"贩"）在王世贞笔下，皆为褒奖之词，与四库馆臣的语言修辞形成了对照。而《类隽》之所以受到王世贞推介，关键在于其"用"，特别是对大众（"途之人"）有用，也就是普及学识之用。这也是我们在后面几章将要讨论的一些书籍的社会意义所在。同时，王世贞的话也提醒我们，读者需求和消费活动是书史研究中的重要方面。

王序中还有两个值得注意的地方。一个是他对都城作为文化集散地的讲述，另一个是他对市井中的文化权威阶层的称许。关于前者，王曰："然学士大夫往往起田舍，远于金匮石室之藏，壮者役于生，而晚者窘于余，其力不能得之。"不仅点出"学士大夫往往起田舍"而较难接近文档珍藏的困境，而且同情地说明，学士大夫无论少壮或年高，都因忙于生计，很少有余力去搜求书文。关于后者，王序中树立了郑山人这样一个非正统文人的形象。郑山人是没有通过科举、没有登上仕途之人："年三十余即厌经生业，弃之而杜门为古文辞。"对这样的人物的文化环境，王序给出了一个精当的名号："（吴中号）闤闠诗书。"（"闤闠"指街市、市井、民间②）。"闤闠诗书"与清人所说"稗贩之学"异曲同工，捕捉的是同一文化现象，只不过一为称许，一为针砭。

其实郑若庸的经历比王序所述更为传奇。沈德符（1578—1642）《万

---

① 《荀子》中用"途之人"（"途之人可以为禹"）指众人、普通人。
② ［晋］左思《魏都赋》："班列肆以兼罗，设闤闠以襟带。"吕向注："闤闠，市中巷绕市，如衣之襟带然。"见［梁］萧统编《六臣注〈文选〉》，第129页。

历野获编》载："吴郡郑山人虚舟名若庸，有隽才。少粗侠，多作犯科事，因斥士籍。避仇中州，赵康王礼之，令荟萃诸书，各分事类，事稍秘者录之。凡二十年而成。名曰《类隽》。王弇州为之序。"① 这样来看，"阛阓诗书"的世界与明代社会暗潮（游走在法律边缘的人群、市井恩仇）亦不乏关联。从某角度说，晚明的逆文化（counter-culture，详见第二章）是"阛阓诗书"隐含的一面。

《万历野获编》接着讲述了二十年后又一位吴中布衣学者的传奇故事：

> 又二十余年，吴中俞山人羡长名安期者，复集唐人类书刻之，名《类函》，李云杜为之序。郑书稍及唐以后，俞书则止于隋末。郑惟缀本事，而俞则旁收诗文。二书俱有功艺苑，亦布衣之豪也。《类隽》全资朱邸，以故易成。《类函》则遍干朋友，以及妓女、方外，靡不捐赀助之，大为时流所厌。若俞雅慕郑书，每谓予以未及见为恨。予时购得，则《类函》已大行矣。郑工填词，所著《绣襦》《玉玦》诸记，及小令大套，俱行于世。俞诗自雄浑，近日词人以幽秀胜之，遂稍稍见诎，名誉以之顿减。

沈德符这里没有提到，俞安期其实也得到了王世贞的提携。② 但沈德符讲述了两位山人书籍事业之间的承续：《类隽》为二十年后的"阛阓诗书"俞安期雅慕；而当沈德符购得郑氏《类隽》之时，也是俞氏《类函》在万历年间"大行"之日，二书在市场上形成应和之势。郑若庸与俞安期同为"布衣之豪"，且俞安期编书时"遍干朋友"，吴中"阛阓诗书"之风似乎更烈。虽然俞安期随着诗文潮流的变迁，声誉忽沉忽浮，但显然也在当时文化环境中占有一席之地。而卷入俞安期刻书事业的朋友，更非限于一二人，而是一大片（"靡不捐赀助之"），且有"妓女、方外"诸界人士，已经不是王世贞笔下郑若庸所仰赖的王朝精英如赵康王、国学生

---

① 沈德符《万历野获编》，第 637—638 页，《类隽类函》条，下同。

② "羡长尝以长律一百五十韵投赠王元美，元美为之倾倒。"见 [清] 钱谦益《列朝诗集小传》，第 630 页。

等，这也让我们看到文化下移过程中热闹多彩的一幕。《类隽》和《类函》的故事，以及王世贞和沈德符的娓娓道来，叙说了晚明文化圈各色人物之间的交织往来、"阛阓诗书"阶层的活跃以及人们对自己所处时代的新的文化现象的自觉以及讲述的欲望。这也是本书所讨论的明代书籍（这些书籍多多少少都有类编的元素）及其阅读文化的大背景。而这一背景，也与明代思想史的大潮——阳明学（如其圣凡平等观）及其影响（如泰州学派的儒学世俗化运动）有着千丝万缕的联系。①

　　回到王世贞赞赏的《类隽》，《四库全书总目》称其为"征引太简，叙事多不得首尾，未足以为善本"。②"善本"一词，虽各代各家定义不一，但总不外乎"好的本子"的意思，根据的是预设的善劣等级。但彼之砒霜，吾之蜜糖。一些在后世（以及同世）受到诟病、或为官学禁弃的明书，如果用新的镜头来看的话，则为我们提供了明代雕版印刷文化的自身纹理。从考订、精善、学统角度来看草率、拼凑，乃至对文本传续形成了破坏的书籍，在历史上却使一些读者从中享受了不易见的信息、时下的文化风潮和多样的阅读生活；而被认为体现了庸俗的商业主义的图书，有的读者反而很欣赏这些书籍对他们社会需求的及时满足，以及对他们所处文化时刻的及时捕捉。一些明书标题张扬"时尚""新兴"，正是对读者唯恐在识见、品味上落伍的心理的回应。

　　传播稗贩之学的许多明代书籍，其实在当时多不乏权威性，且极大地塑造了明人看待自己和他们所处世界的方法。这些书对我们的各种文化二分法［比如"高雅"（highbrow）／"低俗"（lowbrow）］提出了挑战。在明代戏迷和促狭者尤为喜爱的《西厢记》"张生跳墙"一出中，版画家图绘出的张生趴在通往崔莺莺居处花园的墙上，一边是他的功名世界，一边是他热望的莺莺。就像趴在墙上的张生一样，明代两头忙的书籍大行其道：一头是严肃的知识生产和亘古的文明价值，一头是充满游戏精神和

---

① 参见刘宗贤《试论王阳明心学的圣凡平等观》；蒋国保《儒学的民间化与世俗化》；容肇祖《明代思想史》；杨天石《泰州学派》等。

② 永瑢等《四库全书总目》卷一三八，第 1170 页。

机会稍纵即逝的市场魅力。这些图书作为中国文明正大传统的文献价值或许不高,但它们却为我们检视晚明这个历史转型时刻提供了窗口,让我们看到现实中的人们是如何对待那个文明传统以及人们是如何在那个传统中生活的。

本书提到的很多明代图籍所津津乐道的,多不是苦行僧式的学者,而是见过世面的、掌握社会新风尚的都市中人。这些书为读者推出的学识形态,也多将经典与流行元素多样灵活地混搭在一起。将这种两面性用文学形象来比拟的话,就是说《牡丹亭》中的腐儒、塾师陈最良的世界,与《金瓶梅》中的商人、放荡的地方一霸西门庆的世界,在这些书中构成了别样的交织。史传王世贞为《金瓶梅》作者,[①] 这个说法(无论是否可信)寓言着儒学与俗学的并行,以及大文士对俗学的倾心。或者说,这个说法点出了明代的一种名士风范,正如沈德符《万历野获编》所说,《金瓶梅》是"嘉靖间大名士手笔"。[②] 明代俗书(通俗或日常读物)流行,不仅与市民阶层的兴起有关,也与名士人格的形成和表达有关。

对明代书文化的批评,自明人便有,或者说,明人自己对雕版印刷普及所产生的社会冲击力也是褒贬不一的。我们这里以四库官学为参照点,是因其在中国书史中的巨大影响,不是说明人对明书并不批评;恰恰相反,四库官学中不乏明人观点(特别是精英意识)的回声。[③] 四库的古籍题评一直为学界所关注,也激起了争议,四库存目和禁毁书目更是学术

---

① 〔清〕谢颐序《金瓶梅》时说:"《金瓶梅》一书传为凤州门人之作也,或云即出凤州手。"笑笑生撰,张竹坡批《皋鹤堂批评第一奇书金瓶梅·序》,1A。

② 沈德符《万历野获编》,第 652 页。

③ 比如陆容(1436—1497)的《菽园杂记》卷一〇即云:"古人书籍,多无印本,皆自钞录。闻《五经》印版,自冯道始。今学者蒙其泽多矣。国初书版,惟国子监有之,外郡县疑未有,观宋潜溪《送东阳马生序》,可知矣。宣德、正统间,书籍印版尚未广,今所在书版,日增月益,天下古文之象,愈隆于前已。但今士习浮靡,能刻正大古书以惠后学者少;所刻皆无益,令人可厌。"《菽园杂记》,第 116 页。

思想史的重要课题。① 在二十世纪末，就是否应该出版《四库全书存目丛书》的问题，产生了激烈的争辩。② 这场争辩说明，不管我们如何看待、继承或反思清人的明书判断，十八世纪的四库工程对明书、对中国图书的清算，其影响不能说不深远。清人评论的过滤作用，使得一些明人钟爱的书籍，在后世书目记忆中渐渐模糊，甚至没有了踪影。而与这些书籍的流行相对应的读者与书籍之间的相互作用、读者对书籍的使用模式等，也随之在我们的文化视线中变得模糊了。本书的基本方法，就是从这些书籍本身出发，来重新捕捉它们所激发和成全的多样化的阅读、消费生活。书中各章节分别关注一部或一类书籍，并紧随书籍本身提供的线索，追踪书籍使用和其意义产生的过程与机制。也恰好因为这些书籍之间有机的内在关联和互借互用（也就是"辗转稗贩"），使得我们从个案入手，能够营造出一个较具整体性的阅读图景。

　　换句话说，本书的目的，就是先搁置对明书是什么或应该是什么的价值判断，转而关注这些书籍本身提供给我们的线索，来试图还原它们生产和使用活动的历史语境。配合这一目的，笔者也会特别注意习成文化区隔（比如诗与曲、文本与图画）之间的渗透和关联。其实许多明代的造书者，包括著名的陈洪绶（1599—1651）、余象斗（生卒年不详）③，或声誉稍逊的刘次泉（生卒年不详）④、朱鼎臣（生卒年不详）⑤，本身就在与书业有关的多个艺术、工匠领域多有建树，包括绘画、刻图、小说编写、音

---

① 参见何龄修、朱宪、赵放编《四库禁毁书研究》，特别是其中收录的王钟翰的《四库禁毁书与清代思想文化普查运动》。

② 如邓广铭在《论〈四库全书存目丛书〉不宜刊行》中，即强调四库考证研究在判断书籍价值中的重要性，建议学者们要严格区分"国宝"类和"国渣"类书籍。关于这场争论，参见邓克因《关于〈四库全书存目丛书〉的一场争论》，杜泽逊《〈四库全书存目丛书〉成书始末》等。

③ 福建建阳刻书家，活跃于万历时期，生平略见于清光绪新安堂刊《书林余氏重修家谱》。明代文学人物生平，本书参据李时人编著《中国文学家大辞典》（明代卷），特注。

④ 晚明著名版画刻工，其刻书活动详见本书第二、第三章。

⑤ 字冲怀，自称羊城（今江西抚城）人。嘉靖、万历时福建建阳书坊作家。

乐、戏曲等。同时,在分析读者行为时,笔者也不以识字率为阅读行为的黄金数据,不仰仗识字与不识字、阅读与非阅读这样的对书籍使用行为的严格区分,而代之以一个宽泛的"识书"(认识、懂得书这个事物)的概念:这个概念一方面涵盖了儒士对古今文本的精审掌握这样的学识,另一方面也包括了各种"知道拿到一本书后该怎么办"的见识,而有这种见识的读者未必就有对阅读技能的完全掌握,甚至可能是不识字的(比如绘图本的一些读者)。

这样的考量也是为了将书籍的物质性更好地带入讨论中,来查看一本书的物质特点及其内容是如何互相配合,从而创造出市场和文化号召力的。毕竟,书籍在明代和其他时代,都既是传播"内容"的媒介,也是让人向往拥有的、可以带来社会资本的实物。在对书籍流传史的考量中,与其想象每部书都有其严格设定的读者,或者稳固确定的使用价值,不如检视与其相关的各种可能的使用模式,这其中就包括书籍生产者始料未及的用法,以及人们对书籍的误用和滥用。[①] 如果说几近无限的复制的可能性,及伴随这种复制性落入错误之手的风险,是雕版印刷技术的社会冲击力的核心的话,那么明代的雕版印刷文化,其高度驳杂的重印、重编、图文重复使用,也正是中国书史中这些特点被推至极致的时刻,也因而往往导致官学权威及其合法性捍卫者的不舒服。

以"识书"(book conversancy)而非"识字"(literacy)来讨论书史问题,还有一个原因,那就是书籍本身常常邀请读者以超出单纯文本阅读

---

① 对书籍的滥用有时更能说明读者的态度。比如李渔《肉蒲团》中说:"既要使人遏淫窒欲,为甚么不著一部道学之书,维持风俗,却做起风流小说来?看官有所不知。但凡移风易俗之法,要像大禹治水一般,因其势而利导之,则其言易入。近日的人情,怕读圣经贤传,喜看稗官野史。就是稗官野史里面,又厌闻忠孝节义之事,喜看淫邪诞妄之书。风俗至今日,可谓靡荡极矣。有心世道者,岂可不思挽回。若还著一部道学之书劝人为善,莫说要使世上的人将银钱买了去看,就如好善之家施舍经藏的一般,刊刻成书,装订成套,赔了帖子送他,他还不是拆了塞瓿,就是扯了吃烟,哪里肯施舍眼睛去看一看。"[清]情隐先生编次《肉蒲团》第一回,《思无邪汇宝》,第 15 册,第 139 页。这里的用书纸塞瓿、卷烟是对书籍的滥用,更是读者不喜阅读某类书籍的直接表现。

的方式与之互动。一个简单的例子，就是在文本与插图的关系中，不识字的读者亦可读图。再比如，一些明书喜用上下分栏的页面来将似乎风马牛不相及的内容置于同一页中，而读者与这类书籍的互动，就不仅包括了阅读，还包括了对不同内容及其阅读顺序的选择，以及对它们之间的关系的想象等。有些文本类型，如谜语、酒令等，本身就倾向于读者的主动使用而非被动阅读。而说到用书作为识书的一部分，还有一个有意思的例子，那就是现在收藏于柏克莱加州大学东亚图书馆的一册《三才图会》（1609 年刻清黄晟重修本），其书口有一幅精美的西洋画风的彩绘图画（图绪 –01），正是前人用书过程留下的痕迹。这些方面都促使我们的思考围绕着读者介入书籍、将书籍挪为己用的多种方式来展开，而不是简单地围绕着对文本内容的阅读是否正确来进行。

对明代"识书"行为的探讨，也勾连着近年欧美印刷史和书史研究中的一些议题。罗伯特·达恩顿（Robert Darnton）"交流循环"（communications circuit）的概念，以及罗杰·夏蒂埃（Roger Chartier）对"读者社区"（community of readers）的阐发，都有助于我们想象"识书"行为的方方面面。①"交流循环"的概念旨在囊括各种社会经济、法律政治以及思想潮流等影响书籍制作与消费之间的循回往复的因素，其所涉及的物质、非物质活动包括纸张供应、出版商的销售策略等；"读者社区"则特别注意区分各种读者群以及不同的阅读传统机制，关注读者共同体是如何通过共享的、超越社会阶层的阅读经验来构成的。

"交流循环"和"读者社区"这些概念都强调意义形成的动态过程。作为分析工具，它们突出了大范围的经济、政治和象征因素对构建、重塑书籍形式和内容以及书籍的解释群体的不断作用；同时，这些概念也表

---

① 罗伯特·达恩顿《什么是书史？》（"What is the History of the Book"？）；罗杰·夏蒂埃《读者社区》（"Communities of Readers"），见《书的秩序》（The Order of Books），第 1—23 页。书史研究在过去几十年快速发展，关于这一领域在欧美的概况，参见大卫·芬克尔斯坦（David Finkelstein）和阿利斯泰尔·麦克利里（Alistair McCleery）合编《书史读本》（The Book History Reader）。

图绪-01　《三才图会》
书口彩绘。（美国柏克莱加
州大学东亚图书馆藏）

明，正是解释群体（书籍制造者和使用者）对
书籍不断进行的编码、解码，赋予了他们的书
籍以（新的）意义。西谚说："魔鬼在细节中。"
从细节上研究这些编码、解码的个案，也将有
助于我们了解一个文本、一幅图画或一本书是
如何在特定的历史文化境遇中，在一组或多组
读者群中产生作用的。对于辗转稗贩的明书来
说，借用、再用、挪为他用是其图文生产和消费
过程中一个尤为突出的机制，所以造书者和用
书者的身份又是叠加的、可以随时转换的。

　　关于辗转稗贩的明书世界与我们现在的文
本或书籍理念的差异，① 我们可以简单看一个
稗贩之学的例子——《山海经》。今天提起《山

---

① 书籍理念的变化在"文本的现代化"（将传统文本
以现代形式校订出版，多以标点本形式出现，为人
文研究和学科现代化进程的一部分）中有集中的
表达。在"文本的现代化"实践中，作者分歧和文
本异文常被认为是讹误现象，无形中忽略了这些文
本因素在特定历史时期的阅读文化中的作用。笔
者这里提出的"文本的现代化"受菲利普·盖斯
凯尔（Philip Gaskell）的《从作者到读者》（*From
Writer to Reader*）的启发。盖斯凯尔在其书中第
8 页说："对早期文本的拼写、标点等的有意现代化
是不合适的，因为这样做表示文本中的词语的现代
意义是作者之意……因为这样做逼迫编订者在作
者模糊之处做出明确选择；也因为这样做剥夺了作
品归属于其自己的时代的特质。"（重点号为笔者
所加）在本书中，作者归属和文本异文均被视为当
时读者构建文本意义的活性元素，而不是需要证实
或排除的既定事实。关于欧洲书史上从近世到现
代书籍理念的变化，参见艾德里安·约翰斯（Adri-
an Johns）《书的本性》（*The Nature of the Book*）。

海经》，我们一般想到的会是一本书，而且因为是"经"，所以有一个经过严密校订的本子至关重要。这个"定本"或"精订本"也进而成为记录古代中国信仰和传统地理、物种信息的标准本，具有了权威性的文献价值。[①] 但在明代，尽管《山海经》是一部重要的、有权威性的典籍，它却是在各种版本并行、标题各异的情况下流传的。其中影响最大的一个版本系统，也是极符合"稗贩"特点的版本系统，是当时流行的插图本《山海经》：其中的具体文字与今天的《山海经》定本有出入，其流传更是极大地仰赖于其中的插图，文本反而成为次要的成分。这个系统极为开放，流动性强，在传播中吸纳着新的图画或文字，也会流窜进其他书籍。所以对明代读者来说，《山海经》关涉的是一个更为开放的图画、文本网络，在特定的使用、挪用语境中发生着变化。[②]

近世欧洲人对中国宇宙观和地理观的认识，也需要放在当时《山海经》文本流传的这种物质语境中考察。耶稣会士安文思（1609—1677）曾如此记载中国书籍中的"小人国"：

> Siao gin que（小人国音译——笔者注），即居民为矮小之人的王国。其居民是如此之小，他们不得不将自己绑在一起，以防被鹰鸢叼走。[③]

小人国居民要把自己绑在一起来防备鹰鸢的细节，在我们今天熟悉的《山海经》中是找不到的。如果我们忘掉明代《山海经》的流播实况，以及它与其他书籍、记录之间的互相渗透，或许会疑惑这是否是安文思的臆造。但实际上明代围绕着《山海经》制作的图籍中对小人国的描画与安文思的描述毫无二致（图绪-02）。《山海经》在明代对大明读者和域外读者

---

① 比如袁珂《山海经校注》，即为权威的现代精订精校本。

② 早期《山海经》是有图的，但已失传。明代的《山海经》插图本与早期《山海经》之图应无关联。关于明清插图本《山海经》，见马昌仪《古本山海经图说》《全像山海经图比较》。最近英文研究则有宣立敦（Richard Strassberg）《中国动物宝典》（*A Chinese Bestiary*）一书对 1597 年插图版《山海经》的译介。

③ 安文思（Gabriel de Magalhães）《中国新志》（*A New History of China*），第 61 页。

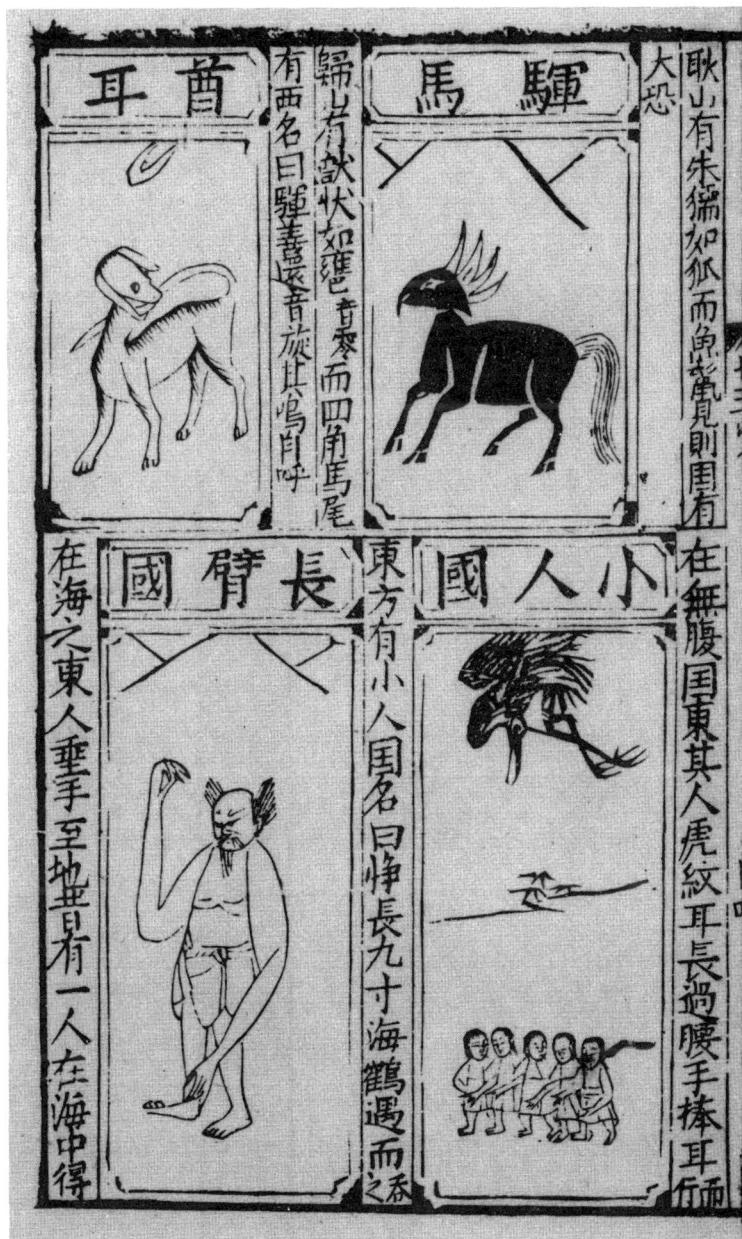

图绪-02 晚明类书《万用正宗不求人》（建阳余文台梓）中的"小人国"
（右下角）。

来说,都是重要的文化标杆性文献,但它的文化标杆地位,并不意味着一定有一个审慎校订后固定的、卓然独立的本子作为它的权威性的保证。①

下面再看一个熟悉的例子:诗歌读本《千家诗》。在明代读者手中,《千家诗》是被怎样理解、使用的? 明人的《千家诗》世界(图绪-03)与我们对这个读本的文化记忆和定位有什么差别?

图绪-03 所示为明代《千家诗》的一个坊刻本。它的一个醒目特点,就是页面的分栏及其透露出的读者与这个读本之间的互动模式。整个页面分为上下两栏,下栏收录主要内容,即《千家诗》的各首诗歌,每首诗歌还附有题解、旁训和总释。上栏被插图以及和诗占据,和诗(和的正是下栏的诗)叫作"新增和韵",由制书者用"新增"二字点出这是书中新加的部件。图中可见此书全称为《新锲注释旁训和韵千家诗选》,为宋名贤谢叠山(1226—1289,名枋得,字君直,号叠山)所辑,刻印者是福建书市的郑云林(1548—1642,名世容,刻有《三国志演义》等)。唱和是传统诗歌生活的重要方面,明代和唐诗之风盛行,和《千家诗》或亦为和名诗风气的一种延伸。②这些和诗为读者提供了次韵唱和的模本,透露出这个本子重在好用,而不只是阅读。不过更引人注意的,可能还是这个本子中的旁训和注释。这些释文无关诗艺技巧,而是集中围绕着道学教谕,对诗歌进行义理阐发,与八股举业形成有机联系。也就是说,《千家诗》是帝国文章大业和意识形态的有机组成部分。总的来看,这本明代《千家诗》反映出对读者诗歌再创作的指引,以及契合科举需要的关于诗歌性质、功用的理念。

面对这样一本明书,一种处理方法是将它作为概念中的《千家诗》的一个实例,用它来与其他实例中的诗歌文本进行参详校订。这样的方法可以揭示出明代这些诗歌文本及其读法的不同。另一个方法是集中关注它作为书的特点,比如新增的上栏和其他附加内容,为重构明代读者对这本书及其文本的用法打开门径,回答诸如下面的问题:这本《千家诗》

① 参见吴莉苇《明清传教士对〈山海经〉的解读》。
② 《千家诗》在明代的流传,见查屏球《由流行读物到文化典籍再到戏化语料》。

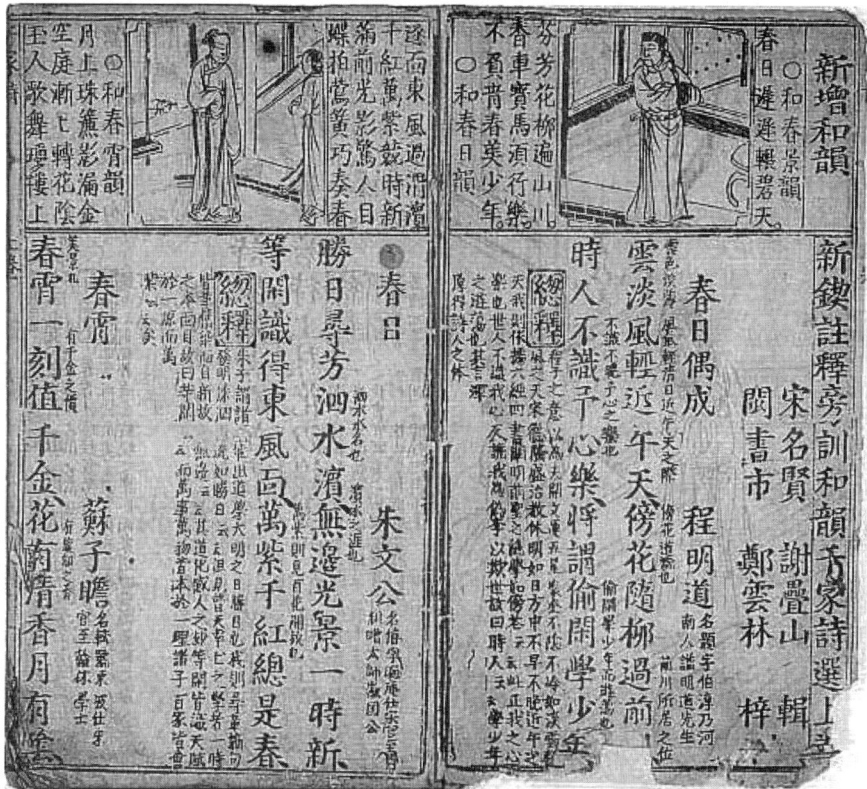

图绪-03　明代刻本《千家诗》，闽书市郑云林梓行。首页以书题《新锲注释旁训和韵千家诗选》进行自我广告，宣传此书顾及学诗的各个方面，可取代塾师：总释诗歌义理、词句训解以及唱和模式等。此书与图绪-02 中的《万用正宗不求人》一样，贩售给读者一种由读书获得的"不求人"的独立性。另，坊本书名多叠床架屋，此为一例。（日本京都大学图书馆藏）

对文本的页面安排，对懂得用书之道的读者来说，传达了怎样的一种诗歌观念？比较而言，本书更侧重第二种处理方法，即努力根据明书自身的形制来理解明书中那些突出的或看似附加多余的特点。

从书籍本身出发，顺藤摸瓜，铺排出书本得以生产、流通、使用的历史实践的网络，一定程度来说，就像是逆向重构一套交织在一起的游戏规则。所以本书第一章干脆就从一本游戏集成《博笑珠玑》来开始我们的明书历程。这本书中搜罗了各式谜语和酒令，在谜令游戏中突出了文本的各种用法及其组合规则，而不孜孜于文本的原意、本义。第一章即力图勾勒出《博笑珠玑》所投射的文本和书籍的标榜和使用空间。我们将会看到，这本看起来粗制滥造的《博笑珠玑》，却在实实在在地传播着一整套经典著作。这套著作不仅与后世的权威著作群不同，具有鲜明的时代（明代）特点，而且推举着一种特定的文化做派，拿各种不同的经典材料来"作法"，从混搭中生出新意，来展现个人对文化的掌握以及语言编码技巧。从《博笑珠玑》中，我们会看到明代读者是如何被激发、如何从古老的文本传统中创造出新的意义的；我们也会看到明代读者对语言艺术和传统知识进行归类和排序的一些特别之处。

谜令文字也出现在明代其他书籍类型中，第二章即讨论其中的一类——戏曲杂书。戏曲杂书喜用三节版，以上栏和下栏收录戏曲选出，以中间极窄的一栏来展示一些奇巧、狎邪或日用文字，比如酒令、谜语、嫖院指南等，比较驳杂。这样的形式与内容的组合方式提出了一些基本的书史问题：这些书籍预设了怎样的读者？这些书为什么、又是如何搜罗这样的内容的？是什么使得这些书成为可能的、可盈利的？

一方面，戏曲杂书的版面设计推动着散漫的、板块式（segmental）的阅读，以之代替单一持续的、线性的阅读，并邀请读者通过自己即兴的阅读顺序和自己的偏好，来获取他们个人化的读书体验。这种板块式阅读给予读者一种实在的"物主身份"（经由个人化的阅读选择使文本成为读者个人的书籍），推助读者养成前后翻看的习惯，使阅读成为把玩，从而将读者置身于一种鉴赏家的玩味情怀和物质体验中。另一方面，戏曲杂书作为雕版印刷种类的社会辨识度，也经由它与人们的表演生活（包括演剧、社交、社会角色的展示等）的各种联系来得到加强。就此而言，三节版在形式上为社会行为（中栏）和剧场文化（上、下栏）的交融打下了印记，应和着当时社会风尚和剧场文化在"自我塑造"中的交叉融合，并帮助构建了个体居家与处世（家园与天下）的虚拟世界。戏曲杂书封面扉页图的视觉修辞，亦强调演剧聚乐的私人性，同时也邀请读者通过阅读代入其中，在这个魅力世界中安适自如。

　　第三章延续第一章、第二章中出现的共同话题，集中讨论明代雕版印刷品的流通与复制运作：从个案分析（比如对雕版的重复使用、对《西厢记》中"张生跳墙"的不断重现）中，检讨雕版印刷这个手工复制业中的"歧异的诗学"（指广义的诗学，即对创造性、对意义产生过程的理解和发明），来说明对共享母题、对可模仿、可再用材料的传播、变通和挪用，不仅是书业中的经济方便之举，更是一种突出的创造新意义的社会技术。

　　随着文本和图画被不断地重复采用、重新编绘，如何保持读者的新鲜感成为市场成功的关键。这种辗转稗贩的生产模式使得每一个"在地"（local）文本都关联着一系列相关的文本书籍群，且这种关联不断延伸，持续编织着由多种文类和语体（register）参与的网络。同时，特定母题和场景在一系列文本和视觉资料中的反复出现，也使得它们成为晚明阅读世界的共享"流通物"，并营造出新的符号和象征系统。比如，屏风与厅堂作为宅居体面的表征，也成为对王朝仪式进行图绘的视觉词汇，从而"驯化"了（domesticate，或曰"家常"化了）原本对普通读者遥不可及的空间、人物与景观。

　　雕版印刷的发展，普及了书籍这个联系个体与天下的纽带，使全国性（且日渐全球化）的文化产品日渐成为个人物品和居家生活的有机组成部分。更重要的是，作为一种社会技术（而不只是一种手工业技术），明书的辗转稗贩左右着读者对自我及其世界的想象，帮助读者构建了对自我与天下的新的识见，见证了知识"驯化"（包含通俗化、普及化、个人化、熟悉化等方面）的过程，而其中的流行坊本，更是这种新型知识形态的有力推助者。

　　雕版印刷的复制模式创造了一系列当时的畅销书和新型权威书籍。第四章即检视这样一部叫作《赢虫录》的刻本书籍。《赢虫录》图录是明代总括海内外"夷人"及"夷国"知识的绘图本，在明代读者中传播了一种视野开放的人类观和世界图景。这部书流播过程中的很多方面都有着典型的明书特点：比如其版面设计，撮辑中对修辞的运用，以及它所传递出的既植根于深厚的传统之中，又反映了知识结构新风尚的知识世界等。这部书在明代还有一个书名，叫作《异域图志》。本篇《绪言》开头引用的《四库全书总目》题评，针对的就是它。明清易代之后，这部书渐被遗忘。但在明代，这部书不仅流行，而且对明代读者对异域的精英和世俗想象都有切实的冲击。

从十五世纪到十八世纪，《赢虫录》不断以各种刻本形式重印，在中国和东亚的汉字文化圈中流行，并进入了更广的欧亚文化交流圈。卷入这部绘图本的制作、生产、评论中的人物，来自帝王、藩王、外交使臣、地方官员、儒臣文士、书坊主以及绘工、刻工等不同阶层。在第四章中，我们将追寻这些刊本的生产和流播路线，讨论随之出现的、推动了这部书的传播和影响的不同阅读行为，重现它在晚明社会文化生活中的现实意义。而这部书在明王朝以外的流传，也预示着新的全球流通时代的开始，而这个全球流通，当然不仅包括物质交流，也包括文化形态的流通。

如《赢虫录》所示，晚明书文化为汇存、散播新异知识和图画提供了灵便持久的空间。相应地，这些图像和描绘也在重新奇、想象和眼界的时代氛围中成为人们的"收集物"（collectibles），折射着明人的认知模式（解释个人与国家在寰宇中的地位）的波动和力量。这些图册的雕印史表明，当时的图书市场如纸上博物馆一般，将读者自己日常经验中很难接触到的人、物与知识搜罗展示出来，供人们在捧读中一览无余。十六、十七世纪启蒙时代的欧洲贵族、商人和早期自然科学家，热衷于搜集生物标本、历史文物、珍奇古玩等物品，并将其陈列于特定的房间或特制的橱柜中，史称"珍奇之橱"（cabinet of curiosities），成为人们世界意识和文化记忆的缩影。对明代阅读大众来说，《赢虫录》可以说是他们的书本形式的一个"珍奇之橱"。

明书为读者"驯化"外在世界时，也裹挟着读者进入了一种帝国空间，其中既可看到城市大舞台中"苏样"的、见多识广的子弟形象，也有对隆重的外蕃进贡的国家仪式的构想。同时，明代刻印文本也常常以其鲜明的地方性和个性，与帝国秩序之间形成回应或张力。这个时代的流行印本赋予了读者广览世界的感受，为读者提供在文本、图画和书籍的阅读中栖居的物质条件，使读者在日益广博的视界中反观自我，赋予自己的经验以新的意义。

十六、十七世纪大规模雕版印本的生产，使得书籍成为较为普及的士庶居家用品，也驱动、构建了读者相应的阅读习惯、技巧和眼界。我们这里检视的书籍之间，以及相关文本和视像群之间，都存在着千丝万缕的联系。其间的重叠或借用，坐实了后来清代官学对明书的批评。这些书籍的新颖之处——对没有经验的读者来说，也可能是莫名之处——给当时的读者呈现了一套社会文化意义的编码，而只有通过相应的解读技巧，这些编码的现实意义才可能实现。这些书籍由此激发了读者想象的新模式，为读者提供了展示社会、文化优势的新的方式。书籍既为物质对象，亦为语言、视觉结构的场域。将这些书籍放置于它们在明朝、东亚区域乃至欧亚之间的传播与传承语境中，将有助于解释它们在十六、十七世纪特定时空下是如何成为有意义的文化物品的。简单地说，我们将检视一种新的"识书"文化的兴起，一种读书、用书的技巧。正是这种识书技巧，使得读者能够将盛大的、包揽天下的各种视界据为己有。而本书所讨论的"寻常阅读"之"寻常"，既是指一种日常性和行为常规，更是指雕版印本普及背景下人们社会期待的改变，特别是对日常须知（包括对书籍世界的了解）的不断构建。

故而本书的"家园与天下"，讨论的是明人借助书籍（特别是版刻书籍）所创造的行于天下的知识和文化形态，以及这些文化形态成为家常须知的生产消费过程。换言之，"家园与天下"是明人通过创造自己的阅读生活而将个人、居家生活与天下相连接的技巧。

第一章

《博笑珠玑》与中晚明的流行书世界

——令要手中拿着什么诗书……

　　　　　　　　　　　　　——［明］酒令

　　我们对明人书本文化的勘视从一本叫作《博笑珠玑》的书开始。

　　《博笑珠玑》中没有标示成书年代，似乎是表示此书远非树碑立传类的高文大典，无须刻时纪念。据书中内容，特别是书中有关嘉靖皇帝的诗歌来推断，其成书的上限时段在嘉靖年间。①书录记载和现存刊本表明，这本书经由不同的书坊刻印，在明清两代持续售卖流传。其中被鉴定为明代的两个版本，一为熊冲宇（生卒年不详，活跃于万历年间）绣梓的建阳书林种德堂的本子，一为标注由文德堂印行的本子。②今存本一为四卷本，一为五卷本，其中五卷本多出的第五卷，主要内容为晚明流行的一套称作《嫖赌机关》的文字，余四卷在两个版本中的内容、行款完全相同，只是个别用字上略有差异。③在这一章我们集中讨论二者共有的四

---

① 《博笑珠玑》内含《皇明诗选》一组，以帝王吟咏开端，所涉帝王从洪武帝始，到嘉靖帝终。据其未涉嘉靖后的明帝王推断，此书（或至少《皇明诗选》）编成的时间上限，当在嘉靖朝（或稍后）。

② 参见杜信孚、杜同书《全明分省分县刻书考》；国家图书馆古籍馆编《西谛藏书善本图录：附西谛书目》；［日］小川阳一《日用類書による明清小說の研究》；马文大、王致军编辑《吴晓铃先生珍藏古版画全编》。熊氏种德堂自元代即开始刻书，熊冲宇为著名医家、刻书家熊宗立（1409—1482）五世孙。

③ 上海图书馆藏本（文德堂刊）为四卷本，北京国家图书馆藏本（种德堂刊）为五卷本。

卷,第五卷留在附录中介绍。

以《博笑珠玑》开启我们的明代书史旅程或许有些奇怪:《博笑珠玑》小、杂、不精审、文献分量看起来很轻。除五卷本中的《嫖赌机关》和小曲外,余四卷将酒令、谜语、笑话、小诗等杂类文字混合在一起,似乎摆明了要否认自己有任何严肃的目的。再者,这本书也远非什么独家秘笈,而是撮录坊间流行的几类文字,且用字、行款也不整饬。一定程度上《博笑珠玑》突出体现了使明书在历史上声誉不佳的一些特点:缺乏精良的生产质量,写、编、创者信息不明,对采用材料无意甄别,文字有讹误,整体上表现出夸张的商业推销,等等。

但正是这本书的游戏性、草台班子式(ephemeral)的撮录特点,以及它对文本体面的无视,可以帮助我们捕捉明刻本中信马由缰的、商业化的世界。这本书中的游戏精神,为我们揭开了中晚明图书世界的一角,因为其笑谈取乐的对象和基础涉及当时社会推崇的几类大的知识区块,其中有些已为后世遗忘。书中谈笑的有效性,往往产生于反讽或一种违和的文本时刻,而这些时刻又往往由语言从一个参考系统到另一个参考系统的跳转——或称“语码转换”——创造出来。在《博笑珠玑》中,这种跳转凸显于不同的文体或语言格调之间。具体地说,书中一再出现的展现机趣的方法,就是将本无关联的文本材料中的引语并置在一起,来创造出意想不到的解读空间。这种对文本交织的强调,使得《博笑珠玑》突出了表演者这个角色——无论是讲笑话的人、行令者,抑或是书的编者,抑或是一位见多识广的读者,他们都在表演(或者说展示)着自己的文本能力,通过在相隔甚远的异类材料之间建立意想不到的关联而创造出新的、游艺性的(playful)文本。我们下面的讨论就从这些游戏开始。

在时尚快速更迭的市场上,通过对“新”的强调,《博笑珠玑》从一开始就散发出浓浓的书文化中的商业气息。文德堂本的书题页(图I-01),在正中大字题名“博笑珠玑”,并以横批特别标榜书内的“新兴笑谈”,书页两边更以对联的形式对此加以渲染:“华宴聚乐篇篇锦,博笑

博笑珠玑

談 咲 興 新

華 莚 聚 樂 篇 篇 錦

博 笑 珠 璣 種 種 新

图 I-01　《博笑珠玑》书题页（上海图书馆藏）

珠玑种种新",①从而将书内的纸上文字与社交生活、与声色、与物质享受联系起来,或者说将读者的阅读经验与对锦绣珠玑的视觉、触觉和拥有经验联系起来。书内卷首页题名则为"新刻时尚华宴趣乐谈笑酒令"(故《博笑珠玑》又以《谈笑酒令》为人所知),标榜此本为新的产品(新刻),为时尚产品,是通向趣乐生活的桥梁。

　　书内的具体内容包括酒令、谜语、江湖俏语②、笑话、一组《笑谈诗选》、骰子令、一组《皇明诗选》等。综合起来,这些材料透露出了华宴聚乐、社交谈笑中被引用的一套特别的权威文本,以及在文本运用和组织中如何做到"时尚"的一些规则。对当时读者而言,《博笑珠玑》不仅许诺会为读者对文字时尚的跟进提供帮助,提示出读者需要掌握的书本知识,而且为读者如何展示自己的这些能力提供了样板。对我们这些后世读者来说,《博笑珠玑》则为我们了解明代书籍世界的地貌特征提供了线索,让我们窥见"知书识书"是如何被展示出来的。

　　《博笑珠玑》题名对"时尚"一词的强调,既调动了读者对流行文化的想象,也呼应了人们在消费世界中的兴致。其中表示出的对"趣"味的追求,则落实到了书中大量的酒令中对行令者随机应变的要求,且集中表现为无厘头式的对异类语言的拼接组合。从下面这则酒令,我们可以初步看到这种混接技巧和风致:

　　　[令:]
　　　一令要二曲牌名问答,又要一地名出物押韵。
　　　[答:]
　　　何人来贺寿? 便是俏秀才。甚么礼物? 一锭滴滴金,一匹苏州绫。
　　　何人来贺寿? 便是三学士。甚么礼物? 一对金钱花,一匹杭州纱。

---

① 这里的对联类似曲本中"题目"与"正名"的作用。
② 江湖俏语类似今天所说的歇后语,目的是创造出对应人们熟悉的词语或短语的类似谜面一样的表述。比如:皇帝老鬼补皮鞋——难逢难遇,金刚扫地——有劳大神,等等,详见第二章。

何人来贺寿？便是双声子。甚么礼物？一对扑灯鹅，一匹福州罗。①
书中在具体令格后给出了三个例子。这些例子均将对时代文化（舞台世界）专用语的灵活重铸与尚奢的消费语言进行合成，来配合贺寿场面，突出了酒令的社交作用。行令的人既需要懂得舞台世界的专语（曲牌名），也需要熟悉当时的消费语言（地名与地方名产），并能将二者巧妙对接。其中涉及的曲牌有〔倘秀才〕〔滴滴金〕〔三学士〕〔金钱花〕〔双声子〕〔扑灯蛾〕等，②地名及出产则有苏州绫、杭州纱以及福州罗，词语的行话特质与物品形象钩索成趣。③这个对物质、文化消费的行家世界的想象，成为《博笑珠玑》的一个亮点，也传达了明书的一个走向。下面我们分节对《博笑珠玑》中的代表性文本进行讨论，来看一下知识、时尚与商品（特别是图书作为商品的存在）在中晚明的交互影响与流传。

《博笑珠玑》：想象书的世界

《博笑珠玑》中有这样一则酒令，要求行令者依规即席赋诗，令曰：

一令要手中拿着什么诗书，遇见古人贯意。

《博笑珠玑》中给出了三个答例：④

手中拿本李白诗，遇见古人是朱熹，说到今年科举好，相邀同去步云梯。

手中拿本汉文志，遇见古人薛仁贵，说到今年武举好，相邀同去朝皇帝。

手中拿本万言书，遇见古人是晏殊，说到今年科举好，相邀同

① 《博笑珠玑》，1.2B—3A。

② 曲牌〔扑灯蛾〕在令中以谐声的〔扑灯鹅〕出现。以谐声变通词义，达到文通意顺，是行令者敏捷之处。

③ 中国近世物品话语及其表现出的文化态度，英文著作见卜正民（Timothy Brook）《纵乐的困惑》（*The Confusions of Pleasure*）；柯律格《长物》等。

④ 或曰给出了举令、答令、还令。关于行令方式，见刘初棠《中国古代酒令》。

去上皇都。①

同窗共读、共赴考场是戏曲中常见戏码，也常带有喜剧性。比如《荆钗记·会讲》一出，即从净角的应试准备不足生发出幽默的对话。②这里的随令赋诗，选用的正是共赴考场这一典型场景，戏剧性地实现了对士子们登科梦想的满足。以第一个答令为例，手持展示诗才的理想文本——李白的诗集，酒令中的士子遇见了帝国正统知识最高权威的代表——朱熹（1130—1200），正所谓拿着对的书遇见对的人。在相互致意之后，二人还携手共进，走向科举仕途的成功。③

如果说梦想的背后常常隐含着深层的忧患和焦虑的话，这些小诗中表现出的一个人生焦虑，即由人与书的关系引起，这也正是令格中要求人们去想的问题：手里拿本什么诗书好呢？明朝雕版印刷的普及，印本地位的急剧提升，加剧了书籍对社会生活的冲击，也给读者带来了新的不安：如何在百川书海中找到方向？如何在新的文本、文化环境中进行社会站位？如何创造自己的文本和话语方式？④

小诗中针对这些不安，通过对道具（书）、人物、对话、事件（路遇）的有些匪夷所思的安排，设计了一些理想场景。除了触动书籍、权威及科举文化等社会神经外，还不忘诙谐：一本好书在握，与朱熹、薛仁贵、晏殊等同窗式的对答，将这些历史大人物拉入主人公的科举士子圈。平淡的一句"说到今年科举好"，传达出梦想中的与权威称兄道弟的淡定，将人们从历史与现实的可能性中解放出来，在笑声中暂脱科举压力，也为士子们

---

① 《博笑珠玑》，1.8A。

② 《荆钗记》第二出，见俞为民校注《宋元四大戏文读本》，第12—17页。关于戏曲中的科考场景，见徐雪峰《科举场面与戏剧效果》。

③ 此处与朱熹产生个人接触的梦想，可对照包弼德（Peter Bol）《历史上的理学》（*Neo-Confucianism in History*）一书（第149—150页）对吴与弼（1391—1469）梦见朱熹的讨论。

④ 关于人书关系在明清时代因雕版印刷的推广而发生的变化，英文著述参见包筠雅、周启荣《帝制中国晚期的印刷与书文化》，特别是其中周绍明的文章《中国历史上印本地位的提升》（"The Ascendance of the Imprint in China"）。

提供了对自我以及他们所沉浸的书本、知识和欲求世界的解嘲机会。

《博笑珠玑》给读者的一个承诺，就是满足人们了解什么书是“对”的书的需求。它为读者提供了一个虚拟世界，在这个世界里读者自己可以参与到聪明的谈书话语和游戏中，将诸多的书籍或与书有关的知识（书本知识）变成游戏对象。

从这个酒令中应令的三首打油诗中，我们还可以星星点点地窥见《博笑珠玑》中投射出的书籍世界的个中信息。诗书世界的灵活：手中的卷帙可以是书册（比如李白诗），也可以是篇章（比如《万言书》），或某套书中的一篇或一册（比如《汉文志》）。对篇章的刻印及时地传递着各种信息，且便于携带，配合了人们求快求新的阅读需要。祁彪佳（1603—1645）的日记中就有这样一段记载：“十五日雪晴，至庙市。逢王觉斯。于书肆买《会典》及李念溏、邹匪石诸公疏十数种。”[①] 可见当时书肆售卖品的灵活多样，能及时发行当朝政治人物的奏疏。而祁录中遇人、买书的情景也与令中情形有几分相似，都是书与人所构成的社会网络的一幕。

打油诗中提到的三种诗文也有些意趣在里面。这些诗文包括诗歌典范（李白诗）、书籍世界的导航性著作（《汉书·艺文志》）以及朝章文奏的最高成就（《万言书》），表明诗文修养、书籍知识及能够卖与帝王家的文章功业，都是功名路上的关键。其中《汉文志》更是直接点出了目录学、对书籍世界的了解在士子安身立命中的重要性。伴随着书籍在明代的普及，目录学巨著之外，也滋生了社会上的通俗目录学，即一种对书籍世界的基本了解。通俗目录学的一个典型的表现，就是拉书单（此处的酒令也是一种拉书单的表现）。

“手中拿着什么诗书”这样的场景，戏剧化了书籍的符号作用：如衣着一样，诗书也成为一种个人标志，被用来展示个人的社会文化资本。钱锺书《围城》第二章中有这样一段文字，描写花旗银行买办张吉民的千金张小姐的架上读物：“方鸿渐……瞧见沙发旁一个小书架，猜来都是张

① 《祁忠敏公日记·涉北程言》，12A。

小姐的读物。一大堆《西风》、原文《读者文摘》之外,有原文小字白文《莎士比亚全集》《新旧约全书》《家庭布置学》、翻版的《居里夫人传》《照相自修法》《我国与我民》等不朽大著,以及电影小说十几种,里面不用说有《乱世佳人》。一本小蓝书,背上金字标题道:《怎样去获得丈夫而且守住他》(*How to Gain a Husband and Keep him*)。"这些书刊是张小姐各种社会资本和梦想的结晶,成为二十世纪三十年代上海中产阶级的符号。明书也一样,成为当时读者的社会梦想的符号。

《博笑珠玑》涉及不同的文类语类,其中的一些支点性内容,如"古文""俗语""江湖俏语"等,都有着鲜明的中晚明社会文化内涵,我们将在本章稍后仔细讨论。这里我们先从《博笑珠玑》对道学经典《四书》的引用谈起。

作为蒙学、科举、民智以及帝国意识形态运作的中心文献,传统《四书》成为《博笑珠玑》中一个突出的文化参照点。《博笑珠玑》中有《四书谜》《论语谜》《孟子谜》等谜语子目,《文史类》的酒令中也有《四书》这个子目。[①] 下面举例若干:

例 1:

一令上要《论语》二句,下律条一句贯意。

"大车无𫐐,小车无𫐐"——造法不法。

"其父攘羊,而子证之"——干名犯意。

"道不行,乘桴浮于海"——私渡关津。[②]

例 2:

一令要在上一字四方,答"四书"二句,又要抽出内字相因:

国(國)字四方,或字在中央。"或生而知之,或学而知之。"

田字四方,十字在中央。"十目所视,十手所指。"

---

① 儒家经典在历史上一直是谜令制作的重要元素,唐代即有《论语》玉烛酒酬,英文论述有夏德安(Donald Harper)《论语玉烛》("The Analects *Jade Candle*")一文。关于酒令在唐代的文学艺术意义,参见王小盾《唐代酒令艺术》。

② 《博笑珠玑》,1.25B。

因字四方,大字在中央。"大学者,大人之学也。"①

例3:

一令要《四书》二句相连,取上字凑成一字。

"'如保赤子。'心诚求之。"——恕字。

"一则以喜,一则以惧。"——二字。

"小德川流,大德敦化。"——尖字。②

例4:

一令要《论语》二句,要君子二字,下句又要顶针。

"君子务本。本立而道生。"

"君子有三畏。畏天命。"

"君子有三乐。""乐节礼乐。"③

《四书谜》是明代流行谜令中的一种,《博笑珠玑》及明代其他类似书籍中的这类谜令有很多。上面的第二例要求行令的人说出"四书二句",但答例中给出的"大学者,大人之学也"其实并不是"四书"本身的句子,而是出自朱熹《四书章句集注》,可见朱熹的集注在读书实践中被视为"四书"的一部分。就第四例来说,头两个回答中引用的是《论语》中前后相连的两句话,符合令中"要《论语》二句"的要求。第三个回答却偏离了令格:其中的"乐节礼乐"确实出自《论语》,但"君子有三乐"则出自《孟子》。④ 这个滑移(slippage)在其他同时期刻本书籍中得到了更正,⑤ 所以它在这里的出现无疑是低质坊本疏漏草率的表

---

① 《博笑珠玑》,2.3B—4A。

② 《博笑珠玑》,2.5B—6A。

③ 《博笑珠玑》,2.2B。

④ 明末清初小说《醒世姻缘传·引起》围绕着《孟子》的这句"君子有三乐"展开,可见"君子有三乐"在明代话语中的地位。

⑤ 在《摘锦奇音》一书中,令格被改为"一令要《四书》二句"。《摘锦奇音》,第273页。

现。^① 但这个例子的出现也透露出，在游戏中成功地引经据典的姿态比
文本的严密性更重要。

总的来说，这样的酒令要求行令者有一定的知识积累和文章技巧，这
也是《博笑珠玑》的时代意义之一：它揭示出一些当时社会共享知识的
生态。要能够成令，行令者不仅需要记诵经典文本，并能够对这种记忆随
时重组，而且要会玩弄文字游戏，乃至游离于正统的释文传统之外。科举
制度，尤其是怪异题目如截搭题的出现，是这种酒令流行的强大动力。^②
但这些谜令也别具反讽意味。比如眼下的这个例子，一边引用《论语》，
表示君子应该"乐节礼乐"，一边无视"乐节礼乐"一节中戒"宴乐"的
训诫而欢饮行令。^③ 在谜令创造出的空间里，"四书"等正经不再是教条，
而是与其他文本一样，成为游戏精神下可供拆解重组的原材料。

除引经据典之外，这些游戏还特别强调写作技巧的重要性。比如上
例中，即要求行令者使用"顶真"（下句头一个字重复上句的最后一字）
结构。从根本上来讲，行令即做文章，在翻旧为新、铸炼新句中展示自己
的书本知识和敏捷才智。《博笑珠玑》中的酒令要求参与者注意具体措
辞的安排（如"一令要四书二句，下要三字相同"），^④ 对不同文类之间意
义关联的寻找（如"一令要上说成语，下要以四书解意"）；^⑤ 要有篇章意

---

① 清代学者对明书，特别是晚明刻本的批评，又见张秀民、韩琦《中国印刷史》，第
375—376 页。
② 截搭题由《四书》中的句子割裂而成。［明］丘濬（1421—1495）《大学衍义补》
卷九说："近年以来，典文者设心欲窘举子以所不知，用显己能，其初场出经书题往
往深求隐僻，强截句读，破碎经文，于所不当连而连，不当断而断，遂使学者无所据
依，施功于所不必施之地，顾其纲领体要处反忽略焉。"丘濬进呈，陈仁锡评阅《大
学衍义补》，9.17B。
③ 《论语》"乐节礼乐"一节全文如下："孔子曰：'益者三乐，损者三乐。乐节礼乐，
乐道人之善，乐多贤友，益矣。乐骄乐，乐佚游，乐宴乐，损矣。'"
④ 《博笑珠玑》，2.5A。
⑤ 《博笑珠玑》，2.4B。

识，比如要能够"贯意""合意""暗藏问答之意"①"破意"②等。此外，"押韵"③、即景赋诗（"对景生情"④）也是必需的技巧，并且行令者还要能在修辞（比如要求是"巧语"⑤）和音韵修养上（比如要求"同音异义"⑥）达到一定水平。

除了《四书》这样的超级经典，《博笑珠玑》（以及其他谜令书籍）还提出了一整套人们要想在游戏世界中拔得头筹必须熟知的书籍，其中包括明代律法之本《大明律》（《博笑珠玑》有《律条类》）⑦、各种启蒙读物如《神童诗》《千字文》《百家姓》《蒙求》《日记故事》、朱熹的《小学》，以及通行的诗歌选本《千家诗》等，巩固了这些读物作为明代社会的基石文本的地位，为不同社会背景的人们构建出一个共享的文本景观。⑧这些文本权威在《博笑珠玑》中被用来在文本拆卸和语体、文体挪移中创造趣乐。且看下例：

　　一令要《千家诗》一句，下取《大明律》一句断之。

　　春宵一刻值千金，⑨高抬时价。⑩

---

① 《博笑珠玑》，1.9A。

② 《博笑珠玑》，1.25A。

③ 《博笑珠玑》，1.1B。

④ 《博笑珠玑》，1.3A。

⑤ 《博笑珠玑》，1.18A。

⑥ 《博笑珠玑》，1.24B。

⑦ 对《大明律》的英文译介，见姜永琳（Jiang Yonglin）《大明律》（*The Great Ming Code/Da Ming lü*）。

⑧ 关于这些书籍的流传史，参见张志公《传统语文教育教材论》。

⑨ 苏轼（1037—1101）《春宵》，见图绪-03中《千家诗》页。

⑩ "时价"应与"时估"相关。《大明会典》（万历本）卷三七"时估"条云："物货价直高下不一，官司与民贸易，随时估计，已具诸司职掌。今以内外买办物料，备列于后。而赃罚时估，则见刑部。光禄寺买办厨料，见本寺职掌之下。""又定时估，仰府州县行属，务要每月初旬，取勘诸物时估。逐一覆实，依期开报。毋致高抬少估，亏官损民。上司收买一应物料，仰本府州县，照依按月时估，两平收买。随即给价，毋致亏损于民。及纵令吏胥里甲铺户人等，因而克落作弊。"对"时估"的讨论，参见邱澎生《由市廛律例演变看明清政府对市场的法律规范》。

夜半钟声到客船，① 越渡关津。②

紫薇花对紫薇郎，③ 同姓通婚。④

《大明律》被从国家律令的功能中拉出来，与诗句相配合，在意料之外的衔接中产生法纪纲常之外的别样意味。

《大明律》在明人阅读生活中的地位，从前引酒令中可略见端倪。书籍市场对《大明律》的需求与明代惩戒不晓律意的官员、奖赏通晓律意的百姓的政策直接相关。《大明律》卷三"讲读律令"条云："凡国家律令，参酌事情轻重，定立罪名，颁行天下，永为遵守。百司官吏务要熟读，讲明律意，剖决事务。每遇年终，在内从察院，在外从分巡御吏、提刑按察司官，按治去处考校。若有不能讲解，不晓律意者，初犯罚俸钱一月，再犯笞四十附过，三犯于本卫门递降叙用。其百工技艺，诸色人等，有能熟读讲解，通晓律意者，若犯过失及因人连累致罪，不问轻重，并免一次。其事干谋反、逆叛者，不用此律。若官吏人等，挟诈欺公，妄生异议，擅为更改，变乱成法者，斩。"⑤

官本《大明律》自然是官员法律实践中的权威典籍，同时，坊间对这本书亦不断进行翻刻，其章节或衍生文本（比如律法歌诀）也在坊本中广泛流行。这些坊本既可提高社会各阶层的日常识见，又成为民间日用的法律参考。明代律令文字也由此与公案小说一起将文学、阅读与法律生活联系起来，成为有见识的人（所谓"通者"）知识结构的组成部分。⑥

---

① ［唐］张继（？—779？）《枫桥夜泊》。

② 《大明律》卷一五"私越冒度关津"条曰："凡无文引私度关津者，杖八十。若关不由门，津不由度而越度者，杖九十。若越度缘边关塞者，杖一百，徒三年。因而出外境者，绞。"怀效锋点校《大明律》，第117页。

③ ［唐］白居易（772—846）《直中书省》。

④ 《博笑珠玑》，1.19B—20A。《大明律》卷六"同姓为婚"条："同姓为婚者，杖六十，离异。"怀效锋点校《大明律》，第62页。

⑤ 怀效锋点校《大明律》，第36页。

⑥ 坊本律法书的一例，是建阳刘双松（生卒年不详，活跃于万历年间）安正堂的《镌大明龙头便读傍训律法全书》。书中开篇的中栏，是一篇叫作《律法总括》的歌诀。将律法以歌诀体讲出，有辅助记忆之功。

《大明律》之成为戏谑材料，乃依赖于这种广泛的阅读热情。

下面我们再看一则"《小学》谜"，谜底出自朱熹与其弟子编写的《小学》：

> 夜行以烛，无烛则止。（谜底）

> 元宵绕街嬉，全凭灯火种；烧尽银烛炬，住步且回归。（谜面）[①]

书中先给出《小学》中的句子，再给出谜面，让读者注意到制谜过程，而不仅仅是投入到猜谜中去。这也表示，《博笑珠玑》之类的书籍亦有指点制谜制令之用。《小学》中这两句话的上下文是这样的：

> 男不言内，女不言外……外内不共井，不共湢浴，不通寝席，不通乞假，男女不通衣裳，男子入内不啸不指。夜行以烛。无烛则止。女子出门必拥蔽其面。夜行以烛。无烛则止。道路男子由右，女子由左。[②]

在《小学》里，"夜行以烛，无烛则止"是用来明男女之别的。从谜底到谜面，这句格言被扭进了一个新的语境：元宵街嬉，其意义也不再是男女关防。值得一提的是，谜面中的新语境（元宵庆赏）是明代文学、绘画以及政治生活中的一个重要话题（宪宗依例命翰林院进奉咏元宵灯火文字，而翰林编修章懋等拒不奉诏，并上书谏止元宵灯火，即为灯节与明代政治生活关系之一例[③]）。这个从谜底到谜面的拗变过程，将对行为的规范转为对灯节景观的捕捉，泄露出明人社会生活自身的一点讯息。从下面的例子我们也可以看出，实际上制作谜令成了传达明代世俗生活的绝佳渠道。

对权威文本的断章取义、情境重构，是《博笑珠玑》之类的书籍吸引读者的原因之一。其文本重组的游戏既为读者（也是潜在的行令猜谜者）提供了展示对社会共享文本掌握的渠道，也为他们提供了炫耀一种随心所欲的文字炼金术式的才智的平台。这个过程常常将比正统经义的教谕更鲜活的日常细节与《四书》这样的正统经文相配，来作为创造笑谈、表

---

① 《博笑珠玑》，2.5B。

② 《御定小学集注》卷二。

③ 参见廖可斌《论明代景泰至弘治中期的文学思潮》。

现奇思的惯用技巧。例如下面这则《孟子》谜:

《孟子》谜

我视鱼儿活泼鲜,

嘱妇勿把下油煎。

听得厨中刀砧响,

情愿长斋献佛前。①

谜底是《孟子·梁惠王上》中的四句话:"见其生,不忍见其死;闻其声,不忍食其肉。"谜底出现在孟子与齐宣王围绕着为王之道展开的对话中。齐宣王见到衅钟之牛的畏惧觳觫而不忍杀之,令以羊替代。孟子由此推出齐宣王"是心足以王矣",并进而说道:"君子之于禽兽也,见其生,不忍见其死;闻其声,不忍食其肉。是以君子远庖厨也。"谜面中的四句分别对应谜底中的四句,或者说,谜面是对谜底四句的对译,见下:

谜底		谜面
见其生	⟶	我视鱼儿活泼鲜,
不忍见其死	⟶	嘱妇勿把下油煎。
闻其声	⟶	听得厨中刀砧响,
不忍食其肉	⟶	情愿长斋献佛前。

通过制谜,谜面中"活泼鲜"的鱼儿与夫妇间的家务琐谈讲出了一个由食欲、斋戒、献供之间的冲突构成的日常喜剧(明代方语有"水上儿"一词,曰"水上儿,乃鱼之活",可见"活泼鲜"的鱼儿为值得一提的生活细节②)。故事结尾,从厨中刀砧的响声可以想见,这条活泼鲜的鱼儿未能逃脱被烹的命运,而"我"则在想象将自己不忍食的美味推让到佛前。总之,谜面将读者带入了一个与《孟子》中关于王道的对话迥然不同的世俗世界,却也不失为对"是以君子远庖厨"这句话的另类解释。

谜令制作也呈现出了日常现实惨淡的一面,比如下面这则《千字文》谜:

---

① 《博笑珠玑》,2.5A。

② 《大明春》,第30页。

> 长天雁独飞，
>
> 屋破雨浇漓。
>
> 节妇孀居苦，
>
> 传扬天下知。[①]

谜底是常用来表示自谦的"孤陋寡闻"。谜面中的每一行对应谜底中的每一个字：独雁对"孤"，破漏之屋对"陋"，节妇对"寡"，天下知对"闻"，在谜底自我表述的讲究与谜面日常生活的颓败之间形成反差。制谜成为无名作者描述平凡生活经验和日常视角的一个渠道，也是书本知识与生活知识相纽结的渠道。

除了上述《四书》、蒙书、律书之外，另一类常被援引的资料是戏曲文学，其中最被称道的，则非《西厢记》莫属。下为两例：

> 一令要《千家》一句，下要《西厢》一句相承合意。
>
> 寂寂柴门村落里[②]——不近喧哗。
>
> 春色恼人眠不得[③]——睡又不宁。
>
> 不受尘埃半点侵[④]——自然优雅。
>
> 本为圣朝除弊政[⑤]——扫荡妖气。[⑥]

> 一令要《千家诗》一句，中间俗语一句，结尾要《西厢》一句相关合意。
>
> 一枝红杏出墙来，[⑦] 如何不摘下？（唱：）粉墙儿高似青天。
>
> 一为迁客去长沙，[⑧] 路远难得到，（唱：）见安排着车儿马儿。

① 《博笑珠玑》，2.6A—6B。

② ［宋］刘克庄《寒食清明》二首其一。

③ ［宋］王安石《夜直》。

④ ［宋］王淇《梅》。

⑤ ［唐］韩愈《左迁至蓝关示侄孙湘》。

⑥ 《博笑珠玑》，2.12B。

⑦ ［南宋］叶绍翁《游园不值》。

⑧ ［唐］李白《与史郎中钦听黄鹤楼上吹笛》。

一任晚风相对愁，^①如何不劝他？（唱：）两下里都一样害相
思。^②

此类酒令将艺林地位尊贵的诗与有争议的戏曲黏合在一起，打破语域区
隔和雅俗秩序，建立了文体互融空间。^③（这种不同语类、文类的连缀，在
《红楼梦》第二十八回薛蟠的答令中达到了极为戏剧性的效果。^④）在猜
谜行令中，《博笑珠玑》的读者和消费者不再是被动的接受者，而是被设
定为主动的表演者——此处行令者被要求唱出《西厢记》中的曲词，表
演性更为直接。

《西厢记》的文本地位、文化影响在明代得到不断提升，对此学者们
多有著述，特别是蒋星煜对《西厢记》版本的研究，为我们了解《西厢
记》在明代的传播奠定了文献学基础。近年据黄霖统计，《西厢记》在
明代的版本（包括重刻本）有逾百种之多，^⑤而《西厢记》中的著名戏折
更是在各种戏曲选集中广泛流传。刊行之外，有明一代对《西厢记》的

---

① ［宋］程颢《题淮南寺》。"晚风"，他本常作"晚山"。

② 《博笑珠玑》，2.12A—12B。

③ 晚明徐渭（1521—1593）、汤显祖（1550—1616）、臧懋循（1550—1620）以及冯梦
龙（1574—1646）的戏曲活动表明了戏曲艺术在当时的文人文化中的重要地位，
但同时期的一些士大夫则视剧场为威胁伦理道德的场所。王利器《元明清三代禁
毁小说戏曲史料》中有很多相关记载，比如陈龙正（崇祯进士）就说："每见士大
夫居家无乐事，搜买儿童，教习讴歌，称为家乐，酝酿淫乱，十室而九。此辈日演故
事，无非钻穴逾墙，儿女辈习见习闻，十来岁时，廉耻之心，早已丧尽，长而宣淫，乃
其本分，愧之不动，禁之安能……"（王著第171页）。随着私人演剧在晚明的风行，
对演剧活动的批评（特别是其对居家生活和个人品行的侵蚀）也日见剧烈。

④ 《红楼梦》第二十八回中出现的酒令，令格由宝玉说出："如今要说悲、愁、喜、乐四
个字，却要说出女儿来，还要注明这四字原故。说完了，饮门杯，酒面要唱一个新鲜
时样曲子；酒底要席上生风一样东西，或古诗、旧对、《四书》《五经》成语。"薛蟠
答令如下："女儿悲，嫁了个男人是乌龟。女儿愁，绣房钻出个大马猴。女儿喜，洞
房花烛朝慵起。女儿乐，一根鸡巴往里戳。一个蚊子哼哼哼，两个苍蝇嗡嗡嗡……"
令没做完，就被宝玉等人认为太离谱而喝止了。但其实薛蟠的作品最能体现酒令
中文类、语类混合的特别效果，尤其是"女儿喜，洞房花烛朝慵起"与其他句子之
间的反衬，效果极佳。

⑤ 黄霖《〈西厢记〉〈琵琶记〉〈牡丹亭〉汇评述略》，第34页。

舞台改编和演出也持续不断,《西厢记》也因此成为剧家、文章家和普通戏民共享的文化支点。①《西厢记》在谜令中的频繁出现也佐证了它成为明代社会近似文化参考书一样的地位。在后文中我们会看到,在明代书文化中,《西厢记》既是一部影响深远的戏曲文学作品,更在白话、俗语、宗教、八股文章及明代视觉语言的发展中有着不凡的作用。

曲本在雕印技术的推波助澜中成为另类经典的能量在下面的酒令中也可以看出:

> 一令要曲一句,下要《四书》一句断之合意。
>
> 倚定门儿眼望穿——未见其人也。
>
> 思量那日离故乡——父子不想见。
>
> 百年夫妇今宵合——乐亦在其中矣。②

熟悉传统经典的读者很容易看出三个例子中的后面一句或出自《论语》,或出自《孟子》,三例中各自的头一句反倒费些猜测。这些曲句乃出自明代曲典中的另一部特色之作——《琵琶记》。③ 这样的酒令既对《琵琶记》在明代的传播起到了推助作用,也表明《琵琶记》已成为明代核心文化坐标中的一项;而能够随时引用其中的曲词,则可证明行令者不是时代文化的门外汉。徐渭(1521—1593)在《南词叙录》中有这样一段话:

> 时有以《琵琶记》进呈者,高皇笑曰:"《五经》《四书》,布帛菽粟也,家家皆有;高明《琵琶记》,如山珍海错,富贵家不可无。"④

朱元璋是否真的如此评价过《琵琶记》,我们不得而知。重要的是,这段话以天子的口吻赋予了《琵琶记》一种文化身份。在中晚明的文化想象中,能够随时唱诵《琵琶记》中的曲词,与能够完美掌握《四书》《五经》

---

① 奚如谷(Stephen West)与伊维德(Wilt Idema)在他们的《西厢记》译本的《绪言》(第7页)中指出,中国白话文学中少有能与《西厢记》版本数量一争高下的作品。

② 《博笑珠玑》,2.7A—7B。

③ 谜中所引分别见于《琵琶记》第五、第二十四及第十二出。

④ 徐渭《南词叙录》,第240页。

一样,都标志着对明王朝通行的文化好尚的参与,而精于梨园之事,也在渐渐成为一种地位、奢华、品味的标志。[①]

明代谜令是书文化的传播渠道,其中透露出来的坐标性书目及相关的文本文化信息,与大藏书家或官方书志中的意趣不同。比如下面这例叫作《杂书名》的谜语中,就传达出了一组坊间书籍在中晚明阅读时尚中不容小觑的信息(谜底在谜面后的括弧内):

> 配物求吾成美句。(《对类》)
>
> 小小书生把我欺。(《蒙求》)
>
> 群贤吟咏成篇帙。(《千家诗》)
>
> 照见胸中镜一轮。(《明心宝鉴》)
>
> 大兵端楷五音清。(《洪武正韵》)
>
> 七三五四将身丧。(《十九史》)
>
> 室中无我事难成。(《居家必用》)
>
> 夜来如见家中信。(《梦书》)
>
> 两个围棋各不赢。(《通书》)
>
> 法帖钟玉皆无楷。(《本草》)
>
> 兵家败胜逞威争。(《棋势》)
>
> 书中车马多如簇。(《棋谱》)
>
> 书中有女颜如玉。(《春书》)[②]

从蒙书、史书、善书(《明心宝鉴》)到居家必用的各种图书,这一书单投射出了一个构建着日常识见与日用需求的书籍世界。这里制谜者作为识书人的"拉书单"举动,也反射出了通俗书目学(人们日常生活中对书的认识)的个中情形。

---

① 《琵琶记》在明代刊本亦繁,据万历二十五年(1597)玩虎轩本《琵琶记》凡例,"诸家刻本凡七十余种"。见张秀民、韩琦《中国印刷史》,第331页引。明代《琵琶记》的刻印与接受史材料,见侯白朋《〈琵琶记〉资料汇编》。

② 《摘锦奇音》,第312—315页。

《博笑珠玑》：语类与文章技巧

这一节我们将目光转向《博笑珠玑》中的另一个维度，看一看当时对古文和俗语的理解，以及这种理解背后的雕版印刷支持。本章最后一节，则以细读《博笑珠玑》中采录的一个叫《皇明诗选》的集中集，来初步探讨选本文化的具体内涵。

古文

《博笑珠玑》的游戏中常会用到"古文"这个概念：

一令要古文诗一句，又要一古人一地名。

子瞻谪南海。

张翰去江东。

苏武在胸［匈］奴。[①]

上面给出的三个示例均为中国古典诗歌中常见的五言句式，问题是它们如何为"古"、又如何为"诗"呢？又是什么属性使得它们可以归为令中所要求的"古文诗"呢？称"古文诗"而非"古诗"，又是怎么回事呢？下面这例酒令中的"古文"片段显得比上面的例子诗意稍强，但对现代读者来说，这些片段到底是如何契合"古文"标签的，还是有些令人费解：

一令要古文四句，每句只三字，字意相串。

薄薄酒，胜茶汤。粗粗布，胜无裳。

一片石，数株松。远又淡，近又浓。

吹龙笛，击龟鼓。皓齿歌，细腰舞。[②]

酒令之外，谜语中也牵涉到"古文"：

古文四句（意即谜底是古文四句——笔者注）

邻居养儿我也养，

---

① 《博笑珠玑》，1.22B。

② 《博笑珠玑》，2.11A—11B。

聪明鲁钝一般同。

或作朝廷金带客，

或作前呼后拥人。

（谜底）

两家各生子，

贤愚同一初。

一为公与相，

一为马前卒。①

如同前示谜语一样，谜面是对谜底各句的对应"翻译"：谜底中的第一行"两家各生子"对应谜面中的第一行"邻居养儿我也养"，以此类推。那么，问题还是：究竟是什么标准可以让这些句子戴上"古文"的标签呢？"古文"在这些谜令中是不是一个宽泛的标签，泛指"古"时之文或是能代表"古文"特点的语言形式？如果是的话，那么在游戏中人们需要依据的就是自己的古文修养。笔者查阅《博笑珠玑》及类似书籍中与"古文"有关的语句、片段，发现其实不然。这些游戏中的"古文"是有特指的，指的是一本叫作《古文真宝》的书（图 I-02），只不过这本书在这些谜令中被简称为《古文》。简称背后的约定俗成，也暗示出这本书在当时的广为人知。《古文真宝》是一本怎样的书呢？

《古文真宝》是一部带有评注的古文选本，分前后两集。前集收诗歌，后集收散体古文。这样上面出现的"古文诗"这个标签就不难理解了，指的是《古文真宝》中收录的诗篇。

《古文真宝》成书于宋末元初，②入清以来在中国渐渐失传，但在明代书籍中《古文真宝》的地位却相当重要。而且与在中国的渐渐失传相对照，《古文真宝》自元末传入朝鲜和日本，其影响力经久不衰，一直持续

---

① 《博笑珠玑》，1.20A—20B。

② 《古文真宝》的成书时间，见姜赞洙《中国刻本〈古文真宝〉的文献学研究》；黄坚选编，熊礼汇点校《详说古文真宝大全》等。

諸儒箋解古文真寶卷之一 前集

勸學文

真宗皇帝勸學

言人能勤學。則榮貴。後自有
良田好宅僕從妻室之類也

富家不用買良田。書中自有千鍾粟。安居不用架高
堂。書中自有黃金屋。文。飾以黃金鏤屋上 漢武故事 漸臺高三十。出門莫
恨無人隨。書中車馬多如簇。娶妻莫恨無良媒。書中有女顏如玉。如
妻如之何書中有女顏如玉。 詩 其人 男兒欲遂平生
匪媒不得

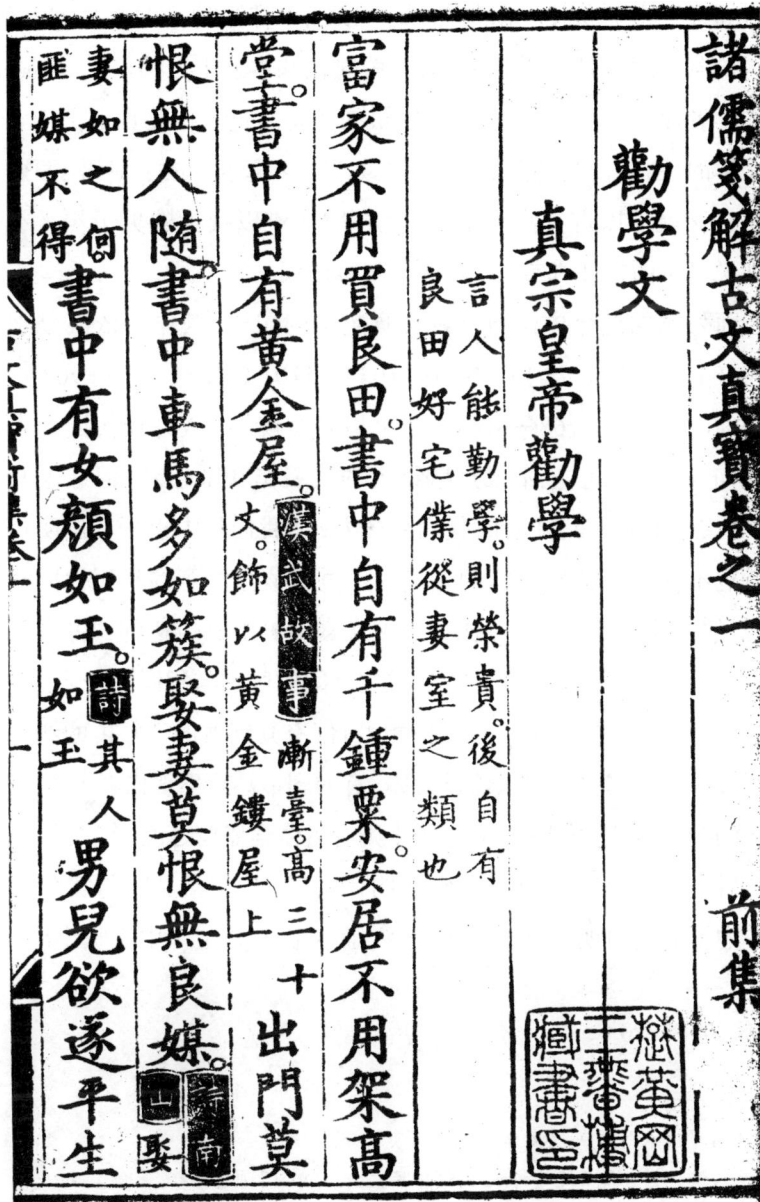

图 I-02 明万历司礼监本《古文真宝》。《古文真宝》以一组《劝学文》
发端，图中可见题为宋真宗（998—1022）所作的《真宗皇帝劝学》。文中
以物质生活的荣贵，包括"良田、好宅、仆从、妻室之类"等，来劝人勤学。
这里，《劝学文》与《古文真宝》借助帝王的声音将人们的世俗欲求合法化。
（美国普林斯顿大学葛思德东亚图书馆藏）

到十九世纪，甚至今天。据张伯伟："以现存韩国的《古文真宝》而言，仅据《诚庵文库目录》所载，便有朝鲜时代刊本五十三种。"[①]据熊礼汇，有日本学者提到："日本许多汉学家最初都是通过《古文真宝》接触中国古代文学的。由于传播甚久、甚广，以致'古文真宝'成了成语，西鹤《武道传来记》就'以古文真宝形容道貌岸然，难以接近的男子'。《本朝文鉴》则说'所谓古文真宝，日语俗语初称硬汉'。"[②]

上面列举的谜令中出自《古文真宝》的句子，其作者依次分别为黄庭坚（1045—1105）、李白、苏轼（1037—1101）、吴融（？—903）、李贺（790—816）、韩愈（768—824），个个声名显赫。[③]或许现代读者很难将这些诗句与古代诗歌艺术或这些诗人的代表作联系起来，但这也并不奇怪，因为文学品味总是随着时代而变化着，而我们从中也可看出明代的流行古诗选本和现代选本之间的差异。不过更值得注意的是明代同时期对"古文"的不同构建与阐述，比如《古文真宝》中所传达的"古文"概念与前后七子所倡导的复古运动中的古文之间的区别与相同之处：前七子以具体的诗人（比如杜甫）及其风格相号召，有其细致的"复古的绪次与文学内涵"；[④]《古文真宝》则以篇目为体，有的刊本甚至不著作者名号。此外，《古文真宝》不讨论近体诗，而七子中则有近体学盛唐之说，等等。[⑤]

前后七子以复古为旗号来转变明代文风，其文章品味与实践活动极大地影响了后世对明代文学史的理解，而《古文真宝》中反映出的，则是

---

① 张伯伟《选本与域外汉文学》，第 83 页。

② 黄坚选编，熊礼汇点校《详说古文真宝大全》，第 17 页。

③ 这里列出的"古文"三例中，第一例中的诗句分别出自黄庭坚的《子瞻谪南海》、李白的《送张舍人之江东》以及李白的《苏武》；第二例中的诗句出自苏轼的《薄薄酒》、吴融的《画山水歌》以及李贺的《将进酒》；第三例中的诗句出自韩愈的《符读书城南》，但变动了诗句顺序。

④ 郑利华《前后七子研究》有"复古的绪次与文学内涵"一节。

⑤ 关于前七子与学古，参见廖可斌《明代文学复古运动研究》，第 126—142 页。

当时图书市场中一种流行的、易得易读的通俗古文世界。① 而这个古文世界，因其在明人阅读世界中的地位，或许比明代文章领袖们在不断论争中阐明的古文世界在当时更广为人知。

换句话说，《古文真宝》推广了一个一般（或曰寻常）概念上的"古文"。这个古文世界与当时文学和史学流派论争中的古文世界平行存在，但更趋合普及性的需要，比如为了方便读者，集子里面提供了经过编者筛选的、易读明了的批注（故而有《古文真宝》刊本题名为"诸儒笺解"）。不过，若将这两种古文世界作为高雅与通俗，或者中心与边缘的关系来处理，则不足以说明问题，甚至有一定的误导性。② 因为《古文真宝》中的古文世界不仅传播广（谜令中被引用为佐证之一），而且有着不可低估的身份：尊贵如皇帝，也以批阅《古文真宝》为游艺雅事。万历皇帝曾题司礼监刻本《古文真宝》曰：

> 朕每退居清燕，游意篇章，于《古文真宝》一编，时加批阅。

旧本凡三百十有二篇，今益以三十五篇，重校梓以便观览。③

《古文真宝》《博笑珠玑》这样的书籍提醒我们，有一批在后世文化记忆中缺席的明代出版物，尤其是那些似乎不入大雅之堂的书籍，在明代却拥有着远非边缘性的社会作用和地位。也正是基于对类似现象的观察，书史研究会特意关注正大传统覆盖之外的书籍流通和阅读情况，对所谓俗陋之本的价值同样进行挖掘和文化还原，为重新审视文化思想史捕捉机会。

《古文真宝》在明代文化中的地位，可从其刻印史中略见端倪。此书《四库全书总目》未收，然有明一代，《古文真宝》持续受到了书坊主、编者、著名士大夫、学者、内监以及皇帝的关注，经历了各种加工处理，以不

---

① 关于明代前后七子及复古运动，参见陈书录《明代前后七子研究》；张伟保《明代文学复古与革新研讨会论文集》等；关于前后七子及《古文真宝》中的古文概念，见姜赞洙《中国刻本〈古文真宝〉的文献学研究》，第112页。

② 关于这一点，陈书录在《明代前后七子研究》的《引言》中，就已经明确指出，前后七子"处于复雅与尚俗的转换阶段"。

③ 王重民《国会图书馆藏中国善本书录》，第1076页。御制序多由词臣代笔，然其代表皇帝声吻所赋予相关书籍的认可与声誉则一。

同版本流传着。① 现存所知最早的版本，是藏于绍兴鲁迅图书馆的元刻本残卷《魁本大字诸儒笺解古文真宝》。② 已知明初的印本包括景泰初年（1450—1457）由宋伯贞音释、刘剡校正的《详说古文真宝大全》，以及弘治十五年（1502）的青藜斋刊本（今存青藜斋书跋）。《钦定天禄琳琅书目》中的《诸儒笺解古文真宝》解题，以内府藏书情况提供了明代《古文真宝》版本流传的一个方面：

> 《诸儒笺解古文真宝》，一函四册。黄坚辑，五卷。前明神宗序，后明孝宗跋，又一跋不著姓氏。黄坚不知为何时人。观孝宗跋语已有命工梓之之文，神宗作序尤称旧本凡三百十有二篇，今益三十五篇，刻久漫漶，因重授梓云云，是明内府此书固有二板矣。其不著姓氏之跋，则称永阳黄坚氏所集《古文真宝》二十卷，梓行已久，率多湮蚀，偶得善本，命工重刊云云。跋后题为弘治十五年青藜斋寓云中有斐堂书。观此则内版之外复有二刻。其刻于云中者，与孝宗朝内版同出一时，皆为重梓，而神宗所刊最居其后，系合孝宗、云中两刻而并校之，故皆载其跋也。至云中之跋称二十卷与此五卷之数不符，盖由重刊时省并之故。第书中注释词意浅陋，似非名人所作。③

《钦定天禄琳琅书目》中的题录专论内府藏版、印本，从中可以看出：一、《古文真宝》"梓行已久"，有传播基础；二、内府对此书比较重视，其印本中有孝宗跋语、神宗序，可见其在当时的文章世界中占有一席之地。

　　除内府刊本外，对《古文真宝》进行重刊、改编、增订的坊刻本也极大地促进了这本书的流传。万历年间，对《古文真宝》的刊行更是出现了一个高潮。福建有名的出版家中有三人均刻印过《古文真宝》，④ 即刘龙田（1560—1625，名大易）、余象斗（生卒年不详，又名余文台，字

① 关于元明两代的《古文真宝》刻本，见熊礼汇《古文真宝的编者，版本演变及其在韩国、日本的传播》等。

② 姜赞洙《中国刻本〈古文真宝〉的文献学研究》。

③ 《钦定天禄琳琅书目》卷一〇。

④ 福建书坊的刻书活动，见谢水顺、李珽《福建古代刻书》；贾晋珠《为利而印》（英）等。

仰止），郑世容（1548—1642，字公度，号云林）。郑本更是由朝宰叶向高（1562—1627）校。叶氏在当时既为政坛举足轻重的人物，又引领着新学、新语的介绍及著述、刻印活动，比如他与耶稣会士艾儒略（1582—1649）的对话，即被后者收入所著《三山论学》中。① 由这样一位人物来校《古文真宝》，亦巩固了《古文真宝》的地位。②

据《明实录》，万历十一年（1583）四月：

> 癸丑，大学士张四维等拟御制《古文真宝》前序、后跋及《昭仁殿箴》《弘德殿箴》，恭进御览。③

张四维（1526—1585）进呈序跋后两个月，万历皇帝即赐大学士申时行（1535—1614）《古文真宝》两套。④ 这里，皇恩浩荡的政治剧场对《古文真宝》的使用，与《博笑珠玑》中对《古文真宝》（及其他经典）的使用如出一辙，利用的都是特定书籍作为象征性资本（symbolic capital）的符号作用。

综上所述，《古文真宝》在明代朝廷内外的刻印推广，涉及不同机构和个人的参与。知名士夫则或在朝中或与书坊合作，对其流播推波助澜；万历帝以《古文真宝》颁赐朝臣，更宣布了《古文真宝》受到的帝国认可；坊本则推助着《古文真宝》向社会各阶层的渗透。朝廷提擢与市场营销相互作用，奠定了明代社会共享的一个基础文本——《古文真宝》。

书籍流通常有赖多种渠道的共同作用，比如坊本与官本流通渠道之间的关联。⑤ 坊本常常只是书籍流传中的一步、一个阶段，在官、私、商业、宗教等各种力量通过各种渠道交互作用的书籍流通场域中，每一次刻印，

---

① 关于叶向高，参见崔来廷《海国孤生：明代首辅叶向高与海洋社会》。叶向高亦主持纂修了《大明光宗贞皇帝实录》。
② 明代书坊刻书，喜伪托名人。不过笔者还未见到对此处叶向高署名的质疑。
③ 《明实录》，136.2529。
④ 《明实录》，138.2569。
⑤ 建阳书坊在明代承担官府刻书徭役的刻书业发展制度背景，见李子归《明代建阳的书户与书坊》；关于官本与官学藏书的英文著述，见卜正民《正学》（"Edifying Knowledge"）。

均成为再次被各种力量、机构和个人所左右的话语和释义机会。① 与之相关的，像《古文真宝》这样的雕版印刷史中经典化与通俗化相伴随的例子不胜枚举。②

明代有影响力的古文选本不止《古文真宝》一种。《古文真宝》的与众不同，在于它常为初学者的入门首选，这在下面谈到的明人笔记中可以得到印证。同时，这些笔记也为我们具体展示了当时读者与文学传统、刻本书籍之间的关系。

蒋冕（1462—1532，字敬之，一字敬所，号湘皋，曾任内阁首辅）在嘉靖戊子年间（1528）曾忆起他年幼时的读书经历，谈到他在坊本《古文真宝》中读到了一首叫作《读李斯传》的诗。蒋冕非常喜欢这首诗，时时记诵，但一直不知道作者是谁。直到他到了京城，接触到了更多的书籍之后，才知道《读李斯传》的作者是晚唐的曹邺（约816—875，字邺之）：

> 冕自髫龀时见邺之公《读李斯传》诗于书坊所刻《古文真宝》中，有"难将一人手，掩得天下目"之句，喜而诵之，甚习而不知为谁所作。及游京师，读《唐文粹》，始知为公诗。今考之集中，其诗全篇十二句。姚铉节其首尾八句，而以此四句载于《文粹》中。《古文真宝》因而取之《文粹》。又载公《杏园即席上同年》一诗，冕尝次韵以寓景慕之意，盖冕于公诗痗瘝不忘者五十余年……③

在蒋冕的回忆里《古文真宝》在一个年轻士子的生活及其与书籍的

---

① 详见下章。

② 比如上文提到的《大明律》，就在书商们的推动下成为一本全社会的坐标性书籍。笔者此处谈到的经典化与流行化的概念，受到了白根治夫（Haruo Shirane）的启发。白根治夫解释说："流行化暗指增加的可接触度及更广泛的接受群体，而经典化暗指权威（就《源氏物语》来说，常与天皇和朝廷连在一起）、特权以及渊源（比如与贵族阶层的关联）……与经典化倾向于强调对书面或印刷文本的阅读、阐释和传播相对照，流行化常常通过新媒体或视觉技术的帮助，来变通或改写有关文本，从而为新的受众提供接触机会。"白根治夫《〈源氏物语〉与文化生产之动态》（"*The Tale of Genji* and the Dynamics of Cultural Production"），见《展望〈源氏物语〉》（*Envisioning* The Tale of Genji），第 2 页。

③ 蒋冕《曹祠部集序》，见曹邺《曹祠部集》。

关系中起到了塑造性的作用，成为他一生地理、社会行旅中的一个参照点。具体地说，《古文真宝》成就了蒋冕与晚唐诗人曹邺之间的人文关系，而且这种关系伴随了蒋冕一生："盖冕于公诗癖痴不忘者五十余年。"这里有一个细节，就是蒋冕所用的《古文真宝》没有标明（全部或至少部分）诗歌作者。尽管由于蒋冕个人的喜好和追索，他最终发现了《读李斯传》一诗的作者，并进而为曹邺的诗集作序，《古文真宝》本身却是直接将《读李斯传》作为古文文库中的一篇范文来呈现的，作者的认定不是重点，甚至并不重要。

另外，《读李斯传》的作者在《诸儒笺解古文真宝》以及在韩日一些流行版本中，被标注为李邺。这是一个明书中信息来源多样化、作者标注异同错见的例子，提醒我们，当时对于作品作者没有完密统一的集中记录。（作品作者著录的非中心化是传统与现代书文化的一大区别。）

与蒋冕不同，《古文真宝》让孙绪（1474—1547，弘治十二年进士）感兴趣的不是作品作者的问题，而是编选者是谁的问题。显然孙绪所用的本子里没有编者信息。孙绪曰：

> 绪幼时先吏部口授《古文真宝》内小诗及诸小词，因问先公《真宝》为谁氏所选。[1]先公笑曰："吾亦不知为谁。"自是先公每询诸执友，如东田先生，先师漳南先生，舅氏铜陵先生，皆谢不知。迨绪稍长，读《崇古文诀》，爱其文。其编选者亦只称"迂斋先生"，亦不知为谁。后为吏部，属鲍菴吴先生宽，为左侍郎，博学多识。暇日绪因问此二人为谁，鲍菴笑曰：《真宝》永坚黄叔易所选，迂斋不知也。"余后阅《四明文献录》，见所谓迂斋尝选《文诀》者为楼昉，吕东莱门人，绍熙四年陈亮榜进士，尝议和议之非，忤奸相，贬斥以终，盖亦正人也。[2]

---

① 孙绪之父"以沙溪公（即孙绪——笔者注）贵封吏部主事，赠员外郎"，故孙绪称其父为"先吏部"。孙绪父封吏部事见周世选（1532—1606）《京闱进士浚溪孙公墓志铭》，《卫阳先生集》卷一四。
② ［明］孙绪《沙溪集》卷一三。

从幼时随父启蒙到成为京城政治文化精英圈中的一员，孙绪在这里对自己人生履历的叙述主线，是他与两个选本《古文真宝》与《崇古文诀》的关联。这段文字讲述了他从训蒙到获得社会地位的完美故事：他成功入选吏部，与时贤吴宽（1436—1504）交往，其社交圈绝不逊于其父往来执友的声望。立身立业过程中，书本知识的增长既植根于他个人阅读的积累，亦倚重于师友圈中的口耳相传：其开蒙是由父亲"口授"，对《真宝》谁氏所选的求解，也先有其父"询诸执友"，再有暇日请教于吴宽。一个人的书籍知识与其社交活动、社交圈的层次密切关联：长久困扰孙绪、其父辈先贤亦不能作答的编者问题，最终是在与吴宽不经意的谈话中解决的。文中说："匏菴笑曰：'《真宝》永坚黄叔易所选，迂斋不知也。'"然若非平日厚积，亦绝无"谈笑"之易。

吴宽为明成化八年（1472）状元（图 I-03），名臣，有诗名，文章家、书法家、藏书家。大家熟悉的传为张择端的《清明上河图》上，即有吴宽题跋。其同时代人刘健（1433—1526，官至内阁首辅）说吴宽"于书无所不读"。[1] 不为人知的《真宝》编者的问题，对吴宽则不为难事，见出吴宽读书界领袖的风范。孙绪向吴宽求教，应当也是因为吴宽的书目知识为当世少有之故。

孙绪 1499 年进士，吴宽 1504 年七十岁时去世，二人在朝中共事时吴宽享誉已久，孙绪特意记下这段对话，亦是留存当时读书、知书界逸事之举，捕捉了当时读书的日常三昧。[2]

另一个困扰孙绪的、《崇古文诀》编者问题的解决，在孙绪笔下成为对他个人的社会、学识、乃至人格独立性的最终认定。孙绪曰"盖亦正人也"，从目录学话语转换到道德话语。对选本编者的好奇为孙绪建立起一种个人利害关系，不仅左右了他与时贤的交游，而且构建了他与前贤选家之间的关系。而他对书史的梳理，也成为他讲求安身立命之根本（"正

---

① 《大明孝宗敬皇帝实录》卷二一四。

② 如果说"识书"比较宽泛，指各种对书籍这个事物的意识的话，"知书"则特指其中比较精深的对书的世界的了解。

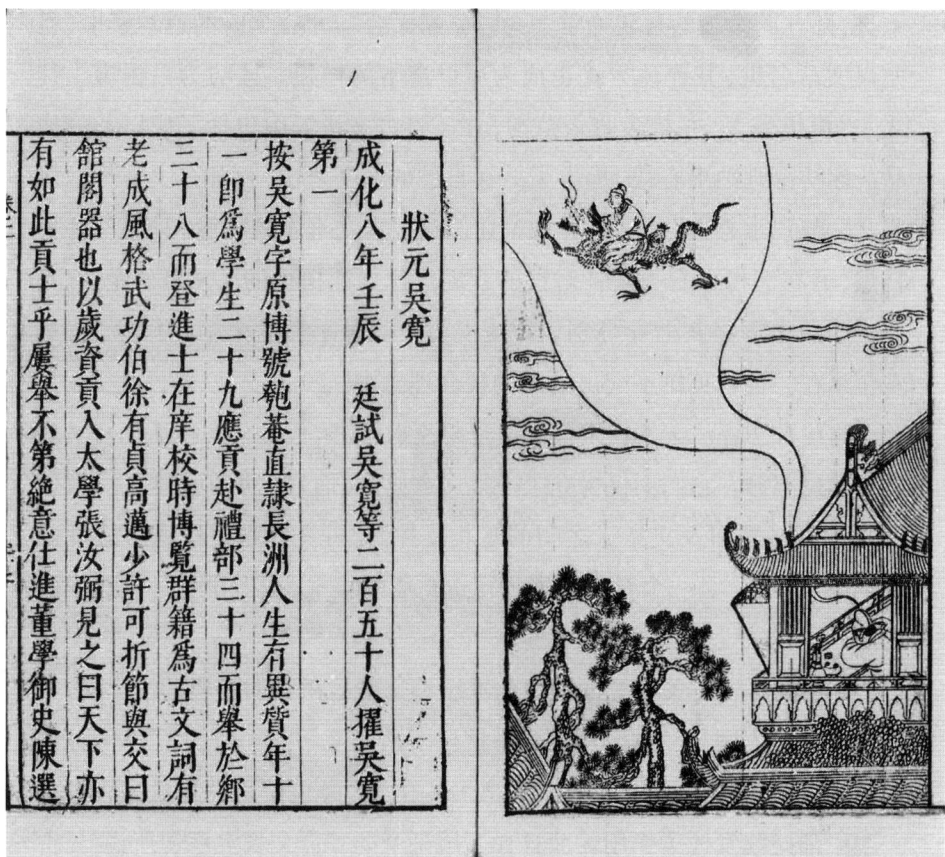

状元吴宽

成化八年壬辰 廷试吴宽等二百五十人擢吴宽

第一

按吴宽字原博号匏菴直隶长洲人生有异质年十一即为学生二十九应贡赴礼部三十四而举于乡三十八而登进士在庠校时博览群籍为古文词有老成风格武功伯徐有贞高迈少许可折节与交日馆阁器也以岁资贡入太学张汝弼见之日天下亦有如此贡士乎屡举不第绝意仕进董学御史陈选

图 I-03 《明状元图考》（崇祯年间刊本）中的吴宽。（美国哈佛大学图书馆藏书）

人"）的表达。

孙绪文中提到了《崇古文诀》在当时的流行。也正是在与这些宋元选本及其所建立的评注传统的关系中，《古文真宝》获得了独特的地位。为古文选本加上评注进行刻印这种编辑和传播方式本身即代表了南宋一种新的文化潮流。当时涌现的集子包括吕祖谦（1137—1181）的《古文关键》，楼昉的（绍熙四年进士）《崇古文诀》，以及后起的谢枋得（1226—1289）的《文章轨范》等。这些选、编、评注者均为一时之贤，且有师承关系。吕祖谦，官宦世家、哲学家、南宋道学家之一，组织了由朱熹、陆九渊参加的著名论学大会"鹅湖大会"。^①在当时的道学家中，吕尤以文章名世，其评注方式也成为后世选本的样板。楼昉为吕祖谦生徒之一，模仿吕著，并扩大收录范围，在《崇古文诀》中包括了唐以前的作品。谢枋得则独出心裁，提出了一套自己的作文之法，例如分文章为"放胆文"与"小心文"等，并详加论述。这些古文选本既一脉相承，又各有特点，并在流传中有一些针对性的变动。比如谢枋得的《文章轨范》，其中一个版本即将其七卷分别以"王侯将相有种乎"七个字来排序，将选本包裹在一种"英雄不问出处"的社会理念中。^②

这些古文评注选本在宋代的出现与流播，是宋代古文实践活动和文坛嬗变的一部分。它们不仅树立了一批文章典范，而且也重新设定了文章风范与帝国愿景和人文品味之间的互相支撑。《古文真宝》在这个运动的后期编写而成，是一个对各选本进行选辑后的集本，或者说是一个选本的选本。

如果说《古文关键》的地位倚重于编选者吕祖谦的声望的话，《古文真宝》的卖点则是它的实用性——搜罗了诸儒笺解。同时，如蒋冕、孙绪的经历所示，《古文真宝》在启蒙教育中的角色，也使得它在众多读者的一生中都持续发挥了作用。而且如万历皇帝的《古文真宝序》所说，《古文真宝》不仅是初学者的课本，对它的拥有和阅读也象征着成人阅读世界中的辑古好文："朕观前代辑古好文之主，虽雍容燕闲，不费简册，非徒博览洽闻，盖亦定心养心之助也。"^③

宋代兴起的古文评注选本及其在明代的不断翻刻更新，不仅为明人规划出一套范文，而且传续了一套文章批评的基本词汇。这些词汇及其背后的文章理念也延伸到了明人文学实践的各个方面，包括当时兴起的

---

① 见潘富恩《吕祖谦评传》，特别是第一章《家世、生平及学术活动》。

② "王侯将相有种乎"出自《史记》中陈胜（？—前208）所言。《文章轨范》在后来的流传中又以"九重春色醉仙桃"七字来为各卷排序，亦为吉祥语。见永瑢等《四库全书总目》卷一八七，第1703页。

③ 见姜赞洙《中国刻本〈古文真宝〉的文献学研究》，第2页。

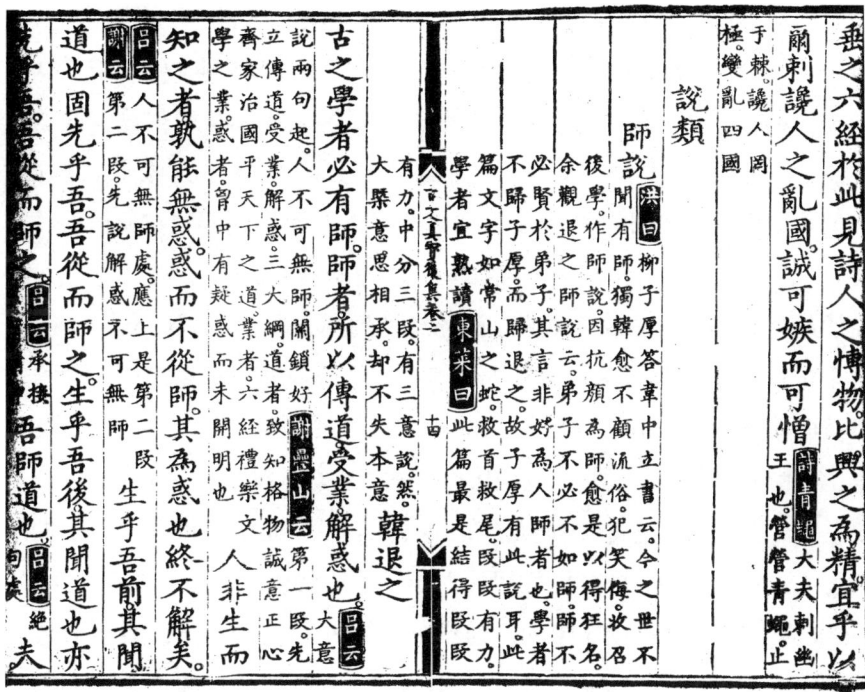

图 I-04　司礼监刊本《古文真宝》。图中可见古文典范之作、韩愈的《师说》，以及出自洪迈（1123—1202）、吕祖谦、谢叠山的注释和评点。其中的文章技法术语如"常山之蛇"（右页）和"关锁"（左页）也是明代小说评点常用语。（美国普林斯顿大学葛思德东亚图书馆）

小说批评。李贽、金圣叹小说点评中所用的一些术语、对章法的讨论以及评点口吻，都可以在《古文真宝》之类的评注中找到渊源（图 I-04）。①

追溯宋元选本的作用，当然不是说在当时的评论语言中明人自己的态度和见解处于次要的地位，而是强调这些选本作为明人自己的文本的

---

① 胡适有一句广为人知的金圣叹评语，说金圣叹用了"选家评文的眼光"："金圣叹用了当时'选家'评文的眼光来逐句批评《水浒》，遂把一部《水浒》凌迟碎砍，成了一部'十七世纪眉批夹注的白话文范'！"胡适《〈水浒传〉考证》，《胡适文存》第 1 册，第 363-364 页。胡适意在批评，但也揭示出古文选本及评点对金圣叹小说评点的构建作用。关于古文评点、制艺之学与小说批评的渊源关系，见谭帆《中国小说评点研究》，第 10-11 页；陆大卫（David Rolston）《传统中国小说批评资料》（"Sources of Traditional Chinese Fiction Criticism"），第 17—29 页；与戏曲评点的关系，见朱万曙《明代戏曲评点研究》，第 8—11 页。

物质存在。换言之,这些宋元选本对明代阅读实践来说,不是高阁藏置的前朝册页,而是在发挥着活生生的现实作用。在当时刻本生产与受众不断扩大的背景下,许多前朝之书都获得了新刻新用。从明代读者的角度来说,《古文真宝》是他们自己这个时代的必读书;《古文真宝》也在时代的物质文化生产和消费中成为一部明书。前面提到的蒋冕所读的《古文真宝》,并未标明作品的作者,作品是脱离具体时代、人物、背景而存在的超越时间的"古文"典范;而孙绪见到的选本,没有注明编选者,因这个选本以对当世读者"有用"而存在,并不依赖于选家声望。大藏书家黄虞稷(1629—1691)《千顷堂书目》"所录皆明一代之书……每类之末,各附以宋金元人之书"。①其中《古文真宝》即被列入有明一代的"总集"类,题曰"黄坚古文真宝十卷,一作四卷",而没有被列入附上的宋金元人之书的部分。②这至少说明,对于一些明代或明末清初的读者来说,《古文真宝》作为前朝(宋元)遗产的身份并不明确。从读者当时体验的角度来看,《古文真宝》是明书,享受着帝王推荐、朝野喜爱的明书身份。③明代读者体验中的图书和后代版本谱系学中的图书(如当代学者通过汇总各方材料,定《古文真宝》成书于宋元)存在着差距。

作为一部集成之作,《古文真宝》在当时文章观念的塑造中地位独特,在明代阅读生活中角色多样:蒙书、士子文章修养备用书、宫内宦官

---

① 永瑢等《四库全书总目》卷八五,史部四十一。
② 黄虞稷《千顷堂书目》,第758页。
③ 明人以为是自己朝代的书而被后代考证否认,在《千顷堂书目》中的另外一例是《居家必用事类全集》。关于此书,《千顷堂书目》曰"一云熊宗立编"(《千顷堂书目》,第400页);熊氏为明初人。《四库全书总目》谈到《居家必用事类全集》时说:"辛集中有大德五年吴郡徐元瑞《吏学指南序》,圣朝字俱跳行。又《永乐大典》屡引用之,其为元人书无疑。黄虞稷《千顷堂书目》云,或谓熊宗立撰。恐未必然也。"这一例子提醒我们后代的版本溯源与读者(包括目录学家如黄虞稷)经验是两个不同的世界。

修学之书①、文学读本、御赐图书、一个能给其拥有者或者阅读者带来声望的文化商品等。读者的早期阅读经验常影响其一生的品味与阅读习惯,②而读者早年对文章评点语言的接触,无形中也为明代各种评点、评注类文集的大行其道培养了读者基础。《古文真宝》的流传也表明,(有名或无名)选家、编者在一个时代的文化品味和文学阐释的裁夺中作用之大,并不比作家逊色。

清代中期,《古文真宝》渐渐从人们的阅读世界及其对前朝的书籍、文化记忆中消失。这应当与清代成书的《古文观止》的兴起有关,也与清人对明书的普遍怀疑不无干系。孙绪对《古文真宝》编者的搜求,意在寻贤;刘若愚《酌中志》中亦称《古文真宝》"出于老学究所选";③清代的《钦定天禄琳琅书目》则曰:"第书中注释词意浅陋,似非名人所作。"④从前贤到"似非名人所作",可约略见出《古文真宝》地位的变化。

近年,在中、日、韩学者对异域汉籍以及汉籍流传的研究中,《古文真宝》受到了特别关注。⑤本章讨论的《博笑珠玑》中的"古文"之谜,明人自己对阅读《古文真宝》的记忆,都佐证了这部书在明代的显赫生涯。

让我们回到本节讨论《古文真宝》的起因:《博笑珠玑》中的"古文"之谜。仔细探究,我们还会发现,《博笑珠玑》中的谜令所引用的《古

---

① [明]刘若愚(1584—?)《酌中志》云:"皇城中内相学问,读《四书》《书经》《诗经》,看《性理》《通鉴节要》《千家诗》《唐贤三体诗》,习书柬活套,习作对联,再加以《古文真宝》《古文精粹》,尽之矣。十分聪明有志者,看《大学衍义》《贞观政要》《圣学心法》《纲目》,尽之矣。《说苑》《新序》,亦间及之。《五经大全》《文献通考》,涉猎者亦寡也。此皆内府有板之书也。"《酌中志》,第158页。

② 换一种说法,《古文真宝》和其他古文选本构建了皮耶·布迪厄(Pierre Bourdieu)所说的读者"惯习"(habitus),即"持久的、可移植的气质,被结构了的结构,有预设的构筑结构的作用"(the "durable, transposable dispositions, structured structures predisposed to function as structuring structure")。布迪厄《实践的意义》(The Logic of Practice),第53页。

③ 刘若愚《酌中志》,第157页。

④ 《钦定天禄琳琅书目》卷一○。

⑤ 朴三洙《试论韩国版〈古文真宝〉》;张伯伟《域外汉籍与中国文学研究》;姜赞洙《中国刻本〈古文真宝〉的文献学研究》;熊礼汇点校《详说古文真宝大全》等。

文真宝》内容,均为诗句。无独有偶,孙绪、蒋冕论及《古文真宝》,谈
的也是其中的诗选:蒋冕提到的是曹邺的五言诗《读李斯传》,孙绪则说
"先吏部口授《古文真宝》内小诗及诸小词"。这说明(部分)明代读者
使用《古文真宝》时有一个特点,那就是把《古文真宝》前集(即诗歌
部分)挑出来单独使用。这样挑出来用的结果,实际上是创造出了一本
古诗读本。这样,与收近体诗的《千家诗》配合在一起,明代读者就给
自己创造了一个完整的(古、近体诗都包括在内的)基础性诗歌读本。①
熊礼汇指出,"大概在明代,《古文真宝》的流传就出现了诗、文选本分
离的倾向",与我们的观察一致。这是一个读者实行"拿来主义",对图
书资源主动发掘,在消费生活中创造新的图书秩序的一例。

俗语

与古文相对的、另一个《博笑珠玑》中要求人们能够熟练使用的语
类是"俗语",集中专门有"俗语类"谜语。②《博笑珠玑》许诺会给予
读者华丽有趣的社交生活,书中也有提示:若要言谈风趣,人们不仅要熟
知正统典籍,更要有灵活的语言意识;既要通晓"古文",又要能随时搬
出俗语。

前文讨论谜令中对正典的搬弄时提到,游戏精神的关键,一是再语境
化,二是不同文体和风格之间的陡然置换和对接。俗语游戏也不例外:

> 一令要《千家诗》二句拗说,中间又要两句俗语,后又要《千
> 家诗》一句解和。

> 黄梅时节家家雨,③梅子黄时日日晴。④也不是雨,也不是晴,

---

① 散韵兼收是《古文真宝》与当时其他古文选本的区别之一,继承了前人选集如
《唐文粹》([宋]姚铉辑)的体例。关于《唐文粹》中的古文观念,见兵界勇《论
〈唐文粹〉古文类的文体性质与其代表意义》。

② 从古到今,俗语一直是人们感兴趣和研究的对象。关于现当代俗语研究,参见温端政、
周荐《二十世纪的汉语俗语研究》。

③ [宋]赵师秀《约客》。

④ [宋]曾几《三衢道中》。

只是：熟梅天气半晴阴。①

　　梅须逊雪三分白，雪却输梅一段香。② 也不是逊，也不是输，只是：梅雪争春未肯降。③

　　子规啼彻四更时，④ 杜鹃枝上月三更。⑤ 也不是三更，也不是四更，只是：子规夜半犹啼血。⑥

这个酒令以"也不是A，也不是B"的俗语句式对《千家诗》中的诗句进行重组，有点儿像曲词中加衬字的技法。行令时先选"拗说"（这里意即"相违拗的说法"）之句，⑦ 续以"解和"，透露出游戏中对文势的控制和扭转技能的强调。谜令中的这种抖机灵，很大程度上也表达了一种对拗词谲语的追逐。

　　俗语之义，涵盖深广。俗可以表示通俗、日常、地方性、当下性，甚至低俗。俗语在语言传统中的力量来自于它对口头性、对世俗智慧和对日常生活的捕捉。《博笑珠玑》中出现的俗语实例，使我们对当时俗语实践的一些具体特点和内容、对俗语当时所承载的社会能量有一些比较直观的了解。

　　《博笑珠玑》中俗语的具体所指时有不同，有时侧重一些非文言雅言的语言特征，有时偏重日常人生智慧。许多的俗语例子都以简单易记的谣谚体出现，比如下面俗语类谜语的谜底，在现代汉语中仍是大家熟悉的谚语：

　　（谜面）世情冷暖相交，千载不如初；万物鲜妍开遍，一旬皆落地。

---

① ［宋］戴敏《初夏游张园》。
② ［宋］卢梅坡《雪梅》。
③ 同上。
④ ［宋］谢枋得《蚕妇吟》。
⑤ ［唐］崔涂《旅怀》。
⑥ ［宋］王令《送春》。此令见《博笑珠玑》，2.8A—2.8B。
⑦ 这些诗句在另一令格中被说成是"二句相反"（见《妙锦万宝全书》，第3册，第271页），与"拗说"的意思可以互见。

（谜底）人无千日好，花无百日红。①

（谜面）家囊消索住当街，纵有朋情不往来；十万腰缠幽谷处，三千珠履共徘徊。

（谜底）贫居闹市无人问，富在深山有远亲。②

我们也在这里再次看到谜面对于日常生活的捕捉。下面是同类的一例酒令：

一令要一字凑成，俱要成字。用俗语二句结尾。

单同也是同，添金即是铜。除去金边同，添重便为锺。俗云：现锺不打，怎去炼铜？

单禾也是禾，添口即成和。除去禾边口，添斗便为科。俗云：宁添一斗，莫添一口。

单羊也是羊，添水变成洋。除去水边羊，添易便为汤。俗云：宁吃（开）眉汤，莫吃皱眉粮。③

单鱼也是鱼，添水也是渔。除去水边鱼，添也便为池。俗云：渔翁独钓寒江雪，池边树挂蓑笠衣。④

我们以第一个答令来看一下成令的过程。这里的关键字是“同”（单同也是同），“同”加金字旁是“铜”（添金即是铜），“铜”除去“同”（除去金边同），再加上“重”成为“锺”字（添重便为锺）。收尾的俗语中包括了前面凑成的两个字，“锺”和“铜”：“现锺不打，怎去炼铜？”这句俗语元明常用，在《西厢记》《西游记》《金瓶梅》、朱鼎（生卒年不详，万历初前后在世）的《玉镜台》以及《三刻拍案惊奇》中的小说中都出现过。此外，集中出现的另外一些俗语（比如“贫居闹市无人问，富在深山有远亲”，以及“宁添一斗，莫添一口”）在明清流行的《增广贤文》

① 《博笑珠玑》，1.18A。
② 《博笑珠玑》，1.19B。
③ “开”字依文意补。
④ 《博笑珠玑》，1.6B—1.7A。

这样的规诫类册子中也有着广泛的流传。[①]

谚语箴言以外,"俗语"又指熟语。比如下面这个俗语谜:

邂逅与君会,途中勿卸鞍;东西两手分,速出步阳关。[②]

谜底是"相逢不下马,各自奔前程"——这是小说戏曲中的常用语,用来呈现一种风格化的人生场景,一种相忘于江湖的洒脱。其他类似的俗语还包括"乾坤不老""泰岳山呼""太平天下"等。

流行语也是"俗语"的一类。如下面这个"俗语类"谜语:

斋内书生已散尽,藜头灯焰自攻书。

谜底是"无徒光棍"。[③]"无徒"应的是谜面的"没有徒弟"("书生已散尽"),在谜底中的意思是"无赖"。"光棍"亦指无赖,应的是谜面中光亮的棍子("藜头灯焰")。除了双关,这例谜语的另一特点,是从谜面的诗化、雅化(比如用了藜杖的典故[④])的读书场景到谜底市井流行语的从语言风格到社会层面的反转,说明猜中这个谜语需要对历史典故和当下流行语二者都比较熟悉。同时,谜面与谜底也牵出了明人喜谈的两类人物:塾师与光棍。

关于塾师,《牡丹亭》中对陈最良的塑造堪称典范。一方面陈是一个喜剧人物,很迂腐;另一方面陈又能够"文章卖与帝王家",在杜宝平叛中助其一臂之力。(下节还会谈到一篇关于寡妇与塾师的明代诗歌。)光棍(或称泼皮无赖)更是明代社会转型时期,特别是城市化过程中惹

[①] 关于《增广贤文》,参见张志公《传统语文教育教材论》,第57、第58页。胡同庆在《〈太公家教〉与〈增广贤文〉之比较》一文中将广泛流传于唐宋之际的《太公家教》与自宋流传的《增广贤文》进行了比较,并指出了手抄形式在二者流传中的重要作用。

[②] 《博笑珠玑》,1.20A。

[③] 《博笑珠玑》,1.18B。

[④] 太乙之精化身青藜丈人夜访校书天禄阁的刘向(约前77—前6)的典故,见[晋]王嘉《拾遗记》卷六:"刘向于成帝之末,校书天禄阁,专精覃思。夜,有老人着黄衣,植青藜杖,登阁而进,见向暗中独坐诵书。老父乃吹杖端,烟然,因以见向,说开辟已前。向因受《洪范五行》之文,恐辞说繁广忘之,乃裂裳及绅,以记其言。"[晋]王嘉撰,[梁]萧绮录,齐治平校注《拾遗记》,第153页。

人注目的问题人群。① 他们或欺男霸市，或做帮闲，或卷入骗术、勒索等不法活动。明代（以及清代）律法中屡次颁令严惩"光棍"，相关律令被学者形象地称为"光棍罪"。② 胡世宁（生卒年不详，弘治年间官至兵部尚书）曾感慨："今民间所苦第一光棍，第二盗贼，而兵扰次之。"③ "光棍"现象为明人侧目、注目，在语言上的反映之一，就是这一词语在时语、俏语中的频繁出现。下为《博笑珠玑》中所收有关俏语（类似今天歇后语的语言表述）：

> 桅杆上挂纱帽——光棍老爹。
>
> 桅杆上挂擂槌——光棍打光棍。④
>
> 桅杆挂灯笼——有名的光棍。⑤
>
> 新插杨柳——青皮光棍。
>
> 囊无半点，通宵说谎宿花街——光棍。⑥

在明人的世情想象中，光棍不仅是人们惧怕、谴责的对象，也激发了人们对地下文化（比如花街、江湖）和都市奇闻的想象。光棍们不受社会约束，游走于礼教、习俗之外，再加上他们对表象和语言的操控能力等，都使得他们成为磁石般的社会话题。俗语成为捕捉社会现象的快捷渠道。

　　流行语之外，俗语还包括一些白话风格的句型句式。比如下面这则酒令中所出现的"俗语"，指的是三种设问的句式，即"如何……""何不……"以及"怎的……"：

---

① 关于明代城市中光棍阶层的兴起，见韩大成《明代城市研究》，第341—374页。"俏语"成为市井嘲讽世事世情、伶牙俐齿的语言表现。

② 参见张光辉《明、清刑律中的光棍罪》；步德茂（Thomas Buoye）《18世纪山东的杀害亲人案件：贫穷、绝望与讼案中的政治操作》，特别是其中"犯罪的人口统计学与光棍""光棍与法律""光棍概念的制作"等节，见邱澎生、陈熙远编《明清法律运作中的权力与文化》，第255—274页。

③ ［明］胡世宁《胡端敏奏议》卷二。

④ 《博笑珠玑》，2.17A。

⑤ 《博笑珠玑》，2.19B。

⑥ 《博笑珠玑》，2.22B。

一令要一古人事实，[①]中间要俗语，末要《论语》一句断之合意。

颜渊陋巷箪瓢乐。俗语云：如何不忧？《论语》云："君子忧道不忧贫。"

子路负米百里外。俗语云：何不惮劳？《论语》云："事父母能竭其力。"

巨卿千里不失约。俗语云：怎的记得？《论语》云："与朋友交，言而有信。"[②]

像这种白话句式的俗语，《博笑珠玑》中还有更多的例子，比如"也不是…… 也不是……""因何""也只是这等""难得"等。

下面我们再看一例俗语酒令：

一令要俗语一句，一字拆开合意。

堂上挂珠帘，不知是王家的朱家的。

有客到馆驿，不知是官人是舍人。

半夜养孩儿，不知是子时是亥时。[③]

此令要求行令者能够从第一句中取出一字，拆字而成第二句，且第一句与第二句意义上要连贯。比如第一个答令，首句为"堂上挂珠帘"。将其中的"珠"字拆为"王""朱"二字，用来组成第二句："不知是王家的朱家的。"余二例与此相似，拆字成句都力求巧妙。其中"不知是A是B"符合俗语特征，但据文意符合"俗语一句"要求的应为"堂上挂珠帘""有客到馆驿"及"半夜养孩儿"等与平凡生活细节相关的句子。下面这则例子中，俗语与对世俗生活的描述之间的关系更加明显：

一令上要俗语一句，下要《论语》一句，二要重叠结尾断之合意。

---

① "古人事实"谜令，基于《日记故事》之类搜录古今人物事迹的书籍。
② 《博笑珠玑》，2.6A。
③ 《博笑珠玑》，1.25B—1.26A。

世人贪花恋酒色——"戒之戒之"。①

满县人民沾瘴气——"时哉时哉"。②

三岁孩儿丧爹娘——"孤哉孤哉"。③

第一句"世人贪花恋酒色"还有些谚语的特点,另两句"满县人民沾瘴气"和"三岁孩儿丧爹娘"却很难跟谚语搭上界。虽然这两句话的语境很不确定,但都是歌谣体的、对平凡凄凉的百姓生活的捕捉。(明代俏语有"三岁孩儿买棺材——终省不得的"一句,可见人们对孩儿早夭或失祜失恃现象的关注。)这里我们再次看到制谜行令者对并置日常经验与经典名句的热衷。在这个过程中,经典名句常常被"拗说"(有技巧的扭变)、戏解。以最后一个示例来说,"孤哉孤哉"就是将《论语》原句"觚哉觚哉"的"觚"拗变成同音的"孤"而成的。④

在谜令对《四书》的戏用中,《论语》首当其冲。戏用中的嘲谑,多由正统经典与日常白话语体之间的转换或并置来实现。而这种远古经典与当下白话之间的转换,则不仅是以朱熹为首的道学家讲学及其语录体(比如朱熹的《朱子语类》)著作的特点,更宽泛地来说,也与延续不断的以俗常语体为工具的解经传统有关。比如蒙元时期,统治者即"让大臣用口语讲解儒家经典,或者把一些汉文典籍译成白话,以便学习推广"。⑤ 这种解经实践的关键,不仅是语言风格的转换,更是一个将特定内容从一个语体到另一个语体的对译。在上面那些戏用例子中,其戏谑效果不仅出于对引语的再语境化,更在于它是一种出格的阐释行为。也就是说,这些游戏的嘲谑目标,不一定是正统经典本身,而是科举制度下官学对这些经典的阐释垄断。

---

① 《论语·季氏》:"孔子曰:'君子有三戒:少之时,气血未定,戒之在色;及其壮也,血气方刚,戒之在斗;及其老也,血气既衰,戒之在得。'"

② 《论语·乡党》:"色斯举矣,翔而后集。曰:'山梁雌雉,时哉!时哉!'"

③ 《博笑珠玑》,2.7B—2.8A。

④ 《论语·雍也》:"子曰:'觚不觚,觚哉!觚哉!'"

⑤ 江蓝生《古代白话说略》,第34—35页。

　　白话作为语言工具对《四书》释义的挑战与重塑在戏曲《牡丹亭·闺塾》一出中有精彩的呈现。塾师陈最良对《诗经》开卷之作《关雎》背书式的教条释义，几次被丫鬟春香用她不登大雅之堂的白话世界里的随意联想打断。对依注解书的"打岔"，成为春香活泼自由的世俗性格的表现。而她打岔的方式之一，就是谜令中常见的同音混淆，比如将《关雎》中的"在河之洲"解为"是了，不是昨日是前日，不是今年是去年，俺衙门内关着个斑鸠儿，被小姐放去，一去去在何知州家"。

　　春香的打岔，是用白话和当下生活细节去解说、附会古典经文。[①] 从这一点来说，《博笑珠玑》所吸引的，是春香或者说是读者内心的春香，而不是陈最良。对这些读者来说，如果需要像陈最良那样依注解书，应该也没有问题。但在游戏中，做一个陈最良则是"一些趣也不知"，辜负了"花明柳暗，好耍子哩"（春香语）的眼前生活。白话实践不是孤立的语言活动，是在与正统文本传承之间充满张力的关系中存在并获得社会能量的。我们来看一例明代戏曲杂书《摘锦奇音》中的一个谜语：

　　　　（谜面）公媳同盆洗澡。

　　　　（谜底）欲洁其身而乱大伦。[②]

这是一例以白话、世俗生活对经典进行调侃的比较极端的例子。谜底出自《论语·微子》。子路见荷蓧丈人，知其为隐者之后，说："不仕无义。长幼之节，不可废也；君臣之义，如之何其废之。欲洁其身，而乱大伦。君子之仕，行其义也。"批评丈人为洁身自好而搞乱了最重要的伦常关系（即君臣之义）。谜面用白话有意误读字面意思，翻造出了一个不雅场景。在这个例子和《牡丹亭》里的例子中（比如春香称陈最良为"害淋

---

① 对《闺塾》一节的英文讨论，见宇文所安（Stephen Owen）《中国文学读本》（*An Anthology of Chinese Literature*），第 71—76 页；袁书菲（Sophie Volpp）《文本、塾师与父亲》（"Texts, Tutors, and Fathers"）。汤显祖自己的语言亦醒目地混合了通俗流行语与经典古文两种风格。

② ［明］袭正我《摘锦奇音》，第 316 页。

的"），身体促狭成为调侃伦常规矩、揶揄恭顺礼教的有力工具。① 同时，谜面的设计再次成为捕捉时代话题的工具：公媳的不伦关系，为明清世情想象中常见，《红楼梦》第七回中焦大说贾家"扒灰的扒灰，养小叔子的养小叔子"是著名的一例，本章图 I-05 中的"嘲人奸媳"是另外一例。②

以白话对文言进行字面上的过度解读可以将最权威神圣的典籍变得荒诞不经，在娱乐的同时，冲击着正常的等级秩序。在下面这则笑话里，塾师富有喜感的白话训读正是以故意的字面误读来完成的：

> 宰予昼寝
>
> 昔一师喜昼寝，弟子曰："宰予昼寝之意，何解？"师曰："我
> 不讲，你怎的晓得？宰者，杀也。予者，我也。昼者，昼时也。寝者，
> 睡一觉也。合而言之，便杀我定要昼时睡一觉也。"③

"宰予昼寝"讲的是孔子的弟子宰予白天睡觉而被孔子责备的故事，出自《论语·公冶长》：

> 宰予昼寝。子曰："朽木不可雕也，粪土之墙不可杇也。于予
> 与何诛？"

不管我们怎么理解这则笑话的讽刺内涵，都离不开它对经典的刻意曲解。它最直接的讽刺对象似乎是那位塾师，不仅懒得像宰予一样，而且荒唐。但另一面，他荒唐的训读却巧妙地挡开了用经典中的经典（《论语》）武装起来的学生对他的讽刺和挑衅。在师生斗智中，这位老师的胜利，又恰

---

① 晚明此类文字颇多，下为一例叫作"居上不宽"的笑话："夫妻交媾。夫嫌其妻阴宽。妻曰：不难。放我上便紧。夫曰：何也？妻曰：居上不宽。"殷启圣《尧天乐》，第 8—9 页。"居上不宽"（意为居于高位但不宽厚）出自《论语·八佾》："子曰：'居上不宽，为礼不敬，临丧不哀，吾何以观之哉？'"

② 郑振铎谈《金瓶梅》曰："唯《金瓶梅》则是赤裸裸的绝对的人情描写；不夸张，也不过度的形容，像它这样的纯然以不动感情的客观描写，来写中等社会的男与女的日常生活（也许有点黑暗的，偏于性生活的）的，在我们的小说界中，也许仅有这一部而已。"从《博笑珠玑》这样的书中，我们可以看到《金瓶梅》的世界在其他明代书籍中的存在。郑振铎语，见周钧韬编《金瓶梅研究资料续编（1911—1949）》，第 65 页。

③ 殷启圣《尧天乐》，第 9—11 页。

恰颠倒了（陈最良代表的）正统教育模式，没有在师道尊严中守护经文正义的代代相传。上面"无徒光棍"那则谜语，将挑灯夜读的塾师与市井无赖有意无意地搭在一起；再来看这则笑话里的塾师，他对自己权威的成功捍卫，也正是得益于他颇得无赖三昧的语言搬弄。

总的来说，《博笑珠玑》中的游戏依赖于读者对几类知识板块的掌握，包括《四书》、戏曲、人物典故等。游戏中对这些知识的展示，并不是简单的重复生产，而是在有意的重组和娱乐化中，展示一种诡黠的机智，来戏弄拘泥于教条释义的正统神经。一个言谈有趣的人，据《博笑珠玑》来说，是兼通古今雅俗语言的人，可以随时变换使用不同的语体和文体。"俗语"带到谜令笑话中的，不仅是一个特别的语域，或一些市井流行用语，更是一种灵便不经的文化气质，与晚明文人对趣、奇、俗的追求相呼应。游戏文字也因之将经典从其既定的意义环境中解脱出来，放入一个有自己的"范儿"的言谈方式和社会空间中。

对"俗语"，《博笑珠玑》没有提供说明或定义。但显然这些游戏有一个预设的前提，即有一个大家共同认可的俗语概念。就像书语、雅言是从古典传统中发展而来的一样，俗语也是一种风格上的自觉追求，构建着明人眼中的俗常语体。

那么既然"古文"在明代谜令中指的是具体的一部书（《古文真宝》），"俗语"会不会也与特定的书籍有关呢？有没有一本比如说叫《俗语》或《俗语真宝》之类的书呢？《四库全书总目》中记录了一本叫《俗语》的书，[①]但笔者未能见到存世版本，暂且无法判定它在明代是否有共享图书的地位。不过可以肯定的是，俗语作为语类在晚明享有的文化资本，得益于坊间相关图书的推动。在语言意识与图书市场的相互作用中，俚语、俗语、乡谈等成为图书界的搜集对象和可卖品、热卖品，并对明代流行语和流行语体的形成、明代社会普遍的对言语方式的自觉起到了推波助澜的作用。晚明图书市场上比较著名的俗语类辞书包括《俚语解》

① 永瑢等《四库全书总目》卷一二六。

《增定雅俗稽言》《目前集》《常谈考误》①、《新刻徽郡原板诸书直音世事通考》《新刻增校切用正音乡谈杂字大全》②等。这种传播力量为读者提供了一种引用价值（quotability），不仅承载着民间智慧的权威性，而且与僵硬的对地位和知识的展示相区别，代表着鲜活有趣的言语方式。

《博笑珠玑》对俗语的推进，以及相关的对经文的有意误读等当时引用文化中的现象，似乎预设了后来李渔（1610—1680）叙述风格中标志性的讽刺才华。这里我们看一下李渔小说《肉蒲团》中对圣贤书的处理。

小说第一回题为"止淫风借淫事说法，谈色事就色欲开端"，其中引用了《孟子·梁惠王下》"寡人有疾"一段。《孟子》原文如下：

> 王曰："寡人有疾，寡人好色。"对曰："昔者太王好色，爱厥妃。《诗》云：'古公亶甫，来朝走马，率西水浒，至于岐下。爰及姜女，聿来胥宇。'当是时也，内无怨女，外无旷夫。王如好色，与百姓同之，于王何有？"

传统经学中对孟子的这段话的释义如下：

> 言太王亦好色，非但与姜女俱行而已，普使一国男女，无有怨旷。王如则之，与百姓同欲，皆使无过时之思，则于王之政，何有不可乎？③

这段释义出自〔汉〕赵岐注、〔北宋〕孙奭疏的《孟子注疏解经》。④明代经学史上的一个重要成就，就是刻板印刷了《十三经注疏》，而赵岐注、孙奭疏的这个本子即被收入其中，获得官学地位。

《肉蒲团》对《孟子》的这段话做了白话新解。小说中是这样串讲文意的：

---

① 这几部刻于万历或崇祯年间的辞书，收录于〔日〕长泽规矩也编辑的《明清俗语辞书集成》中（上海古籍出版社于 1989 年重版）。关于明清俗语字典，参见刘叶秋《中国字典史略》，第 174—199 页。刘将这些字典的渊源追溯到扬雄（前 53—前 18）的《方言》。

② 收入《美国哈佛大学燕京图书馆藏中文善本汇刊》，第 32 册。

③ 〔汉〕赵岐注，〔北宋〕孙奭疏《孟子注疏解经》，19A—20B。

④ 一说为邵武士人疏，见《朱子语类》。

想大王在当走马避难之时，尚且带着姜女，则其生平好色，一刻离不得妇人可知。如此淫荡之君，岂有不丧身亡国之理？他却有个好色之法：使一国的男子，都带着妇人避难。大王与姜女行乐之时，一国的男子妇人，也在那边行乐。这便是阳春有脚、天地无私的王化了。谁人不感颂他？还敢道他的不是？①

从《孟子注疏解经》到《肉蒲团》，对《孟子》经义的译解对照如下："普使一国男女，无有怨旷"成为"使一国的男子，都带着妇人避难"；"与百姓同欲"成为"太王与姜女行乐之时，一国的男子妇人，也在那边行乐"。在故事重述中，李渔不仅是将故事从一个语体（古文）转译到了另一个语体（白话俗语），且从根本上改变了故事的语气，将圣贤对王道、德化的阐述变成了一国之人的行乐图：一边是太公与姜女，"那边"是一国的男子、妇人。在"那边"这个白话代词引出的"全景"画面中，读者可以想象帝王夫妻与平民百姓成双捉对地在"无私"的"天地"间的取乐场景。这种写法不仅代表了李渔的个人风格，而且代表了一种更普遍的文化姿态，推进了雅俗关系的重构，并为新型文化权威的建立创造了空间。下面我们讨论这种文化权威的一例。

集中集：《皇明诗选》

谜令类文字的一些特点，比如对日常生活、世俗细节的关注，对正统典籍或伦理秩序的调侃乃至颠覆，以及在出口成章时表现出的行文技巧（比如语码转换），在《博笑珠玑》收录的其他类型的文字中也多有体现。其中一个典型的、能够集中展示上述文格（textual form）的例子，是《博笑珠玑》中的一组诗，题为《皇明诗选》。作为集中集，《皇明诗选》出现在《博笑珠玑》卷四的上栏。

以《皇明诗选》或类似名目为题的选集在明代很多，是明人选明诗、

① ［清］情隐先生编次《肉蒲团》第一回，《思无邪汇宝》，第 15 册，第 141 页。

明人文学自我意识的一种表现。《博笑珠玑》中的《皇明诗选》与主流
明人诗选不同，鲜活地反映出另类文集对已经成熟的文化形式和流行材
料的再语境化及再利用的编辑策略，也让我们看到无名氏们编选的通俗
文集是如何创造出与精英文集迥异的阅读经验的。上文我们对文集（如
《古文真宝》《千家诗》）的讨论，集中于它们在谜令中的角色，下面我们
则以《皇明诗选》为例，看一看文集这个形式本身是如何在对材料的拣
选、编排中构筑意义的。

　　集中集是明代坊刻读物常见的辑书方式。跟精善之本宽大爽朗的版
面形式相对照，这些坊本的编写似乎在尽量将最多的材料塞进去，在节约
成本的同时，也突出了一个卖点，那就是渔猎式的包揽。与这种内容上的
拼盘相配合，两节版、三节版成为其便利的版面形式。《博笑珠玑》采用
两节版形式，每页分上、下两栏，内容独立。①《皇明诗选》出现在上栏，
下栏是一组笑话类小故事，总题《谈笑门》。下一章会探讨版面设计的意
义，此处我们主要讨论《皇明诗选》中的编次和篇章并置等策略是如何
创造了戏仿空间，并进行自我定义的。

　　《皇明诗选》这个题目，发出了一个有关宏大追求的信号：通过诗
选来彰显"上灵眷顾，膺会昌盛"的皇明气象。②但翻看其中的诗篇，
我们会发现这组《皇明诗选》与著名文士或儒臣所编辑推行的同名或
近名的诗选截然不同。后者比较有名的包括：陈子龙（1608—1647）、李
雯（1608—1647）③、宋徵舆（1618—1667）④编选的《皇明诗选》，王偁
（1370—1415）的《皇朝诗选》，徐泰（1469—1558）的《皇明风雅》，
杨慎（1488—1559）的《皇明诗钞》，俞宪（1508—1572，嘉靖十七年

① 两节版、三节版，见程千帆、徐有富《校雠广义·版本编》，第259页。
② "上灵眷顾，膺会昌盛"，语出《皇帝行用太和》，见《大明集礼》卷五一之
　　《乐·雅乐三》。
③ 李雯生年，一说为1607年，见姚蓉《李雯生年辨正》。
④ 一说宋徵舆生年为1617年，见陆勇强《宋懋澄生卒年考辨及其他》，第140页。

进士）的《盛明百家诗》，朱之蕃（1558—1624）^①的《盛明百家诗选》，狄斯彬（生卒年不详，嘉靖二十六年进士）的《皇明律诗类钞》，范惟一（1510—1584）的《明诗摘抄》，李腾鹏（生卒年不详，活跃于万历年间）的《皇明诗统》等。^② 此外，明诗地方总集也会以"皇明"冠名，如韩雍（1422—1478）、韩阳、李奎的《皇明西江诗选》（有15世纪中景泰年间刊本）等。编选者多地位尊崇，虽诗学宗旨时有不同，但以各自的裁夺确立权威性的诗歌通览，以为不朽之功业则一。这些诗集彼此关联争竞，形成了明人选明诗的炽盛场域。其诗学与社会视野，大致为精英主义之属，以雅正之音相号召。比如韩雍就盛赞杨士奇等台阁体诗篇为"颉颃李杜"，且明确表示，其编纂方针是将"山林韦布"的诗歌排除在外，而重点收录朝中"大佬"、地方"耆宿"之作，以证江西"艺文儒术之盛甲于天下"。李奎也称，"今所选者纯而正，典而实，雄沉而不丛冗，精妙而不粗疏，庞蔚焉不流于纤巧，浑厚焉不病于琐碎"。^③

与这种为时代立典、以垂永世的诗集选纂相对照，仅有二十个页面（且只限于上栏）的《博笑珠玑》里的《皇明诗选》以一种对精英选纂实践的戏仿姿态，用自己的声音为读者提供了独特的皇明视野。

这里不妨将我们的《皇明诗选》与完全同名的陈子龙、李雯、宋征舆评选的《皇明诗选》做个比较。后者是"云中三子"阅名家文集四百一十六部、名家诗选三十七部，耗费多年心血的成果，共十三卷。集前有三位编者的三篇序文，以传统诗学语言讨论明诗，涉及前后七子的历史地位等问题，并为从古到今的诗歌史及其传承、嬗变进行了辨述。而《博笑珠玑》里的《皇明诗选》一非单行选本（乃为集中集），二无编者

---

① 侯荣川《明朝朱之蕃，朱孟震，潘之恒生卒年考》，第122页。

② 陈正宏、朱邦薇《明诗总集编刻史略——明代篇（上）》；马汉钦《明代诗歌总集与选集研究》。

③ 关于韩雍等编选《皇明西江诗选》与地方及国家政治之关系，参见方志远《"冠带荣身"与明代国家动员——以正统至天顺年间赈灾助饷为中心》。关于《皇明西江诗选》，另见温世亮《论〈皇明西江诗选〉的史料价值》；潘林《明代台阁体诗歌总集编纂的雅正诗学观》。

署名,三无序言。整个诗集也不以振奋诗坛自命,而是在逼仄的空间中列选了五十八首诗,并以此投射出明代社会的别样图景:皇帝与商人、阁老与美人、状元与江上尸等本无干系的各色人等,在一首首的小诗中纷纷登场,① 绘出了一幅明代各阶层的社会百态的图卷。这样的《皇明诗选》与高文大册类的诗集构成了一种对话和戏讽(parody)。

《博笑珠玑》里的《皇明诗选》在狭窄的上栏中,一首诗一首诗地逐个展开了一帧帧明代生活图像,类似手卷长轴渐次展开的视觉节奏。下面列出集中各诗题目(题目后为序列号),以示全貌:

《太祖晓行》1,《正德游宣府》2,《嘉靖省耕》3,《赠毛伯温》4,《宁王题鞋山》5,《正德尊号(银河钓叟)》6,《嘉靖字意》7,《宁王自叹》8,《解缙题中秋》9,《许真君诗》10,《续韵》11,《题岳阳楼(洞宾)》12,《节妇辞先生》13,《上知府(毛伯温)》14,《小姐上太守》15,《桂阁老送友》16,《谢阁老致仕》17②,《徐尚书致仕》18,《楚王题失鹤》19,《舒状元游春》20,《太白题花》21,《题望夫石(舒状元)》22,《杭州怀古(吴进士)》23,《父送子试》24,《妻送夫试》25,《饶爱英寄夫》26,《韩都题莺(自喻)》27,《题稀粥》28,《题江中尸》29,《吉安九县》30,《牒狐狸(吴梦舍)》31,《洞房哭夫》32,《客中乏粮》33,《劝勿争讼》34,《叹荒年》35,《荒年卖女》36,《女寄父母》37,《父母回女》38,《告丈人娶妾》39,《丈人答婿》40,《妻被房寄夫》41,《父寄子》42,《勉勿贪花》43,《一妻一妾》44,《御诗送卿》45,《山僧谢客》46,《花酒切戒》47,《题花月》48,《美人春睡》49,《美女踢毬》50,《题杨贵妃眠起》51,《杨妃背身图》52,《杨妃半身图》53,《杨妃锦袜图》54,《明皇幸蜀图》55,《杨妃赤身图》56,《书生戏妇》57,《妇答书生》58。

① 见《皇明诗选》下列各诗:《太祖晓行》《客中乏粮》《桂阁老送友》《美人春睡》《舒状元游春》及《题江中尸》。
② “致仕”,北图本误为“致事”。

作品排序是选集的基本要素，这个小小的《皇明诗选》也不例外，开宗明义，即以明朝开国皇帝朱元璋的诗发端，题为《太祖晓行》。这样，诗集发端对应朝代奠基，诗篇的展开寓意帝业的发展。而文本秩序与天人秩序的对应，既是帝国修辞的基本特点，也是悠久的著作传统。

《博笑珠玑》中的《皇明诗选》的诗歌序列，基本上有一个从帝王到神仙、大臣、文士、庶民、僧人、美人的人群等级线索，但又有交叉回环，透露出阶层之间的渗透和关联。下面是题为《太祖晓行》的集中第一首诗：

太祖晓行

忙着征衣快着鞭，

回头月挂柳梢边。

两三点露不为雨，

七八颗星尚在天。

茅店鸡鸣人过语，

竹篱犬吠客惊眠。

等闲拥出扶桑日，

社稷山河在眼前。

这首诗也出现在万历年间编纂的《御制文集》中。[①] 全诗比较口语化，诗中化用前人诗句后将其连缀在一起，[②] 而缀出了这首诗。与普通行旅诗相区别的，主要是最后一联（"等闲拥出扶桑日，社稷山河在眼前"）中的帝王气象，以红日照耀社稷山河寓意朱元璋奉天行命的帝业。另外，诗歌题目本身也起到了关键的解题功能。

从这首诗的象征语言及口语化特点来看，它可以算作宋朝开国皇帝、庙号太祖的赵匡胤的一首诗的继作。宋太祖诗如下（见［宋］陈郁《藏一话腴》）：

---

① 《全明诗》，第 1 册，第 47—50 页。

② ［五代］卢延让《松寺》诗云："两三条电欲为雨，七八个星犹在天。"［南宋］辛弃疾《西江月·夜行黄沙道中》云："七八个星天外，两三点雨山前。"

> 欲出未出光辣挞，
>
> 千山万山如火发。
>
> 须臾走向天上来，
>
> 逐却残星赶却月。

这两首诗究竟是否为两位开国皇帝所作，对当时读者来说，关键是口吻。据《藏一话腴》，国史对宋太祖的诗句进行了润饰，将后两句改为："未离海峤千山黑，才上天心万国明"，句式似乎更整饬，但以词害意，反使"文气卑弱"，不如原作"凛凛乎已有万世帝王气象也"。《太祖晓行》也是如此，帝王气象的表达，非赖词章华彩；所谓文词瑕疵，反而可以成为帝王慷慨的证明。

上面列举的正雅诗选均未收录御制诗，凸显"集中集"《皇明诗选》的不同。清初沈德潜（1673—1769）编选《清诗别裁集》，在《凡例》中说：

> 本朝御制诗，如日月经天，江河行地，千百世当奉全集为准绳，非臣子所敢选也。钱牧斋选明高帝以下诸帝诗，失尊君之体。兹编不敢采入三圣御诗，别于牧斋选本。[1]

"钱牧斋选明高帝以下诸帝诗"，指钱谦益（1582—1664，字受之，号牧斋）编选《列朝诗集》之事。《列朝诗集》为明诗选，收录明代诗人二千余人作品，包括明代诸帝的诗作。对其采录帝王诗歌的做法，沈德潜深为不然，认为有失体统，对帝王不恭。[2] 前述诸明诗选集不录帝王之诗，也反映了这类编选理念。

那么，《皇明诗选》以《太祖晓行》发端，有别于当朝诗歌选集常理，是怎么回事？《太祖晓行》是什么性质的诗？是御制诗吗？梳理这首诗的历史可以帮助我们了解《皇明诗选》的特质，以及书籍编选工作中增损颠倒、辗转因袭现象背后的文化内涵。

首先我们来看明初的记载。明初叶子奇《草木子》曰：

---

① 沈德潜《清诗别裁集》，第 3 页。

② 关于明代皇帝诗歌的流传，连文萍《明代皇帝的诗歌创作与传播——以明太祖、仁宗、宣宗、世宗为论述中心》一文中有精彩论述。

梁王登宝位时,自建康之京都途中,尝作一诗云:"穿了毡衫便着鞭,一钩残月柳梢边。两三点露滴如雨,六七个星犹在天。犬吠竹篱人过语,鸡鸣茅舍客惊眠。须臾捧出扶桑日,七十二峰都在前。"[1]

"梁王"(为"怀王"之误)即后登基为元文宗的图帖睦儿。据这一明代早期记载,这首诗为元朝文宗皇帝即将登宝位时所作。

再看《御制文集》的情况。明太祖《御制文集》经过了多次辑录重编。初编于洪武年间,继而于永乐、嘉靖及万历朝重录或重编。明初本御制集中未列诗歌编目(故此诗不在最早的《御制文集》中),嘉靖本加入古诗、歌行、五言律诗、五言排律、七言律诗、七言绝句六项诗歌类别,万历本中再加入五言绝句类,[2]且诗作数量大增。其中万历本中即增入了一首七言律诗,题为《早行》:"忙着征衣快着鞭,转头月挂柳梢边。两三点露不为雨,七八颗星尚在天。茅店鸡鸣人过语,竹篱犬吠客惊眠。等闲拥出扶桑日,社稷山河在眼前。"[3]与传为元文宗的诗相比,字句上窜易数十字,比如首句的"穿了毡衫便着鞭"成为"忙着征衣快着鞭",两诗之间的借用脱化明显。这首《早行》,与《太祖晓行》是同一首诗,只有一字之差(第二句"转头"在《太祖晓行》中为"回头")。

从明初的《草木子》到万历朝的《高皇帝御制文集》,同一首"晓行"诗在少许变易之后,作者由元文宗变成了明高祖。[4]这个过程在当时已经被朱孟震(1530—1593,江西人)注意到,[5]他在《续玉笥诗谈》中批评说:"近有作《道听录》者,指黄巢《咏菊》、元梁王《晓行》之作以为高皇……书非异闻,时非久远,尚谬妄若此,况远且僻哉!"[6]

---

[1] [明]叶子奇《草木子》卷四之《谈薮篇》。

[2] 郭嘉辉《略论〈大明太祖皇帝御制集〉及其史料价值》。

[3] 万历版《高皇帝御制文集二十卷》卷二〇,15A。

[4] 关于元文宗与明太祖诗歌的公案及各家观点,见陈得芝《元文宗在建康》。陈氏未涉及李孝光诗作,见下注陈增杰论李孝光诗。

[5] 侯荣川《明朝朱之蕃、朱孟震、潘之恒生卒年考》。

[6] 朱孟震《玉笥诗谈 正续》,第42页。

朱孟震的批评见证了从明初到万历间这首诗题名的变化，并再次澄清《晓行》诗为"元梁王"所作。清人恒仁继承朱孟震的观点，在其《月山诗话》中指出："明太祖《早行》诗曰……此篇乃元文宗自集庆路入正大统途中所作，不知何以载入明祖集中，且窜易十数字……"①

"不知何以载入明祖集中"提出了伪作是如何产生的问题。诗作真伪问题的产生，与诗歌的传播形式（特别是辑录过程）密切相关。辑录中的钩沉、集轶以"全"为目的，深恐遗漏，往往宁取勿舍。特别是当主要编修者需要由他人进呈散轶作品时，真伪标准的宽严则往往由提供者裁定，若提供者、编修者心切事功，则不免草蛇灰线，积极入录性质模糊的作品。

顾颉刚的古史理论对此发明甚详。顾氏文化层累说提出，"……经书与传记只是时间的先后，并没有截然不同的真伪区别"，"时代愈后，传说中的中心人物愈放愈大"。②《高皇帝御制文集》中的诗歌部分从无到有、从有到繁的过程，正是这样一个时代愈后、高皇帝的诗歌创作愈被放大的过程。用顾颉刚的理论来说，就是从万历本的《高皇帝御制文集》中，我们了解的不是高皇帝在位时的诗歌创作，而是万历时期对太祖诗歌创作的理解，反映了后代的前事回溯中层累起来的历史。

"集中集"《皇明诗选》为我们提供了这个层累过程中的一层，具史料价值。那么，《太祖晓行》在无名氏的小《皇明诗选》中是作为太祖御作出现的吗？我们看集中的第二首诗，问题就比较清楚了：

正德游宣府

离了龙宫并象床，

---

① 据陈增杰考订，此诗题署除了有元文宗、明太祖之外，《乐清淀溪李氏宗谱》中收录的李孝光《应召》三首之一，亦为此诗。陈氏认为李孝光为此诗最早作者，经文宗随手过录，后人误以为文宗之作。见陈增杰《〈增订李孝光集校注〉余渖》，《温州读书报》新浪博客于 2016 年 9 月 26 日发表，笔者 2017 年 8 月 30 日查阅。另参见陈增杰校注《李孝光集校注》（增订版）。

② 《与钱玄同先生论古史书》，见《古史辨》，第 1 册，第 59—60 页。

一鞭千里马飞霜。

纲常高上天应天，

酒色中间路更长。

快乐欢中图快乐，

风光好处要风光。

朕思浮世皆为客，

何必拘拘只帝王。

很清楚地，此诗不合御制诗体统。诗中对自己沉迷酒色的告白，不是正德皇帝御制，而是代言体（或曰舞台体）作品，是将正德皇帝作为一个人物角色、以正德皇帝的口吻发出的感慨。再举诗集中的一例：

太白题花

花正开时月正明，

花开如锦月如银。

溶溶月照花千朵，

寂寂花迎月一轮。

月下看花花富贵，

花前赏月月精神。

可怜花落花无语，

愁杀花前月下人。

这首诗也非李太白所作。选集中题之为《太白题花》的意思，是说这么一首有巧致、讲花月的诗，放在李白嘴里正合适。这样，一来在集中让李白登场，为读者提供重温文化辉煌的机会；二来以人传诗，贴上李白的标签，来赋予诗作一定的光彩和意义。这首诗在明代的另一个题属，是唐寅，收入万历刻本的《唐伯虎先生外编》。① 也就是说，这首诗在以人传诗的

---

① 《花月诗十首》，见［明］何大成辑《唐伯虎先生外编》卷一，7A—8B。

编选实践中,在明代至少被系名于李白、唐寅两位传奇才子。[①]

通观《皇明诗选》,所辑大体为代言诗体,[②]与舞台上的人物唱词(特别是定场诗)类似。实际上,整个《皇明诗选》更像是一幕幕的明代小戏。从这种诗歌特质来说,以《太祖晓行》为题,是让太祖作为皇明景象的第一个"人物"来登场,上演皇明第一幕——开启帝国大业,或者说,这首诗更像是"太祖晓行"一幕中太祖的唱词,第二首诗则是"正德游宣府"一幕的唱词。《太祖晓行》并不等同于"太祖御制《晓行》"。

但这个题属极有可能为好事者提供了集轶的机会。"皇帝诗集民间不多见,反而是稗官小说、街巷流传所在多有。"[③]《皇明诗选》与稗官小说(野史记载、场上传奇、道听途说等)相类,可作钩沉的材料。诗歌在真伪框架之外,还有一个作品流传的强大动力,那就是人们想象世界中的历史人物及其声吻。正如连文萍所言,"皇帝诗作以佳话逸闻的方式,成为民众情志交流的一部分,因此真伪考辨、篇幅残缺俱无关紧要"。[④]

日本学者神田喜一郎在《论元文宗之风雅》一文中,不敢肯定《晓行》诗究竟为谁所作,"认为可能是某人恶作剧,由卢延让诗引发而作,或被归之于元文宗,或被归之于明太祖"。[⑤]"恶作剧"一说,实为洞见!《皇明诗选》的确是在"作剧"(展现一幕幕的明代小戏)的编辑方针下完成的。此说也非常可贵地揭示了表演和戏仿的文化力量。事实上,《皇

[①] 《太白题花》一诗在流传中除系名文化名人之外,也以无名氏诗作流传。《皇明诗选》中另有一诗为《题花月》,无题属,与《太白题花》之间脱化因袭明显,兹录如下:月正团团花又新,花红如锦月如银。婵娟月照花千朵,袅娜花经月一轮。月出甚观花意思,花开还赛月精神。奈何月与花无语,愁杀花前月下人。《太白题花》与《题花月》在集中同时出现,或为编者过录后未及筛除,但留存了文本流传中题属文化生动真实的一刻,有文献价值。

[②] 代言体的突出类型,包括士大夫以男女喻君臣的香草美人传统以及制艺中"代圣贤立言"之举。

[③] 连文萍《明代皇帝的诗歌创作与传播》,第 305 页。

[④] 同上。

[⑤] 陈得芝《元文宗在建康》,第 11 页。[日]神田喜一郎《元の文宗の风流について》,第 479 页。

明诗选》中的有些小诗与时剧直接呼应，比如《正德游宣府》与《正德记》（又名《正德嫖院》）即构成互生关系。[①]

《太祖晓行》之后，小《皇明诗选》马上一转，在第二首诗（《正德游宣府》，诗见上）中动摇了奉天承运、纲维天下的帝国宏图，以正德皇帝（庙号武宗）的口吻讲述他迫不及待地离开京城，去往他最喜之地——宣府。

史载正德皇帝称宣府为"家里"，以一个再通俗不过的词，表达了他对宣府的亲近之感。[②] 沈德符《万历野获编》记载武宗临幸宣府及其他有玷圣德之事甚详，其《主上外嬖》一条说：

> 今宣府镇城，为武宗临幸地。既厌豹房，遂呼为家里。至今二三妓家，尚朱其户，虽枢已脱，尚可辨认，盖微行所历也。本朝家法，无平阳更衣之事，惟景帝与武庙有之，其玷圣德不小……武宗幸榆林，取总兵戴钦女为妃；幸太原，取晋府乐工杨腾妻刘良女，大爱幸，携以游幸，江彬及八党辈，皆以母事之。及上南征，刘氏以一簪赠上为信，后驰马失去，比至临清召刘氏，刘以无信不肯行，上轻舸疾归至潞河，挟以俱南。又幸宣府时，纳宣府总兵都督金事马昂妹，时已适毕指挥有娠矣。善骑射能胡语，上嬖之，进昂右都督，群小皆呼马舅。其他征高丽女、色目人女、西域舞女，至扬州刷处女寡妇，仪真选妓女，又不可胜数也。盖上以宣府为家，有呼口外者罪之，故游幸留最久云……[③]

沈德符讲述了武宗作为中国历史上奇特荒唐的一个皇帝的一些具体行为，特别是他在都外的举动。沈氏讲到，武宗所到之处爱幸之人甚

---

① 《正德游宣府》是明代文学宣写正德皇帝不类帝王行为的一部分。明代戏曲中有《正德记》（又名《正德嫖院》）的戏目。《正德记》今存仅为散出（见《摘锦奇音》卷五），但蒲松龄（1640—1715）据之改写的《增补幸云曲》（《蒲松龄集》，第1542-1669页）仍可让我们窥见其中情形。另，《正德记》亦为明代小曲唱诵，见《乐府玉树英》，第52—53页；《大明春》，第152—153页；《摘锦奇音》，第302—308页。

② 武宗事《实录》《明史》均有载。

③ 《万历野获编》卷二一。

多,包括榆林总兵戴钦女、晋府乐工杨腾妻刘良女、宣府总兵都督佥事马昂妹、扬州处女寡妇、仪真妓女等,且又"征高丽女、色目人女、西域舞女",不可胜数。宣府在武宗的帝国酒色版图中又最为突出,所谓"盖上以宣府为家,有呼口外者罪之"。武宗以帝王之私("家里"之思)对抗国家疆域意识("口外"之实),"故游幸留最久云",也算是对"家园与天下"的一个变相吧。

纵览史家所记武宗荒唐事,多涉武宗如何不守帝王本分、而热衷于扮演其他身份角色。《正德游宣府》则干脆明言,武宗之志就是"何必拘拘只帝王"。

这样,《正德游宣府》与《太祖晓行》形成了鲜明对照:两个皇帝都是在路上疾奔,但一个破晓即行,为社稷江山征衣疾驰;一个却是迫不及待地在酒色路上飞霜夜驰,要逃脱帝王辖国本分的拘禁。正德的理由如前所述:"朕思浮世皆为客,何必拘拘只帝王",以常识性的佛道情怀,视帝王之位为人生桎梏。

这两首诗也为整个集子奠定了基调:正常秩序的建立为的是随即被挑战或讽刺。第一首诗写朱元璋的崛起,在武夫征战的艰辛中建国立业;第二首诗即推出朱元璋后人视帝王之位为禁锢,选择酒色路,抛却纲常天。如果第一首诗中明太祖恰似宋太祖的话,那第二首诗则隐含了正德皇帝与宋徽宗(1100—1126 年在位)的类比。[1]在集中一系列的诗歌中出现的皇明景观并不缺乏正大辉煌,但这个皇明景观的独到之处,是混合了明代社会各色人等,并由此透露出社会角色和地位的流动性和关联性。其中不仅有皇帝出场,也有普通民众,如商人、游宦、寻雇的塾师、僧道等。

顺着正德皇帝对浮世风光的追逐,《皇明诗选》为当时的读者排出了一个序列的浮世人物(包括妓女),其角色之多及其社会担当之鲜明,远

---

[1] 沈德符《万历野获编》卷二一中对正德与宋徽宗进行了直接类比:"本朝家法,无平阳更衣之事,惟景帝与武庙有之,其玷圣德不小。因思赵宋最绝外壁,至徽宗始有李师师、赵元奴俱拜才人,南渡讲和,金人刻《师师在北御集》及《师师像传》,售之榷场。"

胜雅正类明诗集。世俗、浅薄、可笑、世故乃至狭邪之人之事之词，都在
《皇明诗选》中得到彰显。雅正类明诗选集力图裁定当朝诗歌典范，小
《皇明诗选》则捕捉朝野内外的醒目场景，以幽默、哗众为核心，专注于多
元的声音。集中可见父送子试、妻送夫试的殷切与热望，也可见劝人勿争
讼、劝子"粮长羁身莫惮劳"的日常训诫，以及荒年面对稀粥"捧向厨前
风浪起，掇来帘下月沉钩"的黑色幽默；有荒年被卖之女的悲叹，也有面
对江中浮尸的哀悯，更有几首诗表现家庭关系的微妙，包括妻妾共处的尴
尬、姑嫜妯娌的难处、翁婿的分歧等。另外，集中一边是一些诗在进行道
德劝喻，要人"花酒切戒"，一边是另一些诗满布情色挑逗，包括一连五
首以杨贵妃为题的艳情诗（如《题杨贵妃眠起》《杨妃背身图》等）。

《皇明诗选》基本都是工整的七言律诗（及少许绝句）。格律的形式
感或许给人以强烈的文学性效果，但在《皇明诗选》中，格律形式则创造
出了一种让读者舒服的熟悉感、节奏感，与讲唱文学或戏曲舞台上的韵句
效果比较接近。

从风格来说，《皇明诗选》热衷于捕捉日常场景，严肃、正式的语体
也往往被喜剧化或做变调处理。比如下面一组翁婿间的问答：

告丈人娶妾

愚生俯仰二仪间，

进退于今实两难。

尘世修经三十载，

客窗偏向五更寒。

有妻娶妾皆非礼，

无子传家总是闲。

欲把瑶琴寻别调，

阳春一曲竟愁弹。

丈人答婿

念汝勤劳处世间，

仕途劳碌立身难。

十年萤窗攻书苦,

午夜金门待诏寒。

生女生男由分定,

娶妻娶妾总皆闲。

善人未必终无后,

琴瑟调和缕缕弹。

读这两首酬和诗时,读者需要将两位发言人文绉绉、一本正经的拐弯抹角的语言翻译成他们说辞背后的实际动机:女婿想要娶妾,丈人为保护女儿利益表示不同意。翁婿问答的戏剧性来自我们已经熟悉的《博笑珠玑》中常见的语言张力,使正统语言显得只是夸夸其谈。而丈人正是通过赢得这场诗、辞斗法来实现他的权威的。针对其婿发出的,也是其他文学作品中常见的书生苦读的感喟:"客窗偏向五更寒",老丈人报以另一种套话,来感慨官员早朝的辛苦:"午夜金门待诏寒"。老丈人用词比女婿还要高大上,以更加的冠冕堂皇压倒了女婿的修辞噪音。丈人的回诗是和诗实践(参见《绪言》图绪-03)的体现,完美应和着女婿诗中的韵字(间、难、寒、闲、弹)。只不过对女婿诗中之志,丈人不但没有应和,反而进行了挖苦。老丈人是集中集《皇明诗选》对诗歌形式、修辞传统的狡黠搬弄的化身,体现了其文化品格。

诗集中出现的日常事务并不都是喜剧,也有凄凉倒霉的场景,但上面谈到的修辞搬弄,仍然可见。比如:

小姐上太守

钱粮不纳罪当诛,

战战兢兢见大人。

严父尚书居礼部,

难兄知县任芜湖。

当归绣阁拈针线,

未问儿夫了税租。

伏望黄堂贤太守，

放奴归去便来输。

诗中的小姐在以巧言为自己开脱。与舞台上常见的千金小姐自我介绍的程式相似，她说自己是"严父尚书居礼部，难兄知县任芜湖"。以词采为自己脱罪或解围的传说很多，这里小姐对太守的辩词，一定程度上与《陌上桑》异曲同工。《陌上桑》中的罗敷，以她的美丽和善辩吸引了仰慕者和观众的围观，也使追求她的使君望而却步。与罗敷一样，"小姐"这里也是以辞脱困，只不过她战战兢兢的仪态和言辞都比不上罗敷的美轮美奂，更多赢得的是同情而非仰慕。

小《皇明诗选》中的女性形象极为突出。我们再看一首妻子劝勉夫婿的诗：

妻送夫试

自古男儿志四方，

出门何必泪汪汪。

满朝朱紫文章贵，

结发夫妻岁月长。

衾暖岂如桃浪暖，

粉香宁似桂花香。

鳌头尚有青钱选，[①]

早遣音书返故乡。

戏曲文学中送夫赶考的缠绵不舍（如《西厢记》里的崔莺莺、《琵琶记》里的赵五娘），在这里逆转为只有丈夫一人在"泪汪汪"。在一种微妙的角色转换中，妻子以"男儿志"来鞭策涕零的没出息的丈夫，告诫丈夫功名利禄胜过儿女情长："衾暖岂如桃浪暖，粉香宁似桂花香。"[②] 在小夫妻家庭生活的私语中，妻子担当起了对丈夫讲解其社会分工和责任的角色，

---

① "青钱选"，在这里指文才出众、科举高中之文、之人。

② 衾暖、粉香指儿女情长，桃浪、桂花指科举高中。

以主流意识打击丈夫的小我情绪。

　　有胆有识、能言善辩的女性形象在下边这首诗中得到进一步的呈现：

节妇辞先生

妾本人间女丈夫，

平生作事不糊涂。

一身贞节天知我，

众口咸声汝染吾。

色即是空空即色，

无中说有有中无。

春山处处堪啼鸟，

请抱琴书别过图。

文士的职业，要求他们对诗歌语言和自我心性有足够的把握。诗中节妇对诗歌意象（比如"春山""琴书"这样有情色意味的意象）的信手拈来，使她成为诗中的文士（"先生"）一角的完美镜像。节妇一开口就出口不凡，"妾本人间女丈夫"，本可能处于弱势的女子，在这里以她的诗歌和社会主动性，将"先生"从家里逐出。对社会角色及其转换的潜能——比如从谦卑的女子（妾）到顶天立地的男子形象（丈夫）——的想象和展现是《皇明诗选》的一大看点，其中尤为突出的是各种角色或角色转换中对既有秩序（比如男女、尊卑）的冲击。朱孟震（1530—1593）《玉笥诗谈 正续》"庄定山咏节妇诗云"一条，谈到律诗中表现节妇口吻的困难，称"盖节妇入律诗中，较难着力，要当于古选中求之"。其中谈到谢子象（1461—1524，名承举）的节妇诗时，朱孟震说，"然起句类书生语，结亦稍不称"，说明节妇入诗之难，在于摆脱不了（实际作者惯常的）书生口吻。从这个角度说，《节妇辞先生》一诗以节妇口吻来操纵书生语，形象鲜明，有其独特的高明之处。①

---

① 　朱孟震《玉笥诗谈（正续）》，第 50 页。

通过对诗歌的筛选、编次，《皇明诗选》创造了一种复调组合：集中的各种声音，从帝王将相、士子节妇、山僧客商到弱女饥民，既有各自鲜明的社会个性，又彼此对照回应，用看似凌乱的声音组合表现出一个活脱脱的明人世界。

这个选本在裁编中的另一个特点是它强烈的地方倾向，具体来说，就是它对江西的人、事、地的格外关注，从而为江西人文鼎盛提供了一个侧影。其中一个被关注的人物，就是封国在江西南昌的宁王朱宸濠。《皇明诗选》中收入了两首关于宁王的诗，分别为《宁王题鞋山》和《宁王自叹》，呈现了《皇明诗选》中上下秩序、帝国空间与地方空间关系的多元可能。①

史载宁王（名宸濠，朱元璋第十七子朱权的五世孙）正德十四年（1519）发动"宁王之乱"（又称"宸濠之乱"）。关于正德皇帝（庙号武宗），前面谈到《正德游宣府》时已有交代。宁王朱宸濠起兵反叛，一度对朝廷形成威胁，但最终被王守仁（1472—1529，号阳明子）率兵镇压，宁王最终亦被处死。王阳明为著名理学家、思想家，与江西渊源深厚，此处不赘。

武宗追逐皇帝以外的社会角色的冲动，在"宸濠之乱"中又得到了一次机会。他封自己为"奉天征讨威武大将军镇国公"，率兵南下，《明史》称之为"上亦欲假亲征南游"。得到王阳明捷报后，武宗仍一意南征。他身边的张忠、江彬（江彬，参见前《主上外嬖》一条）等甚至建议将宁王放回到鄱阳湖中，让武宗与其"相遇而战"，上演生擒宁王的大戏。此事后来作罢，"帝受所献俘回銮"，在通州将宁王处死。这就是《皇明诗选》中宁王诗的背景。兹录其中的《宁王自叹》于下：

---

① 选集中诗歌排序对意义的构建在这里也可略见一斑。《皇明诗选》有关宁王的两首诗排在两首有关嘉靖帝的诗歌之后。这两首有关嘉靖帝的诗歌，一首是《嘉靖省耕》，另一首是对大将毛伯温的奖勉，都突出了嘉靖帝的勤政为国，紧随其后安排有关宁王的诗，与《太祖晓行》后安排《正德游宣府》的效果类似，形成了帝王家业顺逆情状的对比。

宁王自叹

懒与乾坤担此忧，

抠衣徐步上瀛洲。

清风明月人三友，

荒草斜阳土一坯。

梦去梦来皆是梦，

愁多愁少总成愁。

从今别却江西去，

不管人间春复秋。

《皇明诗选》前八首诗，事关帝室，涉及太祖（1首）、正德（2首）、嘉靖（2首）、宁王（2首）及一首《嘉靖字意》。宁王是唯一不是皇帝的皇室成员，但他起兵意图夺位，所以可以说这前八首诗均与帝业有关。

《宁王自叹》中的宁王之死与官方史述大相异趣。诗中赋予了宁王一种文人气质（"清风明月人三友"化自李白"举杯邀明月，对影成三人"、苏轼"起舞弄清影"等）。他"抠衣徐步"，亦颇有仙风道骨之态。最后两句，"从今别却江西去，不管人间春复秋"，更是将宁王死亡之路写成了度脱之途。配合着首句的"懒与乾坤担此忧，抠衣徐步上瀛洲"（"瀛洲"为神话中的仙山），江西也由之成了一个成仙的福地。（《皇明诗选》有明显的道家色彩，这首诗是其中一例。）同时，民间对宁王的不能忘怀也表现在时剧的表演和刊行中，比如曲选《风月锦囊》中即收入了题为《宁王》一剧的片段。①

除却宁王外，《皇明诗选》中出场的明代江西名人还包括曾主持《永乐大典》编纂的一代大儒解缙（1369—1415）（见《解缙题中秋》），名将毛伯温（1482—1545）（见《上知府（毛伯温）》），江西文化偶像、正德年间的状元舒芬（1487—1531）（见《舒状元游春》）。其中舒芬更是

---

① 孙崇涛、黄仕忠笺校《风月锦囊笺校》，第31—33页。徐渭的《南词叙录》记有
　　《王阳明平逆记》一剧。

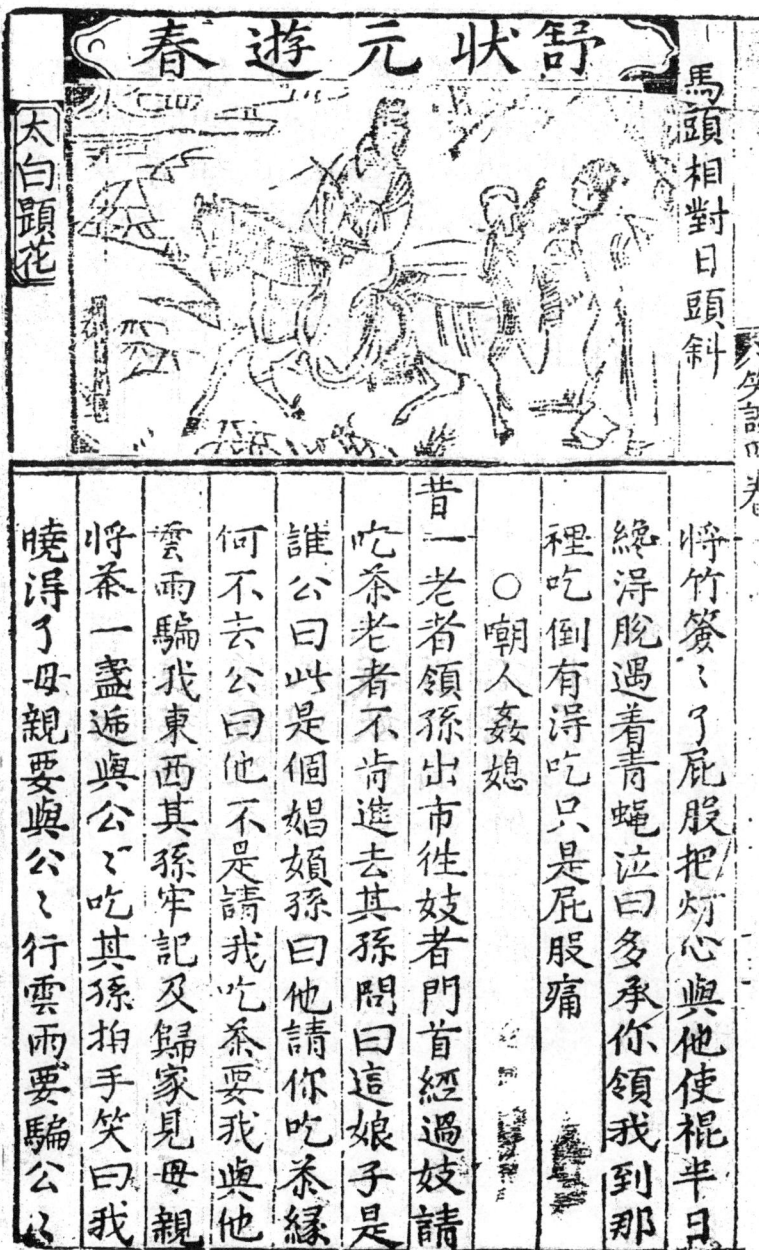

图I-05 "舒状元游春"，《皇明诗选》中的插图。下栏可见一则题为《嘲人奸媳》的笑话，上下栏之间的混搭营造出特别的互文（intertextual）环境。（中国国家图书馆藏书）

《皇明诗选》中唯——幅插图中的主人公（图 I-05）。

其中题为《上知府（毛伯温）》的诗与前引《小姐上太守》连置，有助于读者比对同类社会场景中（都是"上呈"场景）不同社会地位和角色的人们的不同表现，也使我们再次看到诗集利用作品序次来对社会角色和阶层进行的关注。下录《上知府（毛伯温）》诗，以便比较：

上知府

日暮残花浅水西，

故人邀我醉金卮。

因观赤壁两篇赋，

不觉黄州半夜时。

台上将军原有令，

江南士子本无知。

黄堂若问真消息，

原有声名在凤墀。

此处题为毛伯温的诗，别处传为解缙犯夜禁后所写供状。[1] 诗歌系名于不同作者的流传方式，前面已叙，此为又一例。

其实在太祖朱元璋通往帝业的路上，江西亦至为关键。他奠定基业的重要一战，即为与陈友谅在江西鄱阳湖展开的战役。[2] 经过此役，朱元璋铲除了他通往帝业道路的最大障碍。[3] 也就是说，集中的第一首诗《太祖晓行》与江西之间存在着隐含但密切的关系。当然，这种隐含关系之外，集中有数处明确提到了江西，比如《父送子试》中说："老夫翘首西

---

[1] 据［清］赵吉士（1628—1670）《寄园寄所寄》："《后山诗话》云：'吕某公归老于洛，尝游龙门还，阍者执笔历请官称。公题以诗云："思山乘兴看山回，乌帽纶巾入帝台；门吏不须询姓氏，也曾三到凤池来。"'明黄州郡守夜巡，获一犯禁者，供状云：'舟泊芦花浅水涯，故人邀我饮金卮。因歌赤壁两篇赋，不觉黄州半夜时；城上将军原有禁，江南士子本无知，黄堂若问真消息，旧有声名在凤池。'礼而去之，识者谓为解春雨。（《啸虹笔记》）"《寄园寄所寄》，4.18B。

[2] 鄱阳湖在明代俏语中多次出现，显示了鄱阳湖在明人的王朝想象中的地位。

[3] 《明史》，1:1.11—12。

江望,望汝今秋折桂回。"而最明确地体现了《皇明诗选》江西色彩的,恐怕要数一首叫作《吉安九县》的诗:

> 吉安九县
> 万安滩上水如梭,
> 南有龙泉北泰和。
> 地脉远通安福界,
> 源流直接永清河。
> 永宁路伴行人少,
> 吉水山高进士多。
> 惟有永丰人狡猾,
> 庐陵平地起风波。

诗中以万安、龙泉、泰和、安福、永清(官书为永新)、永宁、吉水、永丰、庐陵(吉安府府治)等吉安府下辖九县入诗,其中心内容是各县自然和人文地理,比如万安水运的发达、吉水进士之多(诗集中出现的解缙、毛伯温即为吉水人)、[1]还有永丰人的狡猾等。《吉安九县》这样的诗一方面传诵了一府之情状,另一方面将江西民间诗人的活动推到了前台。明朝政治人物、大学士尹直(1427—1511,江西泰和人,景泰五年进士)在《謇斋琐缀录》中曾这样提到江西行吟诗人刘充化的事迹:"吉水刘充化虽瞽而能吟。尝赋吉郡十阁老、九尚书、十状元诗,皆皇明之盛际。但不依次序,或名或字号,盖取协韵故耳。尝过予,口占,因录之。"[2]以地方名号入诗,以阁老、尚书、状元为题目,这些都与《皇明诗选》的特点

---

① [清]钱谦益《列朝诗集小传》乙集"周讲学叙"(周叙)条曰:"国初馆阁,莫胜于江右,故有'翰林多吉水,朝士半江西'之语。"《列朝诗集小传》,第172页。江西文人与士子在明代文坛的地位,参见廖可斌《明代文学思潮史》中"江西派与台阁体"一节。

② [明]尹直《謇斋琐缀录》卷八。关于此书版本,见骆耀军《明尹直〈謇斋琐缀录〉版本流传述略》。

相通。①

　　尹直从刘充化的吟咏想到"皇明之盛际",表达了当朝阁老的颂圣修辞。《皇明诗选》中的地方意识与帝国盛际之间的关系,则比尹直的表述微妙得多。下面我们以《韩都题莺》这首诗为例,来进行相关讨论。这首诗集中体现了《皇明诗选》中的乡邦意识和地方色彩,而且也让我们看到了《皇明诗选》与更广阔的集外天地、明人当时的诗集编选实践的直接互动。

韩都题莺（自喻）

万里扶摇到广西,

一双玉爪不沾泥。

威声唬破群鸦胆,

展翅惊飞万马蹄。

身在江西嫌地窄,

气冲斗北恨天低。

平生豪气三千丈,

不与凡鸡一处栖。

题目中看似隐晦的"韩都",对当时的读者、特别是关心江西事务的读者来说,则是一个熟悉的帝国政治人物:"韩都"是"韩都堂"或"韩都御史"的简称,指的是韩雍。② 诗题表示此诗为韩雍自喻,诗歌本身继而将此诗定格在韩雍卸任江西都御史、到任广西的途中。在广西韩雍将会"赞理军务,讨广西叛瑶",③ 赢得更高的声望。诗中以"万里扶摇""展翅惊飞""气冲斗北""豪气三千丈"渲染他如鲲鹏般的不凡和豪情壮志。

　　韩雍的吏治与军事才能奠定了他在明代历史及传说中的地位。《皇明

---

① 江西选家之活跃,本书有多个例子。前文提到的《风月锦囊》为现在所见"最早的中国戏曲选刻本"（孙崇涛、黄仕忠《风月锦囊笺校·前言》）,即江西选家徐文昭所编。江西编书、刻书、藏书及造纸业（观音纸即产于江西）之发达,此处不赘。

② 本书《结语》中会再次谈到对韩雍的诗歌塑造问题。

③ 《明史》,1:13.162。

诗选》集于嘉靖朝或稍后，刊于韩雍逝后，它是韩雍作为明代重要人物在帝国与地方记忆中被持续书写及再书写的一部分。诗中熟语般的"韩都"之称，表明此诗目标读者对他的熟悉。《明史》谈到陈选巡按江西、"尽黜贪残吏"时记载："时人语曰：'前有韩雍，后有陈选。'"可见韩雍以江西政治贤达而为民间所知。①

然而"韩雍"（此处以引号来强调此诗为代言）在诗中对江西的情感，是"嫌"弃："身在江西嫌地窄"，觉得江西不足以让他施展为帝国立业的志向。韩雍巡抚江西时也曾上言宁王（宁靖王朱奠培）反逆事，是中朝与藩王之间斗争的另一侧影。《皇明诗选》中对江西当地王府有美化、有善意（见《宁王自叹》），而此处对韩雍这样的朝廷命官则不以为然，将他塑造成轻看江西的"外人"。在中朝与江西藩王之间的斗争中，诗选将同情给了藩王。

前文提到韩雍自己也曾是江西儒学和文化的倡导者，主持编选了收录 1,200 余首诗的《皇明西江诗选》。《皇明西江诗选》与集中集《皇明诗选》恰成一对，只不过后者的"西江"线索比较虚化。从编辑方针来看，韩雍云"今斯集所载固皆老师宿儒之作"，所收作者诗歌数量与其官位高低有关，② 将山林韦布的民间作品摒除在外。③

《皇明诗选》中以韩雍口吻写的《题莺》，为无名氏所作，恰属《皇明西江诗选》不收的民间作品。从社会地位和地方关系来说，这位无名氏作者都算得上是诗中所鄙视的"凡鸡"（"不与凡鸡一处栖"）。

这首诗以取笑韩都御史自我形象的膨胀为主旨，而这种膨胀突出表现在诗中轰炸式的豪语与诗题中的自题形象"莺"的违和感。莺的主要

---

① 《明史》，14:161.4388。

② 陈正宏、朱邦薇《明诗总集编刊史略：明代篇（上）》，第 110—112 页。

③ 见韩阳为《皇明西江诗选》所作序，《皇明西江诗选》，2B。关于此书编辑方针与台阁体之关系，见王文泰《明代人编选明代诗歌总集研究》，第 9—11 页。士夫与庶民诗歌群体之间的裂痕，可从徐渭为受到李攀龙、王世贞轻慢的布衣诗人谢榛鸣不平中略见一二："当嘉靖时，王、李倡七子社，谢榛布衣被摒。渭愤其以轩冕压韦布，誓不入二人党。"《明史》，24:288.7388。

文学形象是它与妩媚春景的关系，莺声燕语更是形容女性柔美声音的常用语——明代家喻户晓的《西厢记》故事的女主角，名字就是"莺莺"。作者把这首诗定位为韩雍的"自喻"，将韩雍塑造成了一个失去了分寸感、误会了自己的身份和价值的人。表面上抒发韩雍官宦生涯巅峰时的万丈豪气的诗，成为"凡鸡"诗人针对韩雍对"凡鸡"的看不起、对江西的"地窄"之嫌，以及其以轩冕压韦布的诗歌编辑实践的修辞报复。①

关于地方或民间对有司的修辞攻击，《明实录》隆庆朝（1567—1572）卷谈到当时风化时说：

> 迩来习竞浇漓，人多恶薄，以童生而丛殴郡守，以生员而攻讦有司。非毁师长，连珠遍布于街衢；报复仇嫌，歌谣遂锓于梓木。②

《韩都题莺》是歌谣锓于梓木的一个实例。《皇明诗选》与当时风化之关系，由此亦可见一斑。

总结来看，作为选本，《皇明诗选》通过题属、排序，使得诗歌传本获得了新的生命。下面这首诗的流传为又一例：

许真君诗

渺渺茫茫水接天，

霏霏拂拂雨如烟。

苍苍翠翠山堆石，

白白红红花满川。

两两三三沙上雁，

来来往往水中船。

精精巧巧丹青手，

---

① 《皇明诗选》的地方和阶层认同感、自豪感，始终穿插在诗集对皇明图景的构建中。从明史大背景看，江西与朝廷和整个帝国秩序之间，关系时有紧张。江西曾是朱元璋同为元朝叛军的敌人陈友谅的老巢，在陈兵败之后及朱元璋建国之初也因而受到牵连。在朝中任职的江西籍官员也曾抗争过对江西不利的国策，比如江西重赋（郑克晟《明代赣西重赋与江西士大夫》）。关于明代庶民文学活动，参见方志远《明代城市与市民文学》。

② 《明实录》隆庆朝卷二四。傅衣凌《明代江南市民经济试探》，第110页引。

世世生生作话传。

真君信仰在明代江西盛行，[①] 因而这首诗也侧面反映出一定的地域关怀。诗中邀请读者欣赏美好天水的瞬间，以及艺术载体"画"（"精精巧巧丹青手"）和"话"（"世世生生作话传"）带来的永恒，并从中体味美学经验的永恒与许真君仙道永恒的叠映。集中诸多诗篇，以特定人物口吻题属，使得诗篇的意义由题名来锚定，此为又一例。我们可以与蒋一葵万历年间的《尧山堂外纪》中的一条笔记对照来看：

> 嘉靖间，倭子从终兴雨中往曹娥江，赋诗曰：渺渺茫茫浪泼天，霏霏拂拂雨和烟。苍苍翠翠山遮寺，白白红红花满川。整整齐齐沙上雁，来来往往渡头船。行行坐坐看无尽，世世生生作话传。[②]

同样一首诗，题属不同，诗歌的意趣随即大相径庭。许真君的神仙视野在《尧山堂外纪》中成为倭人能诗的异闻。[③]《皇明诗选》中的多首诗作也出现在其他诗集、集中集或文人笔记中，"作者"题属成为文本意义动态流传的有效元素。在文本与语境的万花筒式的组合变化中，我们看到了明代书文化的动态印迹。《皇明诗选》中的"作者"更是无关真伪，而是编者设定的人物角色。编者是人们阅读经验的设计师。

《皇明诗选》的文献价值之一，是从中可见明代无名氏们诗歌活动之活跃，及其与雅正诗集之间的对立与对话。《皇明诗选》在这种对话中形成了自己的文化个性，而雕版印刷的推助，则使得这种文化个性成为人们阅读世界的重要部分。

最后，《皇明诗选》的编者究竟是谁？诗集中录有一首题为吴进士的《杭州怀古》，还有一首吴梦舍的《牒狐狸》。选家以自己作品入集，不乏先例，如《风月锦囊》中，即收入编者徐文昭自己写的 14 首曲子。[④]《皇

---

① 感谢万志英（Richard von Glahn）为笔者指出真君信仰与江西的密切关系。
② 蒋一葵《尧山堂外纪》，第 492 页。
③ 日人的汉诗为明人搜集传播的一个例子，是沐昂（1378—1445）编选的《沧海遗珠》。集中选录了 21 位寄居滇南的诗人的作品，其中 18 位为明人，3 位为日本僧人。
④ 孙崇涛《风月锦囊考释》，第 14 页。

明诗选》或为此位吴梦舍所编？ ① 无论是否，其《牒狐狸》别有意趣，糅合日常细节与宏大话语，彰显了全集的文化个性，特录以飨读者：

牒狐狸

吴梦舍

吾家住在五云端，

养得灵鸡作凤看。

夜被狐狸来咬去，

朝无猎犬去追还。

甜株树下毛尤湿，

苦竹林中血未干。

欲写表章呈上畏， ②

吟诗先牒社公坛。

结　语

《博笑珠玑》投射出了一个跨越不同书籍类型和语体风格的书本世界。正如书题"新刻时尚华筵趣乐谈笑酒令"所示，全集通过游戏性的文本重组，成就了"新""趣"的读者经验。这种求新、尚趣的力量与明代不断发展的城市空间及其价值风尚，以及商业冲动密切相关。而商业动机不仅推动了文本在图书中的生产与流通，而且也影响到文格本身，包括文本自身的结构、组织与风格上的趋尚。在搬弄儒学正典的同时，《博笑珠玑》一类的书籍也推广了一组明代书界的新典，包括制书如《大明律》，选集如《千家诗》，戏曲如《西厢记》，以及后来失传的《古文真宝》等。从某种程度上来说，《博笑珠玑》售卖给读者的是一个愿景：读者将知晓如何风趣合式地谈论这些时代书籍，表现自己对这些书本的熟

---

① 从零星明清时期的稗官杂录中，知吴梦舍以诙谐诗作为人知，此处不赘。

② 北图本为"欲写表章施上界"。

知。这种知晓的姿态指向文化风尚的社会表演性，并在对权威性文本及其语言方式的戏仿中创造出了新的意义和身份认知空间——既关涉到大明身份的认知，也牵涉到地方或阶层身份的认知，这也正是《皇明诗选》为读者提供的情志空间。在这个过程中，《博笑珠玑》帮助人们"广识见，博聪明"，①反映了当时人们的一种文化气质：对语言创新、对富有生趣的修辞效果、对戏讽（包括自我戏讽）的浓厚兴趣。②这种社会表演的核心是自我作为读者的存在，从而可以通过读书用书，灵便熟练地将一己之生活与天下搭连起来。

"皇明"一词一定程度上成为明人对自我和天下重新认知的符号。对明代造书者和用书者来说，"皇明"可以被简单地用来表达认同和自豪，但也同样可以被染上戏仿或自嘲的色彩。这种戏仿倒未必是为了反驳王朝气象，而更可能是一种庶民读者角度的表达。对本书来说，"皇明"及类似词语（比如"大明"）则象征着（那个已经逝去的）明代阅读世界，毕竟后来清代政治的发展，导致"皇明"这样的字眼被从书籍题目中删砍，或由于"寓禁于征"，明书中触犯禁忌的图书直接被销毁。

收录了《皇明诗选》的《博笑珠玑》，虽未明确提及明代思潮大事——王阳明"心学"的兴起及其影响，但其推崇建设的平凡日用、对名教的调侃、对"庄敬""持养""防检"的挪揄，点点滴滴，都参与到了中晚明思想转变的风潮中。③

---

① "广识见，博聪明"，语出刘若愚《酌中志》卷一六。
② 著名文人亦搜集、制作各式谜令游戏文字，这种文化气质是跨阶层的。
③ 师从王阳明并创建泰州学派的王艮（1483—1541）反对"庄敬""持养""防检"等有意识地去做功夫，见刘宗贤《试论王阳明心学的圣凡平等观》，第 76 页。

第二章

书页与舞台：戏曲杂书及其文化生态

若要认真，

必然着假。

——［明］《风月机关》

这一章我们从以部为单位（一部书）扩展到以类为单位（一类书）的讨论。许多《博笑珠玑》搜罗的文本也出现在其他类型的明代图书中，[①]顺着这条线索，我们在这一章将讨论的重心从《博笑珠玑》这一部书，扩展到这些文本材料流传所及的、更广的刊行空间，并集中考察其中的一个特色坊本种类——流行于晚明与清初、现代学者称之为"戏曲杂书"的雕版印刷品。[②]

从《皇明诗选》的编选中我们已经看到，明代坊间的编书者通过选、辑、编、排等过程，在单个文本与文本群的意义形成中承担着关键的角色。与经典校雠正本清源的主旨不同，流行坊本的编辑更像是艺术博物馆的

[①] 关于《博笑珠玑》（又名《谈笑酒令》）与另外两本明书——《文林聚宝》与《广笑府》——之间的材料比对，见小川阳一《日用类书与明清小说研究》（日用類書による明清小説の研究）。小川阳一的书中也讨论了明代谜令与清代小说《红楼梦》的关系。

[②] 英文中对戏曲杂书和另一相关版刻书籍种类"小说杂书"的介绍，见王岗（Richard Wang），《创造工艺品》（"Creating Artifacts"），第26—29页。罗开云（Kathryn Lowry）从小曲研究的角度也对戏曲杂书进行了广泛讨论，见罗著《十六、十七世纪中国时曲之锦》（*The Tapestry of Popular Songs in 16ᵗʰ-century and 17ᵗʰ-century China*）。上述英文著作对中文相关研究进行了总结。

策展人或是舞台表演的总监,努力通过对一系列流动的文本和视觉材料的裁夺、组合、排列达到对观众最大化的吸引。在采用大家共享的文本材料时,不同书籍的编者竞相以新颖、独特而在同类书籍中取胜,正所谓"人心好胜,弗新则弗崇"①。在这个过程中编书者不仅创造出了自己的图书,也策划出了新的图书种类,在传统图书目类之外扩展出一片新的阅读世界。而要了解这些在传统类目中分量轻微的图书类型,则意味着将它们重新放置在成就了它们的、当时的市场机制和读者期待视野中去考察。

从戏曲杂书和同时期的相关文本中,我们可以看到明代流行坊本中的一种对时代潮流的执着追赶和创造:"时尚""时兴"或"新兴"这样的字眼常在这些书的题目中出现。而要做到时新,则往往意味着熟知各种当行知识;与此相应地,这些读物对读者的吸引力,也常常源于它们或暗许购买者为行家里手,或允诺会弥补读者识见中可能有些尴尬的缺失。总之,读者与造书者都极力避免给人以"三脚猫"的印象。"三脚猫"一词明人常用,指一个人有一定的知识或文化技能,然未臻通透之境。郎瑛(1487—1566)在其《七修类稿·三脚猫》中说:"俗以事不尽善者谓之三脚猫。嘉靖间南京神乐观道士袁素居果有一枚,极善捕鼠而走不成步,循檐上壁如飞也。道士因善篆刻,士夫多与交,吾友俞亭川亦常亲见之。"②王骥德(1542?—1623)也以"三脚猫"形容那些自以为是行家但其实只有表面功夫的剧家(见后)。

对明人来说,了解市场上涌现的版刻书籍类型的重要性,可以从"簀底去"这个小小的称谓中看出。"簀底去"指淫词艳书,据明末文人汤来贺(1607—1688):"余幼闻市淫词者,谚名'簀底去'。盖深藏于内,畏人见而罪之也。"③ 想要买这类不被摆在明处的书籍的人,均需知道此类书籍的存在,才可能去寻购。

---

① 语出[明]黄冕仲《诗余画谱跋》。[明]汪氏辑,孙雪宵校注《诗余画谱》,第197页。
② [明]郎瑛《七修类稿》卷五一,第749页。
③ 韩大成《明代城市研究》,第479页。

　　新的版刻书籍种类和形式的出现，也塑造并引发了新的释义过程。同时，也只有知者会心——读者能够感受到这些书的妙处（包括其社会文化意义），造书者才能有盈利的机会。本章从戏曲杂书着眼，来了解当时图书市场的哪些方面使得这类雕版印刷品的出现成为可能的、有效的，并讨论它们在当时的消费者中牵动了怎样的阅读反应和技能。

　　那么戏曲杂书是怎样的一种版刻形式呢？图Ⅱ-01为其中一部名为《乐府玉树英》的书中的两页目录，可以让我们对这类书籍的形式—内容组合有一个大概的了解。关于该书刊印时间，卷首有一篇《乐府玉树引》，文末署"皇明万历己亥季秋谷旦上浣之吉书于青云馆，古临玄明壮夫言"，万历己亥为1599年。

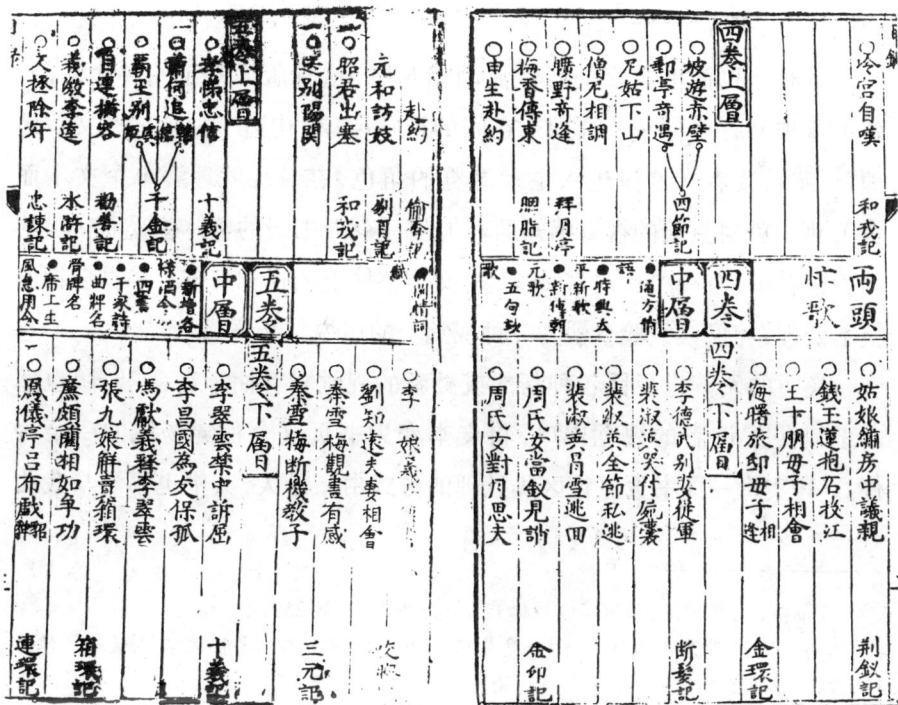

图Ⅱ-01　《乐府玉树英》书页。黄文华选辑，建阳余绍崖绣梓，书中有万历己亥（1599）序。（《海外孤本晚明戏剧选集三种》）

首先我们可以看到书中采用了三节版的页面设计。[①]上栏和下栏专收戏曲选出，比如这里列出的戏曲选出就分别出自《和戎记》《四节记》《拜月亭》（见上栏），以及《荆钗记》《金环记》《断发记》（见下栏）等。

上、下栏中间增加了窄长的中栏，杂陈时曲、笑谈、酒令、方语、俏语等文字。图Ⅱ-01中可以看到这本书中栏里的部分内容：《两头忙歌》[②]、《通方俏语》《时兴太平歌》《新传朝元歌》《五句妙歌》《闺情词赋》《新增各样酒令》《四书》令、《千家诗》令、《曲牌名骨牌名》令及《席上生风急用令》[③]等。其中许多标题和文类都叠见于《博笑珠玑》。

除了这种常见的三节版外，戏曲杂书也有用两节版的，以下栏录曲选，上栏录杂类文字——其上栏与三节版中栏的采编逻辑一样。[④]与单纯的曲选（比如嘉靖年间的《风月锦囊》）相比，戏曲杂书的独特之处就是中栏（或两节版中的上栏）的设置，试图在狭窄的空间挤入新俏、遣兴的杂类文字来引起读者注意。

与通常页面上文字的线性流动相对照，这种版面基于一种生动的、各类事项共存于同一（页面）空间的视觉印象，构造了独特的"文本地理"，鼓励读者在这里进入主动游览的角色，在读（就理解单个文本而言）、观（就对页面的视觉感知而言）、览（就对书册的整体感受而言）的经验整合中，享受书中对多种文本、文类整体上的视觉安排。一页多栏的技术处理，将阅读经验重塑为一种视觉上的愉悦与新鲜感。

晚明的阅读世界因各种新的或翻新的视觉材料而丰富，三节版也适时地满足了读者的视觉胃口，将文本变为书页这个视觉场域的一个构件。其实将一面书页进行区隔处理的方式由来已久，其中也不乏与戏曲

---

① 三节版，见程千帆、徐有富《校雠广义·版本编》，第259页。

② 《两头忙》，明清小曲种类之一，见黄霖《〈闺艳秦声〉与"易性文学"：兼辨〈琴瑟乐〉非蒲松龄所作》中的相关讨论。

③ "席上生风急用令"要求行者必须以席上之人或物入令。《红楼梦》第二十八回提到此令。

④ 戏曲杂书两节版的一例为《摘锦奇音》，详见下文。

杂书这种多层面阅读实践类似的平行案例，比如那些在主要文本栏之外附加一层或多层批注的页面。有学者提出，对页面空间关系的塑造是雕版印刷异于稿本流传的一大功能①——从这个角度来说，对戏曲杂书的讨论会有助于我们对雕版印刷所带来的阅读变革有进一步的了解。总的来说，晚明戏曲杂书的流传创造了一种巧妙的文本地理，将书页转为雕印技术、视觉印象、剧场与社会表演等各种实践活动之间互相碰撞、彼此影响（negotiate）的一个场域。

　　下面是现存为学者所知的戏曲杂书。我们先列出其简称（常用于书题页），再在括号内列出一般出现在各卷卷首的全称（各卷卷首书名有异时，取首卷所列）：②

　　　　《乐府玉树英》（《新锲精选古今乐府滚调新词玉树英》）

　　　　《徽池雅调》（《新锲天下时尚南北徽池雅调》）

　　　　《尧天乐》（《新锲天下时尚南北新调尧天乐》）

　　　　《词林一枝》（《新刻京板青阳时调词林一枝》）

　　　　《八能奏锦》（《鼎雕昆池新调乐府八能奏锦》）

　　　　《玉谷新簧》（《鼎刻时兴滚调歌令玉谷新簧》）

　　　　《摘锦奇音》（《新刊徽板合像滚调官腔摘锦奇音》）

　　　　《乐府万象新》（《梨园会选古今传奇滚调新词乐府万象新》）

　　　　《大明天下春》（《精刻汇编新声雅杂乐府大明天下春》）

　　　　《大明春》（《鼎锲徽池雅调南北官腔乐府点板曲响大明春》）

　　　　《时调青昆》（《新选南北乐府时调青昆》）

---

① 在《上古和中古汉文写本的物质性与文本组织》（"Materiality and Text Organization in Early and Medieval Chinese Manuscript"）一文中，戴仁（Jean-Pierre Drège）提出 "tabulation"（区格化）——页面作为可区隔场域对空间关系的创造——是雕版印刷异于稿本传抄的一大功能。

② 罗开云在《十六、十七世纪中国时曲之锦》（第 377—381 页）中的戏曲杂书书单比这里的要长，这是因为罗氏将单纯的曲选（包括戏曲与小曲）也包括在内。笔者这里仅列出曲选与杂类文字并存的本子。

这类书在当时的流行，可以从其版本史中看出一二。比如《时调青昆》，今存有三个版本，其中德山毛利家楼息堂文库本、台北故宫博物院藏本均有改刻再版的痕迹，台北故宫博物院本扉页上更是出现"五刻"字样，都说明了书坊对《时调青昆》的一再修刻。另一版本今存北京大学（仅存一卷）。这三种今存藏本版刻字体不同，非同一版刻，亦可见对此书的市场需求。①

书名的选定是书籍生产和售卖的关键。这些题名中流露出了当时图书市场中的一些信息，也起到了激发读者的想象力和获取冲动的作用。这些书名的全称一般为三段式。第一段声明该书的新：或板新、编选新（用"新刻""鼎雕""新选"等字样标明），或曲调新（用"时调""新调""新词""新声"等来表示）；接着说明该书曲乐的种类和性质，比如"徽池雅调"（徽池指的是徽州和池州）、"青昆"（强调其所汇集为当时流行声腔青阳腔、昆山腔）等。有的还特别说明其内容包含当时舞台上流行的"滚调"。关于"滚调"，《中国文学通典：戏剧通典》中做了这样的概括："戏曲音乐名词。简作'滚'。明代后期弋阳腔、青阳腔等演唱传奇剧本时，常常将传统的曲牌加以改造，在其前后或中间加进一些接近于口语的齐言韵文或便于朗诵的短句，使曲词浅显易懂，并能充分地表达人物的情怀。加进的念白称'滚白'，加进的唱句称'滚唱'。"②滚调作为曲唱技艺，深为当时观众喜爱，一定程度上得益于这种演唱形式对观众熟知的文本的娴熟唱诵和整合。③这些书名的最后一段，会以一个"耸观又耸听"的喻象来收结，诸如"玉树英""尧天乐""天下春""万象

---

① 据根山彻（根ヶ山徹）《〈新选南北乐府时调青昆〉版本浅说》。

② 幺书仪等主编《中国文学通典：戏剧通典》，第 288 页。

③ "滚调"，见班友书《青阳"滚调"源起新论》；李殿魁《"滚调"再探》；曾永义总策划，曹淑娟著《戏曲格律与跨文类之承传、变异》，第 176—180 页等。对滚调的英文介绍，见［荷］龙彼得（Piet van der Loon）《明刊闽南戏曲弦管选本三种》（*The Classical Theatre and Art Song of South Fukien*），第 54 页等。与"滚"相关的还有粤剧的"滚花"，见荣鸿曾（Bell Yung）《样板戏之样板》（"Model Opera as Model"），第 153—154 页。

新"等。① 通过这些富有提示性的语词,造书者将读者带入天地、王朝的大视界,呼应"乾坤瑞气盈,海宇安宁"的气象。②

再具体一些,比如《八能奏锦》这个标题:"八能"为古制,宋代王应麟《小学绀珠·律历类·八能》释之为:"调黄钟,调六律,调五音,调五声,调五行,调律历,调阴阳,调正德所行。"③ 另据《太平御览》:"《乐说》曰:圣人作乐,不以为娱乐,以观得失之节,故不取备于一人,必须八能之士。故八士或调阴阳,或调五行,或调盛人(当为盛衰),或调律历,或调五音。与天地神明合德者,则七始八终,各得其宜也。"④ 再看《尧天乐》:与"八能"引用古制类似,"尧天乐"亦直指先圣之治。《论语·泰伯》曰"巍巍乎,唯天为大,唯尧则之",谓尧能法天而行教化。"尧天"作为颂圣之词,为明代宫廷礼乐所用:"尧天广运,舜云飞动,喜听赓歌颂。"(《进膳曲·水龙吟》)⑤ 再看别的题目中的词语,"万象新""大明春"回应"阳回元吉""宇宙咸新"这样宏大嘉祥的氛围,"玉谷新簧"则为该书蒙上了一层艳情的薄纱(详见第三章),而"玉树英"则带入了一种宗教情怀——编者黄文华在《乐府玉树引》中明确说道:"予慕前辈风流声吻,间从妙选中採撷其尤最者,以为湖海豪杰鼓吹资。语语琼琚,字字瑶琨,譬则天庭宝树,一枝一干,皆奇珍异宝之菁华也……"将其所选譬为神仙世界的天庭宝树。

书题正如宋明城市中的店铺招牌一样,⑥ 需醒目可人。通过语词炼造,造书者一边将这类书与明代人文话语中的根本性概念(比如"天""大明")连在了一起,一边也将选集的意义与人们对享乐的追求(比如玉/欲的双关)连在了一起。在编者、书坊主为读者规划的视界中,剧场和曲

① "笔观又笔听",语出[元]周德清《中原音韵》,见《中国古典戏曲论著集成》第1册,第232页。

② 语出《大明会典》卷七三,《嘉靖间续定庆成宴乐章》。

③ 王应麟《小学绀珠·律历类·八能》。

④ 《太平御览·乐部三·雅乐下》,见《太平御览》,第2552页。

⑤ 《明史》,5:63.1573。

⑥ 参见[宋]《清明上河图》与[明]《南都繁会图》中的店铺招牌。

子不仅是当时文化时尚的重要一环,而且关乎皇朝之德运、天帝之福佑。

戏曲杂书的流行,与《博笑珠玑》一样,得益于对文化时尚的文本化。这些书多产于建阳,一些常为人诟病(或赞许)的明书或建本特点在这些书中都可见到。比如为了节省纸张,字面比较拥挤;白字、异体字、俗字较多。辗转稗贩中制作匆忙,时有缺字、误字、误题等①,比如《玉谷新簧》铲改旧板后再次印行,但匆忙之中漏铲了旧版上的两处书名(见第三章)。另外,一书之中的写刻质量有时也不一致。

把上述特点仅仅作为产品欠佳来理解,会让我们有意无意地忽略戏曲杂书的生产者和读者本身在这些书中投注的价值。对书籍的"版刻尊严"的维护、俗正字体的辨识并不是这类刊本所优先考虑的。②在故纸典坟的世界之外,它们所津津乐道的是"时尚",所追求的是读者阅读中的愉悦感和对剧场风华的沉浸。在对表演世界的启动中,声音(乐曲、喧哗)远比纸上字体重要。生产的速度、价格的低廉以及对日常享乐的诉求成为这些书籍的市场优势。为此编者以插图增加视觉趣味,以笑话(包括低俗笑话)、游戏来调剂阅读,将对好生活的追求(酒、女伎、时曲、戏文、身体与声音的世界、言谈笑乐等)作为最高目标。

追求时新也为这些书划上了流行时限,在入清之后它们渐渐销声匿迹。它们中有的流传到了域外,作为人类学文物储藏在图书馆的角落。二十世纪以来这些书籍在日本东京的内阁文库、丹麦哥本哈根的皇家图书馆、奥地利维也纳的国家图书馆等地被中外学者重新发现,陆续影印

---

① 周玉波指出的《大明天下春》中所收"江湖方语"中的文字讹误为其中一例。周玉波《喜歌札记》,第395—396页。

② "版刻尊严"一词,笔者化自罗杰·夏蒂埃的"排印尊严"(typographic dignity)的概念。夏蒂埃以"排印尊严"来概括文本呈现形式和装饰方面可能形成的、潜在的对经典性的标榜作用。见《书的秩序》(英),第10—11页。明代文化舆论界对俗字现象也比较关注,焦竑的《俗书刊误》即为一例。今人的俗字研究见相关敦煌俗字研究著作:蒋礼鸿《中国俗文字学研究导言》;陈五云《从新视角看汉字:俗文字学》(特别是其中的第160—174页);张涌泉《汉语俗字研究》;曾良《明清小说俗字研究》,等。

出版。①

　　对这些图书的研究颇多，其中戏曲学家对其戏曲文献价值的挖掘尤为精彩。② 这里我们则将这些书籍本身作为特定文化时刻的人工制品（既有文献价值又有文物价值）、作为一个回应并帮助构建了其周围的社会和文化世界的场所来讨论；并以三节版页面这个文本兼视觉场域为切入点，来探讨这些书籍是如何在其生产流通过程中由晚明解释群体进行意义编码、解码的。前文谈到，解释群体由造书者和用书者共同组成，是他们共同创造了对一本书，一篇文字，或一幅图画的认知感受过程。而造书者与用书者的社会角色也始终交织在一起：制作一本书意味着编书者将在别处读到的材料进行重构，而成品之后的书籍也需要用书者通过将其纳入自己的需求和欲望世界中而完成对书籍的真正获取。

造书：艺术与生意

　　一部书的最初编选是其得以发挥作用、实现文化潜能的流通生涯的发端。这些戏曲杂书是如何成书的？ 它们的生产者是谁？ 是什么使它们

---

① 　王秋桂主持的《善本戏曲丛刊》以及［俄］李福清、李平编辑的《海外孤本晚明戏剧选集三种》影印出版了这些书籍。关于戏曲杂书二十世纪研究成果，见苗怀明《二十世纪戏曲文献学述略》，第 25—33 页等。

② 　这些书籍作为晚明文化的化石，为中国戏曲史的研究提供了弥足珍贵的资料，著名学者如傅芸子（1902—1948）、王古鲁（1901—1958）、叶德均（1911—1956）、赵景深（1902—1985）等均对这些资料进行了重要的早期挖掘，近年则有朱崇志的《中国古代戏曲选本研究》等问世。笔者亦在 2003 年的博士论文（"Productive Space," 第 283-288 页）中对这些书籍在二十世纪的发现进行了英文介绍。详见傅芸子《白川集》；王古鲁《明代徽调戏曲散出集佚》；叶德均《〈秋夜月〉中罕见剧名考》，收入《戏曲小说丛考》，第 371—381 页；朱崇志《中国古代戏曲选本研究》；曾永义总策划，侯淑娟著《戏曲格律与跨文类之承传、变异》，第 265-294 页。近年学者们对戏曲杂书中栏的内容也愈加注意，英文论著有罗开云《十六、十七世纪中国时曲之锦》；王岗《创造工艺品》，《明代中篇小说出版》（"The Publishing of the Ming Novella"）；商伟（Shang Wei）《〈金瓶梅〉与晚明印刷文化》（"*Jin Ping Mei* and Late Ming Print Culture"）等。

成为可能的、能够盈利的？它们为什么会采用其特定的资料组合？它们预启或创造了怎样的阅读？我们的讨论首先从其流通过程的生产端说起，将它们置于当时的整体雕版印刷景观中，看一看有什么值得注意的轨迹。

表 Ⅱ-01　戏曲杂书编刻信息 ①

书名	纂刻年代	编选者及乡贯	梓行者，书坊名	梓刻处
《尧天乐》	1598 年或其后	殷启圣，饶安，江西	熊稔寰	建阳，福建
《乐府玉树英》	1599 年	黄文华，江西	余绍崖	建阳，福建
《词林一枝》	1606—1607 年	黄文华，郄绣甫，江西	叶志元	建阳，福建
《八能奏锦》	1607—1608 年	黄文华，江西	蔡正河，爱日堂	建阳，福建
《徽池雅调》	万历年间	熊稔寰，建阳，福建	燕石居主人	潭水，福建
《乐府万象新》	万历年间	阮祥宇，安成，江西	刘龄甫	书林
《大明天下春》	万历年间	江西	（残本，未知）	
《玉谷新簧》	1610 年	景居士／八景，吉州，江西	刘次泉／廷礼	书林
《大明春》	万历年间	程万里，朱鼎臣	金魁／拱唐	建阳，福建
《摘锦奇音》	1611 年	袭正我，徽歙，张德乡，菖潭	张三怀，敦睦堂	书林
《时调青昆》	明末清初	黄儒卿，江湖	四知馆	书林

　　表 Ⅱ-01 总结了相关编刻信息。从中可以看出，今存戏曲杂书多由建阳书坊在万历后半期刊行。士夫对建本射利之病及其草率疏漏，批评甚切，但激起这种精英态度的却正是建阳坊本引人瞩目的成功。在明朝这个大阅读时代，建本是具有广泛的实际号召力的品牌。② 这些书的编选者中多见江西人。江西"吴头楚尾，粤户闽庭"，与福建之间人力、物力的流通历史悠久。江西选家与建阳出版家之间的合作也透露出他们的各有所长。就戏曲杂书而言，江西选家的声誉还与特定表演传统的地缘发展有关：被称为"永嘉杂剧"的早期南戏，在南宋即传入江西，为南戏后来的发展奠定了基础。③ 戏曲杂书中推出的曲目，除昆山腔外，以弋阳

---

① 《尧天乐》《词林一枝》《八能奏锦》的编纂年代，据郭英德、王丽娟《〈词林一枝〉〈八能奏锦〉编纂年代考》。

② 称明代为大阅读时代，详见下章。

③ 孙崇涛《〈风月锦囊〉考释》，第 12 页。

腔（约元末明初起源于江西弋阳而得名）及其流传到安徽池州一带后发展出的青阳腔为主。[①] 注明选家为江西人士能够起到市场占位的作用，暗示给读者该书品味之真、判断之权威。无独有偶，现存最早的戏曲摘汇选刻本、嘉靖年间刊行的《风月锦囊》亦为江西人所辑："江右龙峰詹子和"（江右即江西）曾为该书作校，"汝水云崖徐文昭"（汝水一支经南昌汇入赣江）为该书编辑。[②] 实际上，此类书中对梓刻者和选家的乡籍标注常为一种宣传（publicity）工具，比如这里有些书只是简单地标明为"书林"所刻。"书林"一词虽常用来指称建阳书坊，但也非建阳专属。[③] 题属"书林"给力图确定每一本书梓刻地的现当代学者造成了困扰，但对明代当时的造书者和读者而言，"书林"是一个很好用的对书业流通空间的指称，它给了相关刻本一个很好的社会定位，其修辞作用与当时的"评林""文林""词林"类似。

从表Ⅱ−01中还可看出黄文华为市场所倚重。黄文华编选了今存的三个集子，分别为《乐府玉树英》（1599）、《词林一枝》（1607—1607）、《八能奏锦》（1607—1608）。在这三个集子中，黄文华分别与三位不同的梓行者进行了合作：余绍崖、叶志元、蔡正河。而熊稔寰既是《徽池雅调》的汇辑者，也是《尧天乐》的绣梓者，以一人而任书业中的不同角色。[④]

---

① 嘉靖年间成书、传为徐渭所作的《南词叙录》曰："今唱家称弋阳腔，则出于江西，两京、湖南、闽、广用之。"见《南词叙录》，收入《中国戏曲论著集成》，第 3 册，第 242 页。

② 孙崇涛《〈风月锦囊〉考释》，第 11—12 页。

③ 南京书坊以"书林"相标榜，见贾晋珠《三山街》（"Of Three Mountain Street"），特别是第 113—123 页。版本专家对于戏曲杂书中标属的"书林"究竟为何地是有争议的，见周心慧《中国古代戏曲版画考略》，第 8 页；杜信孚、杜同书《全明分省分县刻书考·安徽卷》，10B。关于建阳书坊的自我指称，参见肖东发《建阳余氏刻书考略》；方彦寿《宋代"建本"地名考释》；陈铎《关于"建本"与"建安版画"研究中的几个地名的误解》等。关于戏曲杂书中编者（包括其乡贯）的讨论，见李平《流落欧洲的三种晚明戏剧散出选集的发现》，第 17—19 页。

④ 《徽池雅调》与《尧天乐》流传中出现过合刻本，题为《秋夜月》。见叶德均《戏曲小说丛考》，第 371—378 页；赵景深《〈秋夜月〉》等。傅芸子疑《时调青昆》编者黄儒卿即黄文华，见傅芸子《白川集》，第 145 页。

尤为抢手的从业者中，除黄文华外，还有刘次泉。刘次泉是《玉谷新簧》的绣梓者，但更为人知的是他作为版画镌刻家的成就，其代表作品包括他与著名书坊师俭堂合作的戏曲插图，以及被视为当时版画成就巅峰作品之一的《唐诗画谱》中的部分版画。（《唐诗画谱》由著名藏书家、出版家黄凤池刊行，其摘选的唐诗由名笔名工书写、配图、绘刻，不仅在中国艺术史上占有重要地位，也影响了日本绘画史的发展。[①]）这些制书者中另一位值得注意的，是建阳余氏家族的余绍崖。余氏刻书从宋代起，传承有自，为建阳刻书世家之一，余绍崖自己则刊行过不少与文史、举业有关的书籍（见附录）。[②] 另外，在《词林一枝》的插图绘刻者中，我们看到两位著名刻工陈腾云、陈聘洲的名字。陈聘洲声名尤为斐然，而且与刘次泉一样，也曾与师俭堂合作。这些选家、绘刻家、绣梓者之间的交叉合作，以及名家名工受聘于不同书坊的流动性，都加强了书坊之间的有机关联，形成了互相牵连的书业网络："书林"。

　　查看余绍崖、刘次泉、陈聘洲、朱鼎臣主持的其他书籍制作（见附录），也可以进一步了解造书者当时的社会生活和从业氛围。比如，陈聘洲合作过的环翠堂，以其精美插图著称，其为人称道的作品包括《人镜阳秋》《坐隐先生精订捷径弈谱》等。[③] 环翠堂主人汪廷讷（约 1569—1609后）为当时剧界精英，所与往来者包括著名剧家、文士屠隆（1543—1605）、汤显祖（1550—1616）、李贽（1527—1602）等。陈聘洲与汪廷讷的环翠堂以及与声名远不及汪廷讷的叶志元的合作，让我们看到不同

---

① 关于《唐诗画谱》与明代插图本书籍的英文讨论，参见何谷理（Robert E. Hegel）《阅读帝制中国晚期插图本小说》（英），第 164—250 页等。

② 余氏刻书，见肖东发《建阳余氏刻书考略》；贾晋珠《为利而印》（英），第 87—93页等。

③ "坐隐"指围棋，"坐隐先生"指汪廷讷，"环翠堂"既是书坊名，也是一座名园。英文著作对汪氏刻书事业和社交生活的讨论，见白铃安（Nancy Berliner）《汪廷讷与徽州插图本出版》（"Wang Tingna and Illustrated Book Publishing in Huizhou"）；柯丽德（Katherine Carlitz）《作为表演的印刷》（"Printing as Performance"）；何谷理《帝国晚期小说的利基市场》（"Niche Marketing for Late Imperial Fiction"），第252—253 页。

规模或层次的书坊也可共享业界的名工名匠。毕竟对名家的追逐，是图书作为物件的品相保证。

戏曲杂书牵出的书林人物中，刘次泉令人瞩目。除上述作品外，他还与当时出版巨擘建阳余象斗合作，为余象斗编写的《刻全像五显灵官大帝华光天王传》刻图。[①] 刘次泉似乎是一个尤喜流动的人物，随着其参与的图书项目在各处游走；他也是朱鼎臣编写的《三国志传》的刻图者，而朱鼎臣，又是《大明春》的汇集者。[②] 业书者之间有一个活跃的网络，从业者在其中可以比较自由地流动，随机组合，寻找并创造图书流通中的商机。而对商机的捕捉正是戏曲杂书成书过程的关键。

口语性、密语及都市"逆文化"魅力

最能说明戏曲杂书对商机的捕捉的，是其对页面中栏的创用。如前所述，这些中栏收纳了一批杂类文字，包括时曲、酒令、谜语、笑话、市井"方语""俏语"、《风月机关》等，有时还列出一些与地理有关的清单，比如全明地名、官员衙门、天下土产等。这些文类以一个更宽泛的社会生活中的点点滴滴，与上下栏的场上世界相映对，以音乐（如歌曲）、话语（如谜令）、社会（如风月情怀）活动将这些书籍包裹在一种别样的声色（corporeal）氛围中。这个浮世生活的一个明显特征，就是对非官方非正统的言语方式的突出，而这些言语方式又与一种既诱人又让人狐疑的都市生活中的另类得体（respectability）有关。

其中的一类言语方式，叫作"方语"，又称"方情密语""江湖密

---

① 关于余象斗，见肖东发《建阳余氏刻书考略（中）》，第 213—216 页；谢水顺、李珽《福建古代刻书》，第 241—249 页；贾晋珠《为利而印》（英），第 156—160 页等。
② 关于朱鼎臣本《三国志传》（又称《三国志史传》），见张志和《朱鼎臣〈三国志史传〉探考》。

语"，是与语音的地域性有关的市井隐语类。①《大明春》中将其题为《六院汇选江湖方语》（六院指金陵六大酒楼、妓院），明确点出这类语言在都市风月场中的流行。② 在明代市井小说《金瓶梅》里，人们酒宴调笑中也时常会用到这类语言，并由此营造一种屏蔽外人的私密感、一种内部交际空间，同时也在这个社会空间里给了懂行话的人一种归属感和地位。《六院汇选江湖方语》共一百六十余条，今摘取少许为例：

> 琴家：称下处主人家
>
> 墩台：乃其歇处
>
> 犊孙：乃做吏者
>
> 平天孙：乃官员也
>
> 姑儿子：亦官宦也
>
> 立地子：乃门子也
>
> 青腰儿：乃皂隶
>
> 结脚孙：皂隶民快也
>
> 方砖儿：是非僧也
>
> 陀头：乃和尚也
>
> 玄门：乃修养人
>
> 纂经：乃算命的
>
> 撒过：乃打卦的
>
> 皮家：谓人之唱曲者

---

① "方情密语"一词，见余象斗《三台万用正宗》；"江湖方语"一词，见《乐府玉树英》《大明天下春》及《大明春》。［元］周德清《中原音韵》以"方语"为"各处乡谈也"，见《中国古典戏曲论著集成》，第 1 册，第 232 页。方语在晚明的含义，显然已经脱离了乡谈这个限定，而有了"通方之语"（通于各方）的意思。曲彦斌主编的《中国隐语行话大辞典》（《续编》第 7 页）释"方语"云："本谓方言俗语，用指隐语行话则系因其语音的地域性差异而言。"

② 对隐语行话的历史概述与搜辑，见钱南扬《市语汇钞》《从风人体到俏皮话》，收入《汉上宧文存》，第 91—96 页；曲彦斌主编《中国隐语行话大辞典》和《语言民俗学概要》等。

采盘子：乃打劫的

方语中的词汇涉及各色人等，其中对权力的占有者、追随者的另类称呼（如"犊孙""平天孙"等）明确了这类语言与官方文化的对立色彩，以及与江湖世界——另立于政府机构之外的一种隐蔽的社会秩序——的关联，并为一种新的讲述社会现实的视角提供了词汇积累。尽管这些方语的来历很难一一厘清，但从中可清楚地看到对习成精英文化、官方秩序的不屑和讽刺：称吏者、官员为"孙"之外，又称官宦为"姑儿子"，都是骂人的话。

从较广的角度来说，对江湖世界作为魏阙之外的一个平行世界的想象和向往，也是许多同类书籍中的一个重要的社会驱动力。下面这则酒令，即表达了人们在江湖与廊庙之间对选择自由的向往：

一令要江湖廊庙四字，暗藏问答之意，成诗一首。

几年归志乐江湖？问是何人蠢大夫。别却廊庙怀重宝，乘舟过此号陶朱。

江湖廊庙志何如？听说文公盖世无。会做秀才含抱负，致令千载仰嘉谟。

乐意江湖更有谁？烟波钓叟最为奇。忘情鸥鸟相游戏，廊庙功勋徂不为。[①]

令格下所成三令，其一以范蠡（前536—前448）为"别却廊庙"的楷模。范蠡为春秋时楚人，史传记载他帮助越王勾践灭吴复仇之后乘舟而去，退隐经商而成巨富，居于陶（今山东定陶），自称"陶朱公"，所以此令最后一句说"乘舟过此号陶朱"。第二令则以历史上"千载仰嘉谟"的文公为廊庙之志的代表。历史上著名的文公不少，比如春秋五霸之一的晋文公重耳；唐朝韩愈谥号为文，故亦称韩文公；宋朝的朱熹亦谥文，故又称朱文公。朱熹理学后成为官方哲学，其所辑定的《四书》也成为后代科举应试科目。令中特别点出文公"会做秀才"，指其在举业中的地

---

① 《博笑珠玑》，1.9A—9B。

位,所以这里的文公大概指的是朱熹。这一令表明举业为廊庙之志的途径。第三令赞许"烟波钓叟"的乐意江湖。烟波钓叟所指,或与元代白朴的《渔夫》(《双调·沉醉东风》)一曲有关:"黄芦岸白萍渡口,绿杨堤红蓼滩头。虽无刎颈交,却有忘机友。点秋江白鹭沙鸥。傲杀人间万户侯,不识字烟波钓叟。"曲中塑造了一个与白鹭、沙鸥为友,不存世间心机的"不识字烟波钓叟"的形象,与令中描述相合。(万历刻本《唐伯虎先生集外编续刻》卷三也收《烟波钓叟歌》一首,中有"自言生长江湖中,八十余年泛萍梗。不知朝市有公侯,只识烟波好风景"句,与白朴曲意亦合。①)这样,三个例子中,代表廊庙之志的是在官方意识形态和举业中功业无双的朱熹,而代表江湖之志的,一为从商者,一为与鸥鸟相戏、忘情而不识字(生活在正统文本传统之外)的渔夫。

曲彦斌主编的《语言民俗学概要》概括说:"历来关于隐语行话的叫法很多,诸如市语、方语、俏话、锦语、黑话、暗语之类,江湖社会另有'春典'或'唇典'之说。据说,称之为'唇典',是因为使用隐语行话是嘴上的功夫。"②从下列方语中,这种嘴上功夫亦可见一般,头两例更是直指说话技巧:

调皮:会说话者

斗牙:两人说话

坚居:谓好与标致也

古老:谓丑而[不]美,苦而不好

土老:不知方情

杨孙:乃不知货之好歹

驴唇:善骂人者

染孙儿:谓其不晓方情之事

衍孙:谓村人也

① [明]唐寅撰、何大成辑《唐伯虎先生外编续刻》,卷三,5A。

② 曲彦斌主编《语言民俗学概要》,第110页。

相家：乃晓得方情者

牵绊：此女子交姤

班：乃买物件

狗子：是差人也

宋子：是书手也

寿星：言其语话皆知，不能瞒也

回回眼：能识好歹

肯斗口：是喜与交朋，喜与人偷情者

这些方语背后有一个都市的、江湖的影子世界。比如"不知方情"被称为是"土老"，"村人"被称为"衍孙"，显示出方语世界对田舍翁的不屑（也反衬出其对都市生活的追崇），而在这个江湖世界中，晓得交情好歹（比如"相家"的"晓得方情"，"回回眼"的"能识好歹"）尤为重要，这正如《六院汇选江湖方语》释题所说，"方语"为"但凡在于方情，而在江湖上走动者"（一本作"凡知方情在江湖上走动者"）所称说。[①]

戏曲杂书中栏出现的另一种言语类型是"俏语"，有坊本将其与"方语"混淆，可见二者关系密切，为同类语言现象。[②]"俏语"也是以口语风格表达世情的另类语言，在各本中又称"通方俏语""江湖俏语"或"独脚虎俏话"，与今天的歇后语形式相同，常用谐音或双关等修辞方法。比如下面一例：

落花红满地——多谢。[③]

"谢"字双关，既应前句凋谢之意，又把整个句子拿来表达谢意。懂得

---

① 方情，《西游记》第二十四回："悟空，且休争竞。我们既进来就出去，显得没了方情。"黄肃秋《西游记》注释本释为："佛教徒称跟十方人（指各界人士）的交情"。[明]吴承恩著，黄肃秋注释《西游记》，第 307 页。

② 《大明春》（第 214 页）中的俏语被标为"江湖方语"，《三台万用正宗》中收录的"子弟俏语"（第 3 册，第 599 页）实为方语。

③ 《大明天下春》，第 616 页。

俏语、方语，善于猜谜行令，是此类书籍中一种时尚人格（别致的言说方式的知情者）的投影。《大明天下春》中收俏语三百多条，下面摘录若干：

苏木水染街——子弟。

子弟吃磨刀水——有些秀气。

顺风使帆进北京——都是南风。

铜钱孔里打秋千——小人。

灯盏里洗澡——浅见小人。

麦蒿吹火——小气。

半分银子打牙梳——不成样。

三厘银子买牙梳——贱骨头。

荷包里鬼叫——是个腰精。

一百日不下雨——久情。

下雨出日头——假情。

一边下雨一边晴——不知是真情不知是假情。

桅杆上挂灯笼——有名光棍。

眉毛上插针——眼前光棍。

蜡烛做箫吹——油嘴光棍。

水上浮萍——浪荡子。

谢三娘不识麒麟——有钱的村牛。

三人说话过鄱阳——胡说。

张生跳粉墙——偷花贼。

十字街头牌坊——个个仰望。

波斯吃胡椒——常用的东西。

胡人入汉关——进门便认得。

鄱阳湖里翻了船——感戴也不浅。

三岁孩儿买棺材——终省不得的。

养济院下棋——穷快活。

阴天摊红布——有色无情。

《大明律》做衣服穿——一身是罪名。

壁上挂棋盘——半子也无。

子弟带戏脸——好人变成鬼。

片片桃花逐水流——轻薄。

梳头姐儿吃盐梅——游手好闲。

苏州老鼠过杭州偷吃——走也走瘦了。

猫鼠交朋友——信他不过。

锡打剪刀——只怕交不得。

光棍调小官——穷计较。

藕丝牵太山——系缚他不住。

临去回头一望——丢情。

鄱阳湖打篱笆——难为。

烟市晴岚——村气。

宫娥患病——相思症。 ①

上面这些俏语中，需要特别说明的大概只有第三个："顺风使帆进北京——都是南风。"这里"南风"谐"男风"，指男性之间的爱恋。同时值得注意的还有几点，一是"鄱阳湖"的多次出现，再次提醒我们江西在明人地理想象中的特别地位；二是《大明律》的出现（《大明律》做衣服穿——一身是罪名），见证了《大明律》作为明人日常识见的存在；还有就是对"情"、特别是对"情"的真假的关切。

俏语为晚明坊本广为收录，又可分为不同类目，比如"常杂俏语""骂人俏语"。"骂人俏语"中又分"骂娟妓俏语""骂光棍俏语""骂小人俏语""骂小伺俏语"（小伺：男子之间性、爱关系中的年少者）、"骂说谎俏语"等。② 嘲骂是俏语的一大功能，既为社会不满提供了发泄渠道，又揭示了一种别样世间情状。与晚明世情小说一同，俏语成为以新的

---

① 《大明天下春》，第 597—644 页。

② 《三台万用正宗》，第 3 册，第 593—599 页。

言说方式审视、表现新的时局事态（诸如感情、交情、信任、贫富、世态、处事等）的一股力量。

同时，上面这些类目中也格外强调了晚明社会（特别是城市中）一些引人注目的人群或现象，其中包括：子弟、青楼侠少等游荡少年（或许我们可以称其为明代的"flaneur"，"漫游者"）；光棍一类游走在社会边缘且无常善变的人群；男风；对村气的取笑；以及情感与物质世界中让"认真"者"着假"的人（比如"小人"）或陷阱。

这些书中对既让人激动，又让人产生道德困惑的城市空间的偏好，如果我们还觉得不尽然的话，不妨再看一下常被叫作《风月机关》的青楼指南。（不同版本会对具体标题进行润饰、加工，《乐府玉树英》称之为《风月机关青楼置罜》，[①]《乐府万象新》称之为《解注嫖家风月机关》；后者特意以"解注"二字来戏仿学究姿态。[②]）《风月机关》描述、讨论风月场中的交往方式和行为规范，提醒人们注意其中的各种勾当。下为其开篇：

> 男女虽异，爱欲则同。男贪女美，女慕男贤。
> 鸨子创家威逼佳人生巧计，撅丁爱钞势摧女子弄奸心。
> 且如寻常识见，皆由准绳之中。设若奇巧机关，更出筌缔之外。
> 若不运筹，定遭设网。
> 调情须在未合之先，允物不待已索之后。
> 初耽花柳，最要老成。久历风尘，岂宜熟念。
> 若要认真，定然着假。
> 对新妓勿谈旧妓之非，则新妓生疑；调苍姬勿怜雏姬之小，则

---

① 置罜：捕捉鸟兽的网，这里喻指风月场中的陷阱。

② 《乐府玉树英》与《乐府万象新》均为残本，现存目录中可见《风月机关》标题，但正文已缺。不过《风月机关》在各种晚明坊本中广泛流传，下文所引出自《三台万用正宗》。对这一文本的日文译注与研究，见小川阳一《風月機関と明清文学》。另，今多为学者所知的一个《风月机关》版本，为〔明〕朱元亮辑注，张梦征汇选的《青楼韵语》中收录的本子。

苍姬失意。

痛酒勿饮，寡醋休尝。

宁使我支他，莫叫他闪我。

初厚决非本心，久浓方为实意。

欲买其心，先投所好。

志诚感默，叫跳动狂。

爱饮酒杯，常备刘伶之具；擅知诗句，多谈杜甫之才。

伴黑者休言白者之莹；对贫者勿夸富者之奢。

大家规矩，自是不同；科子行藏，终须各别。

驽骀遭遇，必藏骐骥之良；蚌蛤生辉，决蕴贝珠之贵。

合意人出言便及，忤情客失口不谈。①

老到的风月中人给大家的通透指点在一条条的警示中以骈句形式的出现，表现出文学的姿态，同时，《风月机关》又戏仿经典释文传统，在每条警句之后加上了缜密的注释。比如在"调情须在未合之先，允物不待已索之后"的后面，我们看到这样的注文：

风月之中，以情为先；军伍之内，以操为最。情未调而求合，譬之三军未曾操练驯熟而临大敌，其败必矣。嫖之允物，如鱼之设饵，不得饵则他往。妓之索物，不得物则他求。后纵与之，亦何益焉？

再如对"志诚感默，叫跳动狂"的注释：

默者老成之妓，端庄沉静，不妄发言，以志诚感之。狂者青春之妓，形似迎风之柳，笑如向日之桃，以叫跳投之。方隅类聚，斯言信哉！

对"驽骀遭遇，必藏骐骥之良；蚌蛤生辉，决蕴贝珠之贵"的注释：

驽骀，下马也；骐骥，良马也。蚌蛤，水虫也；贝珠，珍宝也。下马遭际遇，其中必有良马之德；水蚌吐光辉，其中必有珍宝之藏。此言喻以下妓际遇上客，其间必有可取，不劳见诮。

---

① 余象斗《三台万用正宗》卷二一。下同。

与方语、俏语类似,《风月机关》中的语汇也旨在创造一种官语之外的话语表述,并以之围起一个内部空间,将读者视为可与道之的同伴或窥探者。其中的词语如"调情""着假""支""闪"等,也为当时小曲所喜用。总的来说,《风月机关》中关于情感、金钱、物质游戏的语汇和修辞特点,在于它们一方面构建了以私欲为中心的别类世界,但另一方面,其"经文+注释"的形式、对骈句的铸炼、以及时常按捺不住的教谕口吻,都闪动着正统经典的特质。故而《风月机关》在晚明又有着一个特别恰当的称呼:嫖经,[①] 表明《风月机关》是"经"典的戏讽镜像。

　　戏曲杂书及同类坊本为读者提供的空间意识,除了以特别的言语方式来构造之外,也常常直接由地理词汇传达出来。比如《时调青昆》的首页(图Ⅱ-02),即由各种地方和空间元素营造出了一个互相钩锁、彼此照应的地貌景观。

　　在这一页中可以看到对天下的两个不同指称:"南北"(题目中有"南北乐府"之说)和"两京十三省"(中栏有"两京十三省土产歌")。"南北"表示书中内容广被天下;"两京十三省"则提醒人们其空间框架是由帝国行政区划支撑的。不过"两京十三省土产歌"对各地"土产"的清点,又将读者对空间框架的感知导引到商业、宝物以及物质享受的生活视界。另一个出现在这一页上的地理词汇"青昆"(安徽青阳与江苏昆山),也回应着这种地方土产与世俗日用的联系:作为地方声腔的青阳腔与昆山腔已走出地方,进入全国性文化商业网络,风靡一时。而上栏戏曲选出中的"桃花游湖"与下栏的"长亭分别",则将读者带入了两个经典空间场所:杭州西湖与城外长亭,以及与这两个场所相关的典型人文活动——出游与宴别,并带出相应的不同情感色调,一为欢喜(出游),一为悲伤(宴别)。所以这是一幅充分调动着读者空间感的页面。

---

① 晚明小说《三宝太监全传西洋记》第十三回中即提到嫖经:"只见一个吏部侍郎姓陈,听见这些国公学士都在取笑,说道:'今日的和尚,倒是个熟读嫖经的。'众官道:'怎见得?'陈侍郎道:'你不看见他得趣便抽身?'"[明]罗懋登《三宝太监全传西洋记》卷三,37A。

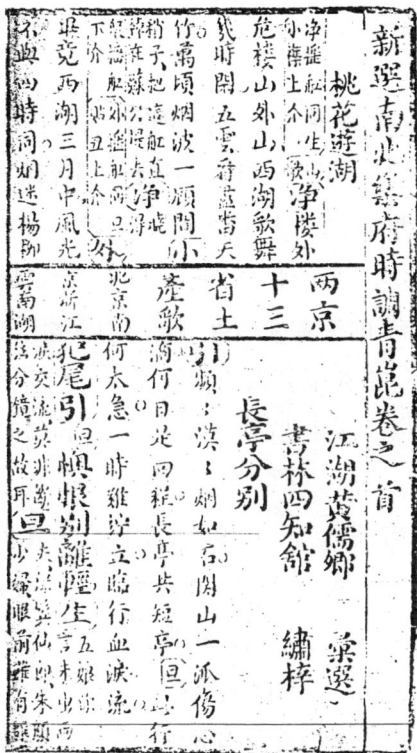

图Ⅱ-02　《时调青昆》首页。上栏收《桃花游湖》，出［明］金怀玉《桃花记》；下栏收《长亭分别》，选自明人喜爱的《琵琶记》。（《善本戏曲丛刊》）

在这些读者熟悉的区域、地理结构，物质、文化土产，以及典型场景所构成的网络中，《时调青昆》又以独特的地理标识点出了它的来历：刻印者"四知馆"乃在"书林"之中，选家黄儒卿来自"江湖"！虽未注明刻印者和选家的乡贯，但却确切地告知人们这本书的生产者的自我身份认知，"江湖"一词更是点出了选家的社会向往。在页面的空间组织（即：三节版式、书名行与选刻信息行的安排、对上下栏曲目以及中栏歌诀的采选）及多层次的地理参照的相互钩索中，一种别样的空间感展开在读者眼前，依读者的解读而随时成形，正如一部戏曲杂书题目中所表明的，书的目的是给予读者一个"万象新"的视界。

日用类书

　　戏曲杂书的中栏是一个好玩、不逊、对正统文本和意识形态进行拗变或颠倒呼应的空间。其所采用的素材也见于另一种晚明新流行的书籍中，那就是日用类书，或用明人自己的说法，叫作"万宝全书"。[①] 戏曲杂书与日用类书之间的联系，不仅在于有共享的原始材料，还在于它们有共同的编者、刻工或刊行者。比如《大明春》的编者朱鼎臣，就与建阳熊氏书坊合作编辑了数本日用类书，包括《新刻邺架新裁万宝全书》（1614 年序），《博览群书》（万历刊本），以及《龙头一览学海不求人》（刊印时间不详）等。[②]

　　晚明日用类书在结构上依主题将有关图文分门别类，依序以《天文门》《地理门》《时令门》《人际门》开始，从天文地理到历史律令，从解梦到书信格式，从诗歌到琴艺等，包罗万象，允诺能够帮助读者获得在日常生活各个方面的独立性。[③] 类书的编辑刊行到晚明已经有了很长的历史，子目繁多，[④] 学者们一般将晚明日用类书的前身追溯到南宋陈元靓编辑的、以重日常实用知识见称的《事林广记》。

　　虽然继承了以《事林广记》为代表的早期类书的基本倾向，晚明日用类书（多为福建书坊印行）在许多方面都面目一新，比如重新分配了

---

① 这些书还有一个叫法，就是"求人"，意思是这些书籍本身就能够解决知识上或社会文化技能上的任何问题，从而允诺购书者不再需要从他人那里寻求帮助。

② 吴蕙芳《万宝全书：明清时期的民间生活实录》，第 649、第 651、第 658 页。

③ 参见坂出祥伸《解说——明代日用類書について》。近年学者们对日用类书的讨论颇多，如：酒井忠夫《明代の日用類書と庶民教育》；吴蕙芳《万宝全书》等。商伟的《〈金瓶梅〉与晚明印刷文化》（英）一文总结了有关学术讨论；王正华的《生活、知识与文化商品》也对相关研究进行了回顾与反思。

④ 从曹丕（187—226）主持的《皇览》，到当代由国务院启动的《中华大典》，赵含坤的《中国类书》提供了一个综合的类书史概况。

门类，更新了文本，加入了大量插图，并且获得了前所未有的流行度。①
下面列举一些晚明日用类书的题目，可以帮助我们了解它们的目标读者
或它们给读者的承诺：②

《新锲天下备览文林类记万书萃宝》，1596 年（简称《万书萃
宝》）

《新锲全补天下四民利用便览五车拔锦》，1597 年（简称《五
车拔锦》）

《新刻天下全书博览不求人》，1598 年

《新刻天下四民便览三台万用正宗》，1599 年（简称《三台万
用正宗》）

《新锲燕台校正天下通行文林聚宝万卷星罗》，1600 年

《新刊翰苑广记补订四民捷用学海群玉》，1607 年

《新刻全补士民备览便用文林汇锦万书渊海》，1610 年（简称
《万书渊海》）

《刻新板增补天下便用文林妙锦万宝全书》，1612 年（简称《妙
锦万宝全书》）

《新刻艾先生天禄阁汇编采精便览万宝全书》，万历朝刊行

《新刻眉公陈先生编纂诸书备採万卷搜奇全书》，1628 年（简
称《万卷搜奇》）③

这些日用类书中今存较早的版本，为 1596 年的《万书萃宝》（惜仅存残
本），以及 1597 年的《五车拔锦》（以全本传世）。这些类书中最为学者
所知的，当为 1599 年由出版大家余象斗印行的《三台万用正宗》。日用

---

① 除《事林广记》外，晚明之前综合性的日用类书还有《古今合璧事类备要》《居家
必用事类全集》等。关于这些早期类书与晚明建阳版日用类书的比较，参见王正
华《生活、知识与文化商品》，第 14—22 页；许晖林《朝贡的想象》，第 172—178
页；吴蕙芳《明清以来生活知识的建构与传递》，第 11—54 页。

② 书名及刊年根据坂出祥伸《解説——明代日用類書について》，第 18—23 页；吴
蕙芳《万宝全书》，第 641—659 页。

③ 眉公指明代文学家、书画家陈继儒（1558—1639）。

类书从出版地、出版时间来看,都与戏曲杂书的出版相契合,并一起见证了晚明图书市场上新的读者群——工商阶层、城乡塾师、女性读者,以及其他虽受教育程度不高但有一些闲钱可以买书的人——的兴起,也见证了这些读者群为书业提供的新的生机。

这些书籍的标题,多用"士民""四民"(士、农、工、商)来表明,它们所投射的读者群不只是受教育程度较高的儒士阶层,也涵盖了各阶层的阅读公众。[①] 而这些书籍的功用,也如题目所标榜的,是为民众提供日用万事的知识信息,使得民众获得知识与行为上的自主独立,也就是题目中说的"不求人"。这些书的商业卖点,就是将以往有限的人才能接触到的知识汇总到一起,方便携查,且使人们通过阅读,可以在这个转型的时代做到生活管理上的自治自足。以实用相号召之外,这些书籍也以奇闻异事相招揽,并以"搜奇"标榜这种尚奇文化冲动。总之,这类书在市场上的出现,标志着、也构建并创造了新的社会空间,在这个空间里,"百姓日常"通过新的知识体系而被重新设定。[②]

作于明末清初的小说《醒世姻缘传》(著者西周生)中的几处细节,对晚明书籍世界的地貌特点,以及书籍对远远超出其文本内容之外的社

---

① 关于流行坊本中反映出的庶民文化生活,参见王尔敏《明清时代庶民文化生活》。王正华也将福建日用类书与"士人型日用类书"相区别,见其《生活、知识与文化商品》,第 20 页。

② 关于这些日用类书如何创造出可供公共消费的新的日用知识,特别是它们对商人阶层及其个人兴衰经历中的需求的满足在《金瓶梅》中的呈现,见商伟《日常世界的创造》("The Making of the Everyday World")。关于这些日用类书与城市文化以及新的社会空间的联系,见王正华《生活、知识与文化商品》。

会与心理意识的搅动，提供了丰富的暗示。① 小说围绕着纨绔子弟晁源（晁大舍）的两世姻缘展开。书中交待说，晁源不喜读书，开蒙也只不过是读了《千字文》之类的书："那'上大人孔乙己'还自己写得出来。后来知识渐开，越发把这本《千字文》丢在九霄云来，专一与同班不务实的小朋友游湖吃酒，套雀钓鱼，打围捉兔。"晁源衣食优渥，因为他的父亲是华亭知县。不过其父的官位，也并非由攻读举业而来，而是以岁贡侥幸获得。在第二章《晁大舍伤狐致病，杨郎中卤（鲁）莽行医》中，小说描写了庸医杨太医名古月者为重病昏迷的晁大舍诊脉的情形，也因此牵出了几本图籍。小说中说道：

> 　五个人都在床前坐定了。杨太医将椅子向床前搬了一搬，看着旁边侍候的一个盘头丫头，说道："你寻本书来，待我看一看脉。"——若说要元宝，哥哥箱子内或者倒有几个，如今说本书，垫着看脉，房中那得有来？那丫头东看西看，只见晁大舍枕头旁一本寸把厚的册叶，取将过来，签上写道《春宵秘戏图》。杨太医说道："这册叶硬，搁的手慌。你另寻本软壳的书来。若是大本《缙绅》更好。"那丫头又看了一遍，又从枕头边取过一本书来，签上写是《如意君传》，幸得杨太医也不曾掀开看，也不晓得甚么是"如意君"，添在那册叶上边，从被中将晁大舍左手取出，搁在书上。

杨太医诊脉需要一本书垫在晁源腕下，小说家借机再次渲染晁大舍的不

① 关于《醒世姻缘传》，参见段江丽《〈醒世姻缘传〉研究》；夏薇《〈醒世姻缘传〉研究》等。英文介绍及研究见倪豪士（William Nienhauser）主编《印地安那中国传统文学手册》（*The Indiana Companion to Traditional Chinese Literature*），第2册，第53—58页；吴燕娜（Yenna Wu）《改良的讽刺和17世纪中国小说〈醒世姻缘传〉》（*Ameliorative Satire and Seventeenth-Century Chinese Novel*）；艾梅兰（Maram Epstein）《竞争的话语》（*Competing Discourses*），第120—149页；黄卫总（Martin W. Huang）《帝制中国晚期的欲望与小说叙述》（*Desire and Fictional Narrative in Late Imperial China*），第137—175页；杜德桥（Glen Dudbridge）《书，小说与白话文化》（*Books, Tales and Vernacular Culture*），第275—302页。关于这部小说的研究概况及评述，见何谷理对达里娅·伯格（Daria Berg）的《中国的狂欢》（*Carnival in China*）的书评。

读书：要元宝箱内有，要书则难。不过丫鬟东看西看，还真看到了一本书，而且就在晁大舍枕边，叫《春宵秘戏图》——这是这段描写中出现的第一本书。接着又出现了两本书：《缙绅》和《如意君传》。这三本书中，《春宵秘戏图》为春宫画册，《缙绅》为在职官员名录（如今存万历缙绅录有《新刊真楷大字全号缙绅便览》等），[①]《如意君传》则是记载武则天与如意君淫乱之事的艳情小说。[②]

后来杨太医再次出诊，晁源意识已经比较清醒：

> 杨古月裂著嘴……一边要书看脉。那丫头仍往晁大舍枕旁取那册叶合《如意君传》。晁大舍看见，劈手夺下，说道："你往东间里另取本书来！"丫头另取了一本《万事不求人》书。垫着看了脉，说道："这病比昨日减动六七分了。今日再一帖下去，情管都好了。"

这里出现了第四本书，那就是丫鬟从东间寻来的日用类书，题目是《万事不求人》。[③]

上述情节中有着多层次的讽刺以及与书有关的内幕笑话（in-jokes）。晁源枕边的春宫图册与艳书（或曰"篾底去"），明确交待了什么样的书是晁源的最爱，也对晁源的病因病根给出了提示。至于杨太医，他把书不当读物，而只当作垫手的物件，虽然可以说坐实了人物的鲁莽不学（第二回的回目即说杨太医是"卤（鲁）莽行医"），但正是在这个人物的身上我们可以看到书文化的日常表现，看到用书人与读书人虽有不同，[④]却同

---

① 清代琉璃厂开设有十几家缙绅局，刻印《缙绅录》，见陈重远《琉璃厂史话》，第8—9页。

② 对这部小说的英文译介，见查尔斯·斯通（Charles Stone）《中国艳情小说之源》（*The Fountainhead of Chinese Erotica*）。

③ 这里讨论的情节出现在小说的第一回和第二回，见西周生著，黄肃秋校点《醒世姻缘传》，第2、第24、第27页。小川阳一《日用類書による明清小説の研究》，第43—44页；王正华《生活、知识与文化商品》第23页讨论了这些段落对明代日用类书的揭示。

④ 在这些场景中，虽各自情况不同，杨太医、丫鬟、晁源均为用书人。晁源为书籍主人，也是读书人。

为书文化的参与者与建设者：春宫图册之硬，是为了耐用，为了预设的反复翻检、触摸而设。而柔软大本的《缙绅》则反映出用书者如杨太医对《缙绅》类官场名录之厚大、或纸质之绵软（暗示用纸考究）的直观了解。《醒世姻缘传》提醒读者，物理特征是书籍归类及适用性的关键。

晁源居家所备图书，突出了几样当时可供有财力的少年子弟选择的书类。杨太医无疑觉得晁源这样的官家子弟，理应常备《缙绅》这样的方便翻检当时各地官员人名、能够显示缙绅阶层身份地位、象征着晁源的社会人格的书册。[①]想不到的是，这位少年子弟手边之书比《缙绅》猛烈得多，晁源的身份和社会认知也比《缙绅》所象征的复杂尴尬得多。晁源因丫鬟暴露了他的私家藏书"簸底去"而狼狈，但丫鬟从东间找出的上得了台面的书，也不是维护其社会阶层的《缙绅》，更不是儒学典籍，而是一部力图帮助读者——无论其出自何种社会阶层——自足自立地管理自己生活的日用类书。从前面丫鬟找书时看到什么拿什么的光景，那本《万事不求人》或许也是晁源在东间的手边随用之物。

晁源在小说中基本是一个负面人物，他缺乏缙绅阶层——其父以钻营僭取的社会阶层——应有的品质（比如喜读书、关注官场动态），其荡检败德也对他的生命和生活世界造成了损害。不过其重病牵出的他的阅读世界，还是给了我们一个直观通俗坊本之用的机会。日用类书对于晁源（及其他读者）的主要用处，就在于它们将新的知识类型、新的想象世界罗列出来，为读者在这种"新学"（葛兆光称为"新的一般知识"[②]）中提供导向。

在实用知识如书信格式、讼书指南、珠算方法、饮馔类型、文史常识、

---

① 关于《缙绅录》的作用和受人青睐，朱彭寿（1869—1950）曰："《缙绅录》一书在刊行时，第为翻检当代中外官员人名而设，一经更调，便如明日黄花矣。然阅数十年或数百年，旧时人物，凋谢无遗，后之人浏览遗编，每足为征文考献之助。故得之者辄加以题识考证，往往视如古籍，什袭珍藏焉。"朱彭寿《安乐康平室随笔》，第253页。

② 葛兆光《思想史的写法：中国思想史导论》第一节即为对"一般知识、思想与信仰世界的历史"的讨论。

宗教指导之外，晚明日用类书突出了幽默、游戏和逆文化的分量，或者说突出了幽默、游戏的人格技能。这些技能集中出现在三个门类中：谜令（称为"侑觞""酒令""谜令"等）、笑话（称为"笑谑""谈笑""笑谈""笑话"等），以及风月指南（收入《风月门》或《商旅门》）。对这些门类的强调也是此前的综合性居家类书少见的。比如据四库馆臣成书于元代的《居家必用事类全集》中，就引用元代养生著作《三元参赞延寿之书》，告诫人们勿要轻言谈笑：①

谈　笑

　　书云：谈笑以惜精气为本。多笑，则肾转腰痛。多笑，则神伤；神伤则悒悒不乐，恍惚不宁。多笑则脏伤；脏伤则脐痛，久为气损。行语令人失气；语多须住乃语。②

在同一卷中，《居家必用事类全集》也对"嘲俏"和"稽谑"行为提出了规诫。③在晚明日用类书中，笑谈嘲俏反而成为新的时尚人格自我形象的一部分，或者可以说是当时的一种社会资本。会言谈、善博戏可以使人们避免成为酸腐且不解风情的陈最良式的人物。

　　而这些笑谑门类也正是戏曲杂书中栏的主要内容。图 II–03 为《三台万用正宗》的目录，从中可以看到与戏曲杂书相重叠的门类和栏目：地名（《地舆门》中的《两京各省》）、土产名（《地舆门》中的《户粮土产》）、酒令（《侑觞门》中的《时兴酒令》等）、灯谜（《博戏门》中的《奇巧灯谜》）、风月指南（见《商旅门》）、方情密语及俏语和笑话（见《笑谑门》）等。④

　　这些类书和戏曲杂书都是市场产物，而市场条件则决定了什么是可

---

① 关于《居家必用事类全集》文本史，见酒井忠夫《明代の日用類書と庶民教育》，第 133—136 页。

② 《居家必用事类全集》，第 393 页。

③ 同上，第 393—394 页。

④ 各部日用类书中的门类大同小异，这里出现在《商旅门》中的《风月机关》在其他日用类书中多出现在《风月门》。

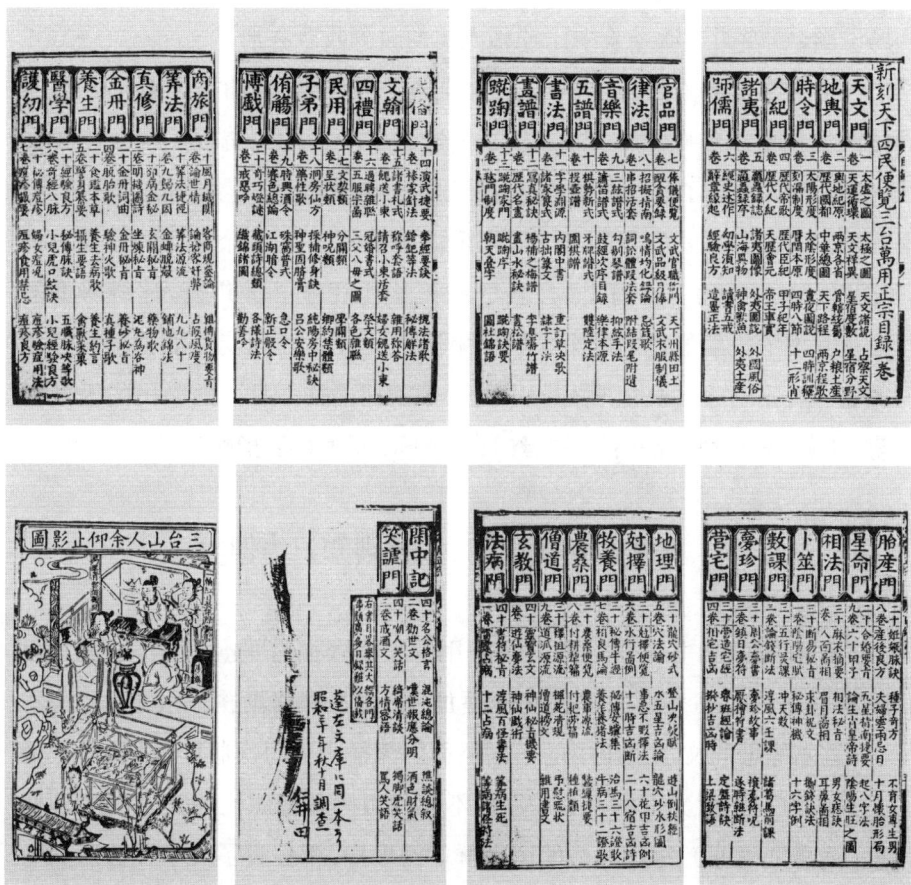

图Ⅱ-03　《三台万用正宗》目录。戏曲杂书中的诸多文类在这样的日用类书中都可见到，被分别收入《地舆门》《侑觞门》《博戏门》《商旅门》《笑谑门》等。目录之后是一张纂刊者余象斗（字仰止，别号文台）的影像，题为《三台山人余仰止影图》。图中余象斗被各种代表雅居生活的人、物所环绕——折屏、太湖石、瑞禽、火炉、香炉、童仆、佳人等。（《中国日用类书集成》）

能的和有利可图的，决定了一种重新规划人间生活、重新想象读者应如何栖居于个人与天下空间的动力。日用类书的市场成功使得一批文本获得了时代知识的合法性。戏曲杂书将其中一部分文本囊括在内，分沾了市场份额，将晚明生活经验中比较私人化的时刻收录在册。

　　将书本世界通过自己的版式和编选进行重组，戏曲杂书赶上了晚明城市文化重新钩画日常知识、重新创造日常生活的兴奋期。与日用类书一起，它们开启了一个非制度化的（即公共体制、官衙结构之外的）、有着自己的语言方式的新的个人居家生活的视界。正如余象斗的自我肖像（图Ⅱ-03左下角）流露出的，新的一天从他翻检书页开始，环绕着他的正是其书中投射的理想的个人居家生活中的人、物和活动，而他也正在创造着一种平行于《高祖晓行》中的"等闲拥出扶桑日"的庶民的云蒸霞蔚，正如图中对联所言："一轮红日展依际，万里青云指顾间。"

文本的刊播环流：以地理知识为例

　　正如戏曲杂书与日用类书所采用的文本资源有重叠一样，这两类出版物也与其他书类中的资料交互叠加，其文本网络渐次波及文学、博物学、官书等不同文本系统中的不同层面。流播中的每次版印，都使得被传文本成为真正意义上的新作：每次不同的版印环境（比如文本的物理面貌、页面呈现等）、每次具体的读者群体的聚拢，都促进了文本社会意义的更全面的实现。

　　晚明文化的一个特征是雕版印刷技术促成了文本和图像数量、种类的急剧增加。从三教经典到流行、口头、表演文学，再到离经叛道、荒诞不经的文字，乃至禁毁之书，雕印品的扩张继而构成了储量丰富的文本库，可供读者、编者尽兴取用。文本作为几乎无成本的原始材料被不同的书类传递着，在落到板上、被刷印出来、装订成册、裹入书函时不断获得其具体的象征意义和物质意义。戏曲杂书中出现的一种文本——全明地名——作为一个个案，可以让我们考察其编用的原始材料以及这些材料

图II-04 《摘锦奇音》书页。下栏为王骥德戏剧作品《男王后》中《姑嫂私就佳期》一出；上栏可见《大明一统合属》。（《善本戏曲丛刊》）

在不同出版类型中被复制变动时，不同的社会意义是如何被引动的。

在图II-02中，我们看到了页面上精彩的地理维度。这里我们集中考虑的地理文本，则是看似乏味的全明地名。它们在戏曲杂书中的具体标题如下：

汇纂京省府州县名考实（见《乐府万象新》）

新纂两京各省府州县名（见《大明天下春》）

大明一统合属两京十三省所辖（见《摘锦奇音》）

这串地名先列出两京（南京、北京）十三省名，接以府、州、县总数，然后列出所有府州县的名称（图II-04），使整个大明帝国的行政区划一览无余。^① 这份地名清单在各本几乎完全一致；^② 各本标题分别强调这是一份"新纂"材料（暗示获此可占些先机），经过"考实"（表示可靠），而且为"汇纂"所得（表明清单背后对相关材料的采录和处理过程）。

　　与此相关的文本流播形态，可见于日用类书中的第二门类——《地理门》（又称《地舆门》或《地纪门》）。《地理门》是晚明地理材料的一个库存处，以《历代国都》《舆地纪原》始，继以一幅《二十八宿分野皇明各省地舆总图》，然后展开卷内的主要内容：上栏的《两京十三省路程》，下栏的《管辖所属》（图Ⅱ–05）。在《管辖所属》中我们可以看到各府州县总数、名称、官府设置、各地供物、土产信息等。

　　《地理门》虽同样为读者提供了皇明行政地理知识，但与地名清单比起来，内容较繁。与戏曲杂书中的清单形态更接近的，是出现在图记、图经、商书、杂字书中的全明地理。除此以外，《大明一统志》中也将各地地名清晰地排列了出来（见后）。这些不同种类的图籍都在捕捉、构建着全明地名的意义生成和诠释过程。

　　图记（或图经）、商书等类书籍流行于十六世纪后半期。图记、图经是"旅行者的水陆交通手册"，其目的是"描述路程所经过的地方，比如村镇、渡口等，并提供这些地方之间的距离"。^③ 图记常常是商书的一部分，与贸易秘诀、市场指南等类文字一起出现。明代较早提到图经类书籍的是王穉登（1535—1613）的一段话："岁丙寅（1566）五月，余方有事于故相国袁公之丧。以十二日壬寅置装。余未识南行道里，既从书肆买图经载簏中。"^④ 现存较早的明代图经实例包括一本叫作《一统路程图记》

---

① 对帝国地理的关注在戏曲杂书中还表现在《时调青昆》中收录的《两京十三省土产歌》及《南北两京天下十三省文武官员衙门歌》。

② 不一致的地方包括行款、地名顺序、字形等方面，其中顺序的不同或与编者或目标读者的乡贯有关。这些不同当然也会导致不同的阅读经验，但在此我们的重点是这份清单在不同刻本书籍类型中的流传和再造。

③ 卜正民（Timothy Brook）《明清史中的地理资料·绪言》（"Introduction", *Geographical Sources of Ming-Qing History*），第3页。

④ 王穉登《客越志略》，1A。

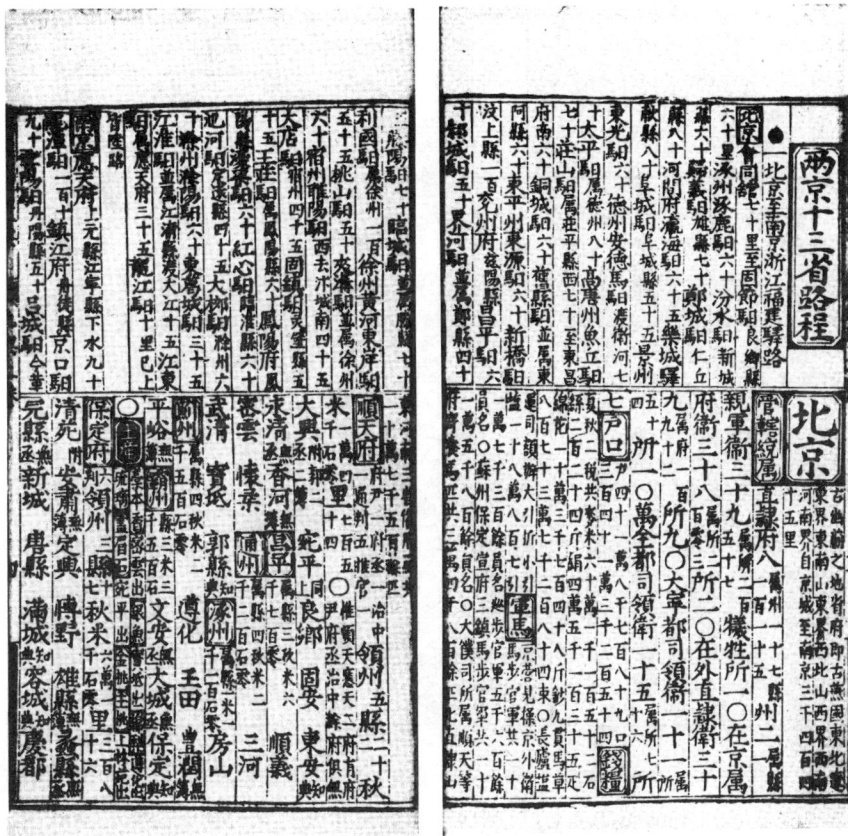

图Ⅱ-05　《三台万用正宗·地舆门》页。下栏收两京各省管辖统属、户粮土产等。（《中国日用类书集成》）

（1570）的书，[①] 现存商书的一个典型例子则为《士商类要》（1626）。这些书中的具体情形，我们可以从《新刻京本华夷风物商程一览》中得到一个基本的了解（图Ⅱ-06）。这本书标明为江西新喻陶承庆增辑，建阳书林刘大易（即刘龙田）绣梓，采用两节版，下栏为一百多条水、陆路程，上栏的内容包括：

　　　　两京十三省府州县名及土产；四夷土产；附各省王府及禄米具

_____

① 　参见陈学文《明清时期商业书及商人书之研究》；卜正民《明清史中的地理资料》（英）；杨正泰校注《天下水陆路程，天下路程图引，客商一览醒迷》。

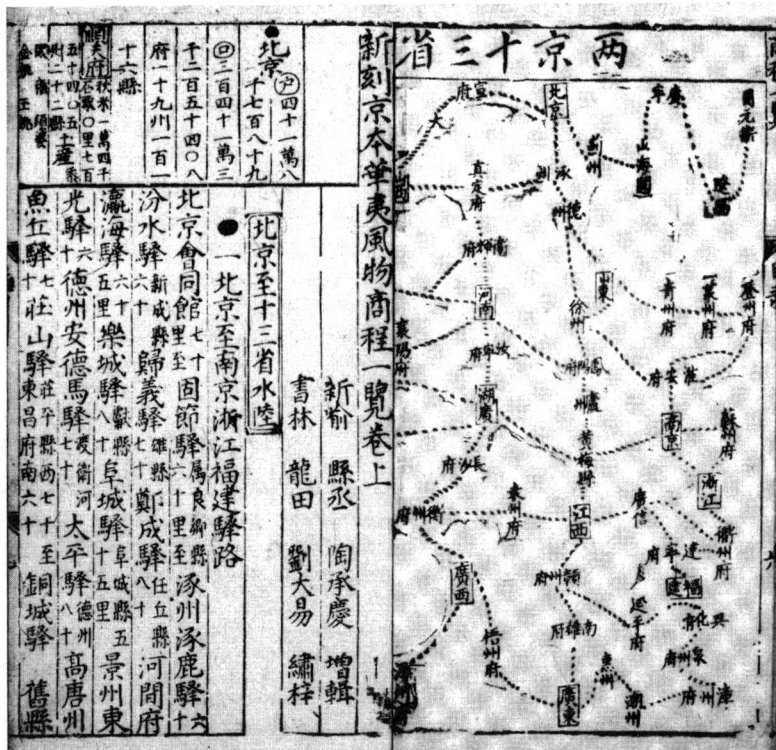

图 Ⅱ-06《商程一览》书页。下栏收水陆路程，上栏收《两京十三省府州县名及土产》等。见卜正民（Timothy Brook）《明清史中的地理资料》（*Geographical Sources of Ming-Qing History*）

备；天下吏员月支俸米；文官服色；武官服色；文官月俸；历代国都；历代歌；大明清海甸；南京城门歌；北京城门歌[1]其中第一项即与戏曲杂书中所录相类。

晚明图籍对自然与人文地理的投注，还进一步体现在这些知识在杂字书中的出现。我们的例子是一本叫作《新锲鳌头备用杂字元龟》的书（图 Ⅱ-07，简称《杂字元龟》）。[2]杂字书汇集各类字词，是将识字教育与实用知识结合在一起的民间蒙书，其内容依不同人群需要和市场变化

---

[1] 陈学文《明清时期商业书及商人书之研究》，第 242 页。

[2] 此书为残本，编辑、刻印者不详。对此书的介绍，见来新夏、高维国编校《杂字》。

不断变更，在满足综合性识字需要之外，还常收录一些专业术语（比如图 II–07 中与食物有关的专有名词）。这些书籍多在非精英阶层读者群中流行，故而官方编辑颁行的书志、书目上少有记录。[①] 这本《杂字元龟》于 1594 年刊刻，采用两节版。下栏为杂字正文，将字词依类组合列出，共 9，000 多字，20 类，诸如"饮食""谷类""布帛""颜色"等。上栏亦将相关信息分类列出，包括"天文门""地理门""人事门""出行吉日""裁衣吉日"等，从分类上来说明显与日用类书相通，但不同的是，杂字书中收的是日用字词，而非类书中的篇章文字。

《杂字元龟·地理门》中有子目"两京十三省郡邑"，即为明代地名清单。全国地名作为帝国常识的存在，对识字、半识字（半文盲）阶层的读者也尤为重要，因为这些常识不仅为处理日常交际问题所需，也是个人社会地位向上流动的推助力。同时，半识字阶层的读者（田夫、妇孺、儿童、手工业者等）也成为晚明书籍消费图景中的独特力量，如《醒世姻缘传》中的晁源，就可以算作是刚脱盲的水平。与之相配合，新出版物中的插图分量、画册种类不断增加，上口易记的歌诀类文字也被不断增入。

全明地名在上述各类书籍中的出现，及其对不同阶层的吸引，都为戏曲杂书对其进行收录提供了市场逻辑。全明地名成为知识与身份的链接中的重要一环。

至此我们讨论的都是通俗坊本，所反映的也只是相关地理知识社会意义的一部分。此类信息的流传区域自然不只于坊本，官修政典如《大明一统志》《大明会典》对帝国地理信息的整理、考实更是起到了决定性作用。作为帝国文献，这两部巨制官典由皇帝颁旨，于十四、十五世纪编纂，又在后世皇帝的主持下，几经更新、重版。"职方图籍，为有国之常

---

① 李国庆《杂字研究》。另参见罗友枝（Evelyn Rawski）《清朝的教育与识字》（*Education and Popular Literacy in Ch'ing China*），第 128—139 页；来新夏、高维国编校《杂字》；吴蕙芳《明清以来民间生活知识的建构与传递》中对明清字书有介绍分析。

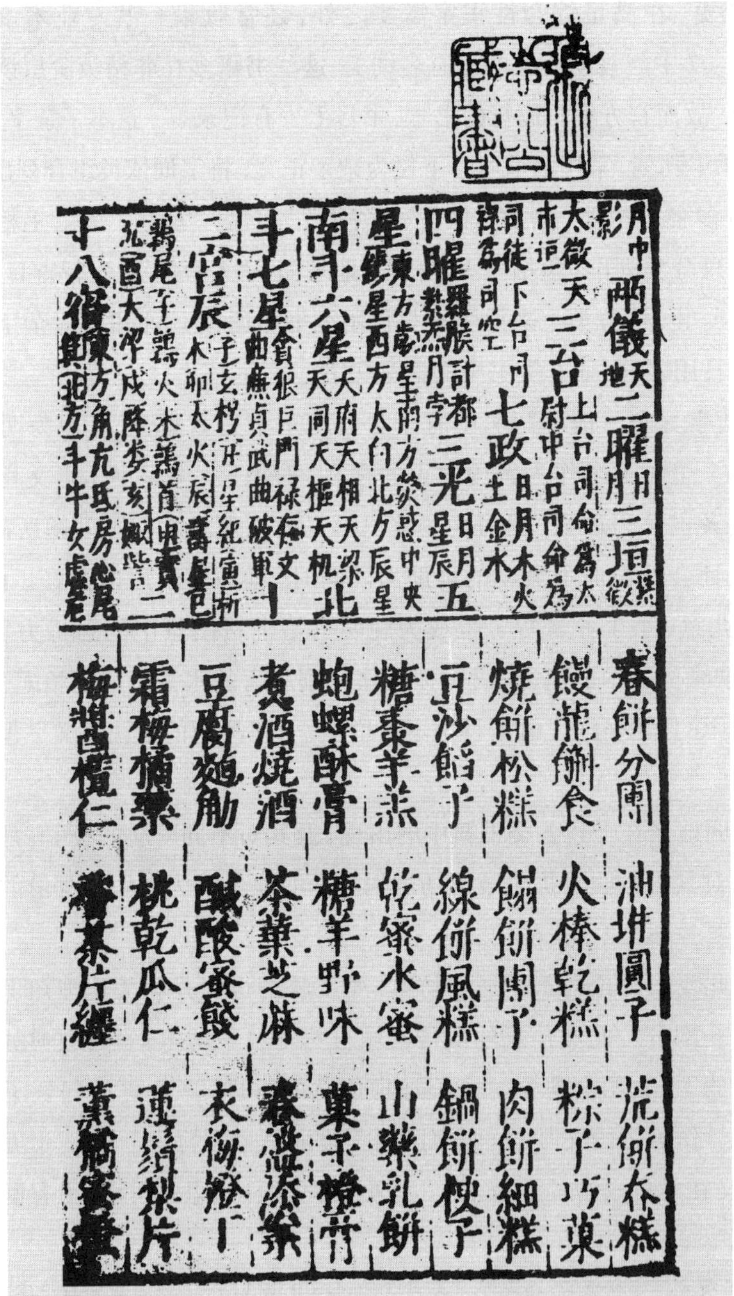

图II-07 《杂字元龟》书页（局部）。《杂字元龟》为残本，此为存本第一页。图中可见上栏收"天文"类词语及释义，以及"张志公藏书"印。（来新夏主编，高维国编校《杂字》）

经"，①《大明一统志》作为明代地理总志，内录各地地理变革、人口、土产、交通状况，等等。洪武朝（1368—1398）时朱元璋即命编天下地理为《大明志》，但其书不传而不得其详。永乐朝时（1403—1424）朱棣采天下郡县图经，再命儒臣纂辑，"亦未及成而中辍"。直至英宗天顺年间（1457—1464），终于在1461年书成奏进，由英宗赐名《大明一统志》，以御制序文冠其首，锓版颁行。②《大明会典》也同样经历了几朝皇帝和儒臣的纂修，创修于弘治朝，续修、刻印于正德朝，嘉靖朝再修，进呈未刊，万历朝重修、重刊，其中即保留了三篇御制序，分别作于1502年（弘治朝）、1509年（正德朝）及1587年（万历朝）。③《会典》的第十五卷与第十六卷，在《州县》的标题下，综括了王朝行政地理。

《大明一统志》和《大明会典》作为职方图籍，为天下总典，成为王朝意识形态运行的有力工具。景帝当政时，地理总志曰《寰宇通志》者已修成，即将颁示中外。然英宗复辟，遂遭毁版。英帝"恶其书成于景帝"，命臣工重修，乃成《大明一统志》。④ 可见修书为帝统之大业。而在帝国意识形态的运作中，对国之常典的阅读、对相关知识的掌握则成为将王朝辉煌与先皇功业内化、纪念碑化的过程。英宗御制序曰：

> 朕于万机之暇，试览阅之，则海宇之广，古今之迹，了然尽在胸中矣。既藏之秘府，复命工锓梓以传。呜呼！是书之传也，不独使我子孙世世相承者知祖宗创业之功，广大如是，思所以保守之惟谨。而凡天下之士，亦因得以考本古今故实，增其闻见，广其知识，有所感发兴起，出为世用，以辅成雍熙泰和之治，相与维持我国家统一之盛于无穷，虽与天地同其长久可也。于是乎序。⑤

上引御制序铺陈出一套阅读及其应用规范：皇家子弟应"知祖宗开创之

---

① 永瑢等《四库全书总目》，第597页。
② 永瑢等《四库全书总目》，第596—597页。
③ ［明］朱国祯撰，王根林校点《涌幢小品》，第28—29页。
④ 付贵久《浅谈〈大明一统志〉》，见《津门读史杂记》，第147—151页。
⑤ 《大明一统志》，［清］积秀堂据明代万寿堂版修版印行本。

功"(《皇明诗选·太祖晓行》也能起到这种宣传作用),"思所以保守之惟谨";天下之士,则应据此"广其知识"并"出为世用",从而"维持我国家统一之盛于无穷"。天子本人则化身为楷模读者,通过"览阅"——对文字内容的阅读与对书的总体情形的览视——将纸上笔墨传输为胸中世界:"海宇之广,古今之迹,了然尽在胸中矣。"地理阅读将读者固定在一个地方(并指书中特定的一处及地理文本所涉及的具体地点)、一个理解的局部瞬间,览视则将这个地方和瞬间投射到(在阅读中延展开的)文献与帝国的整体世界中。

对这些王朝巨典,朝廷与地方官府均以各种方式宣传推广。比如在1467年,朝廷褒奖大臣柯潜(1423—1473,景泰二年状元)时,即颁赐一套《大明一统志》。① 文坛领袖李东阳(1447—1516)文集中也记录了一道有关的顺天府乡试题目:

> 问:国家开科策士,必首举圣制为问,而经史时务次焉,尊时制也。在我太祖高皇帝时,则有《大诰》三编。太祖文皇帝时,则有《为善阴骘》《孝顺事实》《性理大全书》。② 宣宗章皇帝时,则有《五伦书》。英宗睿皇帝时,则有《大明一统志》。及我皇上嗣位以来,则有《续资治通鉴纲目》。或躬御翰墨,次第成编;或分管纂修,手赐裁定。顾其首简,必亲制序文,或继志补作,以著述作大意。天下臣民,家传人诵,佩服而体行者,盖已久矣。王言之博大,篇帙之浩瀚,固不可以一二指,亦不可以顷刻陈也。请问:诸书述作之大意何居?见诸序文者何说?仰窥伏读之余,有得于心而愿体诸身者何事?夫不知其意而徒习其辞者,虽多无益;不体诸身而徒得其意者,虽精亦且无用。皆非所望于诸士子者。盍敬陈之。③

这道试题讲出了一段明代书史。它首先列出了开国以来几位皇帝亲自主持的重大典籍项目,从朱元璋的《大诰》开始,到宪宗朱见深成化年间命

---

① 《少詹事柯公传》,见《明名臣琬琰续录》,第418—421页。

② 此处"太祖文皇帝"应为"太宗文皇帝"。

③ 李东阳《怀麓堂集》卷三八。

商辂（1414—1486）撰写的《续资治通鉴纲目》（乃赓续朱熹的《资治通鉴纲目》）。这里列出的各朝敕修书史，让我们看到皇帝们在明代刻书大业中的作用，以及他们特别的制书者和读者身份。[①]

《大明一统志》的重要，在此表现为它是科举应试者的必读书，更是士子须牢记的皇帝圣德的体现。试题的中心议题是阅读，强调阅读须在一套既定意识之内进行，或者说，这里考的是逐权路上的士子们的阅读体会是否有裨朝纲。题目点明了御制序文的指向作用，士子们必须表现出他们对御制序文的记诵和要点把握，并进而论述他们将如何把这些要点融入自己的个体存在。科举制度无疑是对文献阐释与传播进行控制和巩固的重要机构性渠道，其最终诉求，是使王朝意识形态完全融入个体的身份感中，用试题中的话说，就是"体诸身"。

地理知识是王朝意识建设的一部分，就此我们再来看一下《大明会典》。《大明会典》孝宗御制序文强调，纂修典制是"雍熙泰和"的关键：

　　我圣祖神宗，百有余年之典制，斟酌古今，足法万世者，会粹无遗矣。特命工锓梓，以颁示中外，俾自是而世守之，不迁于异说，不急于近利，由朝廷以及天下，诸凡举措，无巨细精粗，咸当乎理而得其宜。积之既深，持之既久，则我国家博厚高明之业，雍熙泰和之治，可以并唐虞，轶三代，而垂之无穷，必将有赖于是焉。遂书以为序。[②]

孝宗在此强调，对皇朝典制正确全面的锓梓颁行，是对抗"异说"和急功近利、永保"博厚高明之业，雍熙泰和之治"所必须固守的。而《大明会典》中的《州县》卷（图 II-08），作为权威材料，也成为包括坊本在内的其他雕印本最可靠的地理知识依据之一。中央政权对权威性的帝国地理建置的修纂推行，对明人的家国意识影响深远（其中地方志的大量编撰即为这种家国意识的一个表现）。赐书也是推行家国意识的一个环节，

---

① 明代朝廷权斗亦陷入刻书、读书事端，详见樊树志《晚明史》，第520—534页。
② 《大明会典》，第2—3页。

下面是儒臣、藏书家邵宝（1460—1527，乡试出李东阳之门）的一首七律诗，记赐书情形：

赐《大明会典》

缃函新捧出天衢，

十载文光照石渠。

唐作一经徒诧语，

周遗六典始成书。

圣神功化三才里，

今昔经纶万卷余。

遐想先皇初诏日，

洞观千古欲何如。①

　　欣悦之情跃然纸上。没有御赐殊荣的读者，则可以在书肆中买到《大明会典》。祁彪佳在日记中说："十五日雪晴。至庙市，逢王觉斯，于书肆买《会典》及李念溏、邹匪石诸公疏十数种。"② 从朝廷到地方、再到商业书市对御敕典籍的传播，无形中为相关坊本的印行提供了动力和阅读资源。

　　当地理知识从国家典制传移到通俗坊本中时，编写缘由和相关知识的接受亦会发生或隐或现的转变。上述《大明会典》中的弘治御制序文已经对"异说"提出了警告，下面的万历御制序文更明确指出了文本与知识的非正统传播的危害：

　　　　逮我世宗皇帝入承天序，时历四纪，而因革损益，代有异同，乃
　　　复下诏重修……载在秘府，未及颁行。盖至于今，又三十八年矣。
　　　岁历绵远，条例益繁。好事者喜纷更，建议者昧体要。甚则弄智舞
　　　文，奇请他比。自明习者，莫知所从。小吏浅闻，何有究宣？朕甚
　　　闵焉……乃命儒臣，重加修辑。芟繁正伪，益以见行事例而折衷
　　　之……③

---

① 俞宪《盛明百家诗》，第 672 页。

② 祁彪佳《祁忠敏公日记·涉北程言》，12A。

③ 《大明会典》，第 6—7 页。

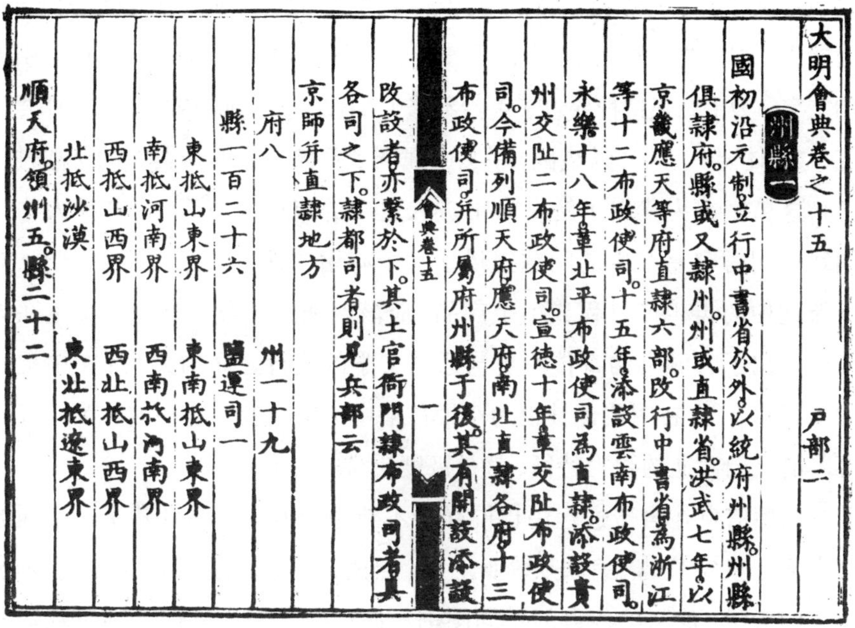

大明會典卷之十五　戶部二
州縣一

國初沿元制立行中書省於外以統府州縣。州
俱隸府。縣或又隸州。州或直隸省。洪武七年以
京畿應天等府直隸六部。改行中書省為浙江
等十二布政司。十五年添設雲南布政使司。
永樂十八年革北平布政使司為直隸。添設貴
州交阯二布政使司。宣德十年革交阯布政使
司。今備列順天府應天府南北直隸各府十三
布政使司并所屬府州縣于後。其有開設添設
〈會典卷十五〉　一
改設者亦繁於下。其土官衙門隸布政司者具
各司之下。隸都司者則見兵部云。
京師并直隸地方
府八　州一十九　鹽運司一
縣一百二十六
順天府領州五。縣二十二
東抵山東界　東南抵山東界
南抵河南界　西南抵河南界
西抵山西界　西止抵山西界
止抵沙漠　東止抵遼東界

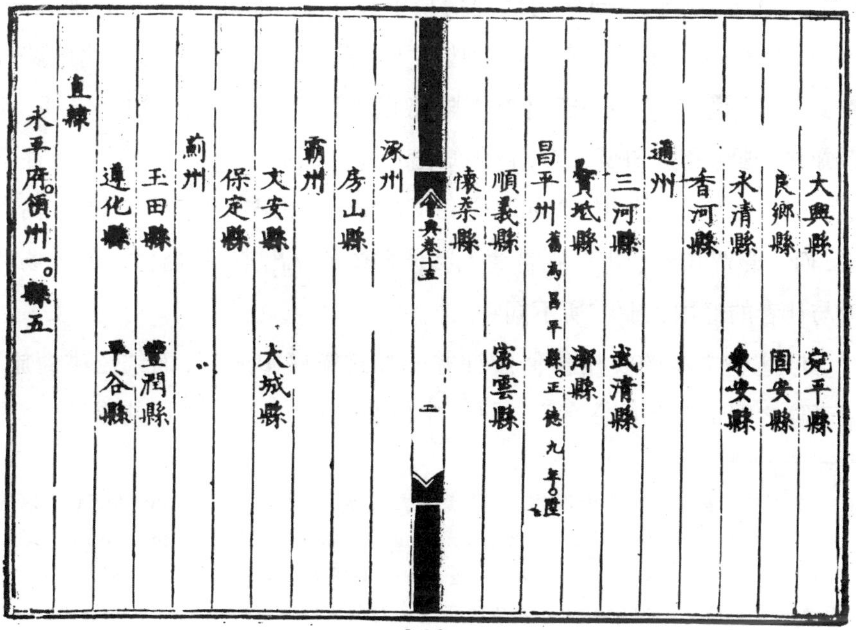

〈會典卷十五〉　二
懷柔縣
順義縣
昌平州　舊為昌平縣正德九年陞
貴州縣　漷縣
三河縣　武清縣
通州
香河縣
永清縣　東安縣
良鄉縣　固安縣
大興縣　宛平縣

涿州
房山縣
霸州　大城縣
文安縣
保定縣
薊州
玉田縣　豐潤縣
遵化縣　平谷縣
直隸
永平府領州一。縣五

图Ⅱ-08　《大明会典》卷十五，万历本。图中可见京师并直隶地方的府州县名信息。万历十五年（1587）司礼监刊本，台北：东南书报社影印

这段序文指出了官颁典籍被误用、讹传的危害，批评了那些滥用其知识与智力的人，并以"舞文"二字点出弄智者的手段：编写似是而非却很能吸引人的文字。为了纠正这种导致了吏治不修（"小吏浅闻，何有究宣？"）、体要不究（"昧体要"）的文献错乱，序文中强调了重修《大明会典》的必要性。

这篇序文为我们了解官颁书进入更广的流通领域后、为各种人物与图籍所用时容易产生的问题提供了一个有用的视角。序文明确指出，对于流通中的再生产过程或衍生产品，应该严加正伪及芟除。序文也在无意中点出了官颁书的奇传纷更与通俗文学的流行之间的关系：文中提到的"好事者"，在明代也被视为小说传播中的推助者。这些被称为"好事者"的人们共通的智力特征，就是极度泛滥的好奇心。[1]

地理信息在再造过程中也同样会不断地变形。造书者基于对不同的读者群（皇室贵胄、官员、举业士子、庶民、工商业者、以及半识字阶层等）的考量，裁制出各自的不同图书。而这些代表不同社会领域及其利益的阅读大众，也在同样的地理信息中投注了不同的文化与心理意义。比如，1635 年版的《客商一览醒迷天下水陆路程》中有《合刻水陆路程叙》一篇，说道："……于是有水陆路程之设，使天下仕者知立于朝，耕者知耕于野，商贾知藏于市，行旅知出于途，自西自东，自南自北，无往不适。"[2] 其中"仕者知立于朝"应和了帝国意识形态中地理建制的政治意义，而"商贾知藏于市"则将商人阅读群体独立出来，指出他们的市场考量与仕者的经国大业有所不同。

但这些文本的实用价值或许并非如这篇序中所言，而"仕耕商旅"读者群之间也自有重叠交差。何义壮（Martin Heijdra）在评估图经、商书

---

① 关于"好事者"作为小说作者、读者的文化标签，见马兰安（Anne Mclaren）《建构中国晚明新的阅读公众》（"Constructing New Reading Publics in Late Ming China"），第 163—167 页。在晚明文化世界中，"好事者"常与"鉴赏家"对举，见文震亨的《长物志》、谢肇淛的《五杂组》、沈德符的《万历野获编》等。对这一话语形式的讨论，参见柯律格《长物》（英），第 86—87 页；王正华《生活、知识与文化商品》，第 37-38 页。下文讨论的王骥德的《论曲亨屯》中也用了"好事者"一词。

② 杨正泰校注《天下水陆路程，天下路程图引，客商一览醒迷》，第 266 页。

与明代交通及经济活动的实际联系时指出："我们不能认为这个书类完全
或只有商业渊源；它们的很多信息也并非是最新的、实用的、或重要的"，
并进而观察说："（我们再次看到）又一种资料，初看很有希望给我们提
供进入早期现代中国经济史的门径，结果却让人失望，充满了剪贴的刻
板旧文。"[①] 尽管何义壮的角度与清代四库馆臣不同，但他同样指出了明
书为后者所诟病之处，那就是各书中材料错见，且在剪贴式借用中缺少甄
别，只图便利。事实上，《四库全书总目》对《大明一统志》这样的官颁
书亦不乏针砭，称其"舛讹抵牾，疏谬尤甚"。[②]

　　这种剪贴式流传模式中的书籍，在作为实用信息（或真或伪）的价
值之外，从更基本的层面来说，它们在当时是作为一种商品和物品在流通
的。书业的发达重塑了人们对各阶层人士应读、应购书籍的社会期待，地
理文本恰恰成为能够标榜其拥有者为入流的、有眼界的人的一种文本形
态。明朝疆域——不管是叫作"天下""南北"或"海内"——不只是由
地理讲述的固定物理存在，更是一个有生产力量的社会空间，激发了晚明
读者对阅读、购买各种相关文本的自觉。新的文本意义的产生与同类文
本的不断刊行之间相互作用，不断改变着明代的文化生态。

　　故而从文本流通这个更广的角度来看，戏曲杂书对本朝地名的囊括，
不仅仅列出了一些看似刻板的信息，也开拓了一个阅读维度和眼界。通
过这个维度，书中各种空间和地点得以在读者面前共格（coherent）展
开。与图 II-02 相似，图 II-09 中也展示出了多个空间和地貌标志，来将
读者置于与王朝地理以及另类文化空间的动态关系之中。

　　图 II-09 是戏曲杂书《词林一枝》的首页，上面标明了书中各种内容
的地理渊源。比如页面上显示这是一本"京板"书，标志着此书拥有文
化思想领域最权威、最都市化的地方的"牌照"；地名"青阳"将曲选与
当时独领风骚的地方声腔联系起来；而地名"古临"作为两位编纂者的

---

① 何义壮《明清史中的地理资料》（*Geographical Sources of Ming-Qing History* ）书
　评，第 68 页。
② 永瑢等《四库全书总目》卷六八。

乡贯,既表明他们来自戏曲活动中心江西,也点明他们是当时大戏剧家汤显祖的同乡。中栏的歌曲为"新增楚歌"。楚地作为政治抵抗(比如屈原传说)或另类文化传统(比如巫文化)的中心地由来已久,无论是遭放逐的屈原的《离骚》之怨,还是出现在霸王项羽(前232—前202)悲剧中的乌江边上的乡谣,都给楚地历史烙上了深深的将诗歌与政治反抗结合在一起的印记。此外,这张页面上还显示,总其事的刊刻者是叶志元,所在地为"闽建书林"——总汇来自不同地方刻书资源的明代坊刻中心。种种地理标识前后钩锁,为读者的空间想象提供了路标。

晚明雕版印刷业既反映也促进了对地理知识的生产和需求。对地理元素的呈现,使得戏曲杂书通过引述一个为读者了解、认同且有吸引力的维度,为它们所标榜的"时尚"提供了实在的空间支撑,而这种充实的空间感是单纯的曲选无法相比的。概括来说,戏曲杂书既为读者经验提供了一个展现帝国气象的"天下"框架,也将读者与其他方式的空间感知(比如地方知识、区域文化传统)和身份认同更强烈地联系起来。

私人赏剧:封面设计中的意义编码

罗杰·夏蒂埃认为:"书总在力图建立一种秩序,不管是使书得以破解的秩序,或是使书变得可懂的秩序,或是能够对书籍行使命令、或颁发许可的权威所要的秩序。"[1] 戏曲杂书对当时刻印潮流、文本流传模式的开放式吸纳,不免给人支离破碎的印象,那么这些书在建立怎样的秩序?预设了怎样的阅读模式?这些问题涉及书的秩序(无论多么固化或可变)与解释的开放性之间的辨证关系。前一章中谈到的《皇明诗选》,展示出在编辑、选撰的技术过程中,文本的秩序被唤醒、被戏讽的过程。就戏曲杂书来说,其制作者也以自己的方式展示出了一个他们的书册所指向的社会图景。

---

[1] 夏蒂埃《书的秩序》(英),第 viii 页。

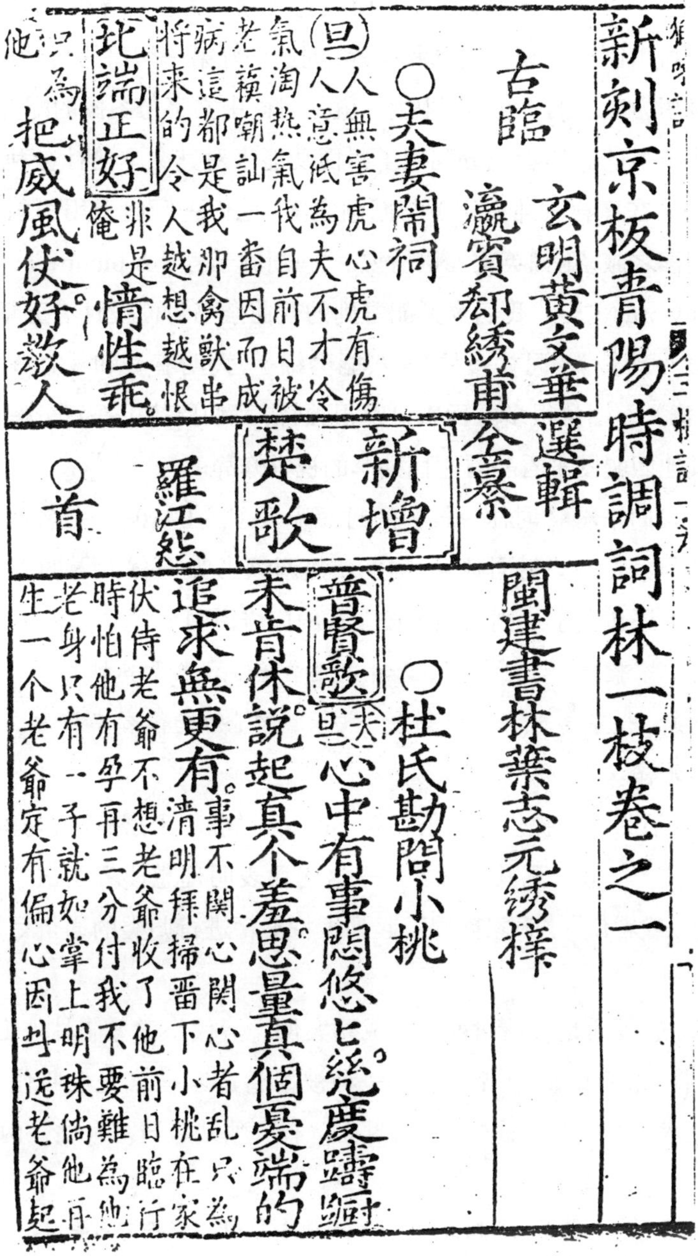

新刻京板青陽時調詞林一枝卷之一

玄明黄文華選輯

閩建書林葉志元綉梓

古臨　瀛賓卻綉甫　全繁

○夫妻開祠

（旦）人無害虎心虎有傷人意祗為夫不才被老蕁嘲訕一番因而成病這都是我卽禽獸串將來的令人越想越恨

吐端正好　俺非是惜性乖

他只為把威風伏好歎人

新增　楚歌

○首　羅江怨

普賢歌（旦）心中有事悶悠悠經度躊躇未肯休說起真個羞思量真個憂端的

○杜氏勘問小桃

追求無更有清明拜掃畨下小桃在家為事不關心關心者乱只為他前日臨行不要難為他伏侍老爺不想老爺收了他時怕他有孕再三分付我如掌上明珠偷他丹

生老身只有一个老爺定有偏心因此送老爺起

图Ⅱ-09　《词林一枝》首页。（《善本戏曲丛刊》）

封面（包括内封或称扉页①）的设计成为对这个图景的有效表述。晚明被誉为中国版画的黄金时代，封面或卷首图（为叙述方便，合称扉画）设计成为坊本制作者吸引买家和读者、创造良好第一印象的巧妙渠道，其中造书者用力颇多的一个设计因素，就是封面中文字与图像的配合。

戏曲杂书的制作者充分利用了封面功能来对其文本的社会利用价值进行编码。在序言（纯文字）与图画之间，他们更倾向于用图画来开启读者的阅读之旅，正如英文谚语所说："一图胜千言（A picture is worth a thousand words）。"② 我们今天能看到的戏曲杂书封面设计有五幅，分别来自《玉谷新簧》《词林一枝》《八能奏锦》《大明春》和《时调青昆》。《玉谷新簧》一图从很多方面来讲都很独特，我们留待下一章分解。这里我们从其他四幅图来看一看它们共享的视觉修辞。

首先我们来看《词林一枝》的封面扉页（图Ⅱ-10）。书名在此与书中略有不同，成为"刻词林第一枝"，强调该书为词林世界的春来第一枝。扉页上还包括了一则"编者按"式的广告说明：

> 千家摘锦，坊刻颇多，选者俱用古套，悉未见其妙耳。予特去故增新，得京传时兴新曲数折，载于篇首，知音律者幸鉴之。书林叶志元梓。

首先，这段话为我们提供了通俗目录学的又一例。"千家摘锦，坊刻颇多，选者俱用古套，悉未见其妙耳"——这句话表明理想读者明白"千家摘锦"所指，或者说，"千家摘锦"起到了将书籍进行归类的通俗目录学的作用。

其次，这段话是"站封面"的成功案例。清代小说《儒林外史》中，封面上列出编者或绣梓者名字是一种被墨卷选家马二先生叫作"站封面"的艺术。③ 据马二先生，"站封面"有"独站"与"合站"两种，后

---

① 如王古鲁《明代徽调戏曲散出辑佚》称封面扉页；周亮《明万历年间建本内封面设计特征》称内封面。

② 现存戏曲杂书中，仅有一篇序言留存下来，即《乐府玉树英》中的《乐府玉树引》。

③ 吴敬梓《儒林外史》第十三回。

海内时尚滚调

刻词林

第一枝

千家梓锦坊刻颇多选者俱用古套悉未
见其妙耳予特去故增新浔京传时兴新
曲数折载于篇首知音律者幸鉴之
書林冀志元梓

图Ⅱ-10　《词林一枝》封面扉页。（《善本戏曲丛刊》）

者在如何均衡合作者的名声、商业利益时尤为微妙。这里,叶志元成功地"站"了"封面",标榜了他在歌曲和音乐生活中的贡献。而这种曲乐生活在《词林一枝》一图中也得到了配合展现。

叶志元的广告说,《词林一枝》给读者奉上了一个机会,使读者能够成为最早感受时兴新曲的一员。封面设计中用图画忠实地翻译了这个意象。图中可见醒目的一棵树("第一枝"),另有三位士绅模样的人,以及两个僮仆,一个执扇煨火,在温酒(或烹茶);另一个执酒壶。三位士绅中的一位在对画外挥手致意,提醒读者这个小圈子为画外人注目,且位于更大的世界之中。

对浮世的广土众民以及对志同道合者之间的亲密世界的双重指涉,由页面上的"海内"二字进一步托出。选用"海内"一词(而非类似的"南北"或"天下"),牵引着读者喜爱的王勃(650—676)的千古名句:"海内存知己,天涯若比邻。"就此而言,《词林一枝》的海内知己,无外乎其读者。叶志元说"知音律者幸鉴之","知音律者"使读者听到了"知己"的代用词"知音"。而画中人正是知音生活的化身。

画中三人围坐在一个攒盒旁边,旁边亦可见另一食具"提炉",[①] 而提炉与攒盒正是倍受明代鉴赏家追捧的两种闲雅生活器具(图Ⅱ-11)。[②]

便携之物(食盒、提炉、饮具)与山游之人的画面安排,展示了人间浮世流动着的赏心悦目、物质舒雅以及知己同欢。对潜在读者来说,《词林一枝》一图传达出了一个可携带、可模仿的最新音乐、生活、知交场景,并以挥手邀请读者加入其中。

我们再看《八能奏锦》(图Ⅱ-12)。画面显示一主一仆(左边的男子擎执障扇,显为仆侍)正在欣赏八位女乐的演奏。"八能"的意思,如

---

① 关于提匣与行具,参见扬之水《一担风雅》一文。高彦颐在《闺塾师》(英)第45—47页讨论了[明]屠隆《游具雅编》中对提炉与食盒的描绘。

② 扬之水在《酒事》(收入《物色:金瓶梅读"物"记》一书)一文中提到明代仇英《清明上河图》绘有深宅大院中饮馔一幕:中间一具攒盒,四士围坐,有两个童子,一人捧酒壶,一人烹茶,与这里的"词林第一枝"图有相通之处。

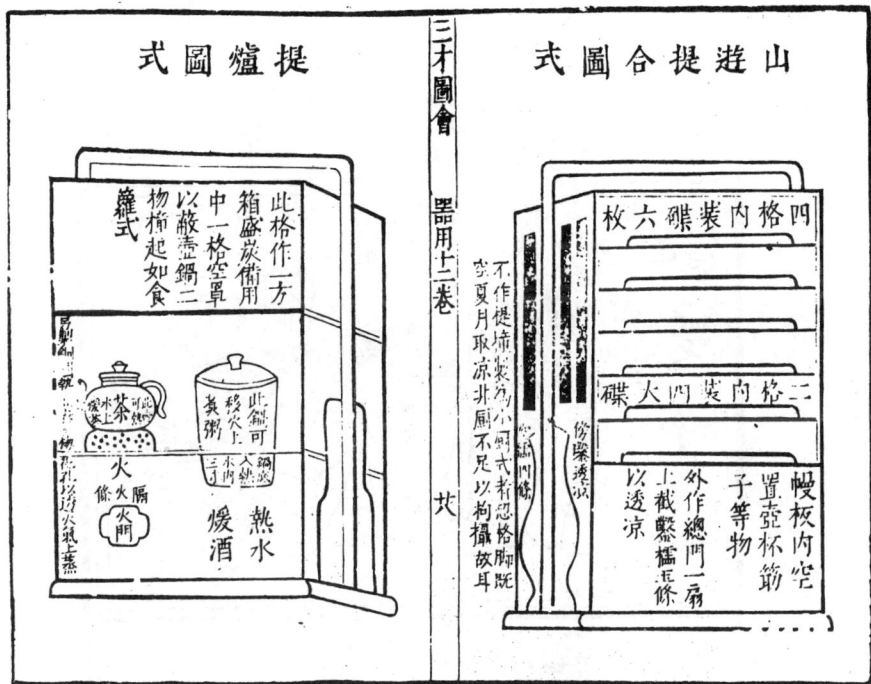

图Ⅱ-11　《三才图会》中对两件游山便用的"提"式器物的图示。右为"山游提合图式"，左为"提炉图式"。同样的图示也出现在晚明高濂的《雅尚斋尊生八笺》和屠隆的《游具雅编》中。（《续修四库全书》）

前所述，指的是"圣人作乐……必须八能之士。故八士或调阴阳，或调五行，或调盛人，或调律历，或调五音"（《太平御览》）。这幅图画将"八能"直接翻成八位女乐，是此类书中针对古典传统调侃性的白话／白画翻译的一例。女乐之外，画面对题目中的"锦"绣生活，还以围护着画中人的屏风，以及桌案上排列的盘、碗、箸、食物与酒来呼应。我们再次看到，除了人物活动外，器具摆设更是营造让人生羡的生活画面时的点睛之处。

下一例为《大明春》封面扉页图（图Ⅱ-13），为戏班应召为官员们唱戏的场景。三位站在画面正中的官员，身份明确，因为都穿着有补子的官服（补子为官服上一方绣出图案的织物，不同图案代表不同官阶）。两位女子与右下角蹲着的男子为戏班中人，其中男子手中所持的册页状物

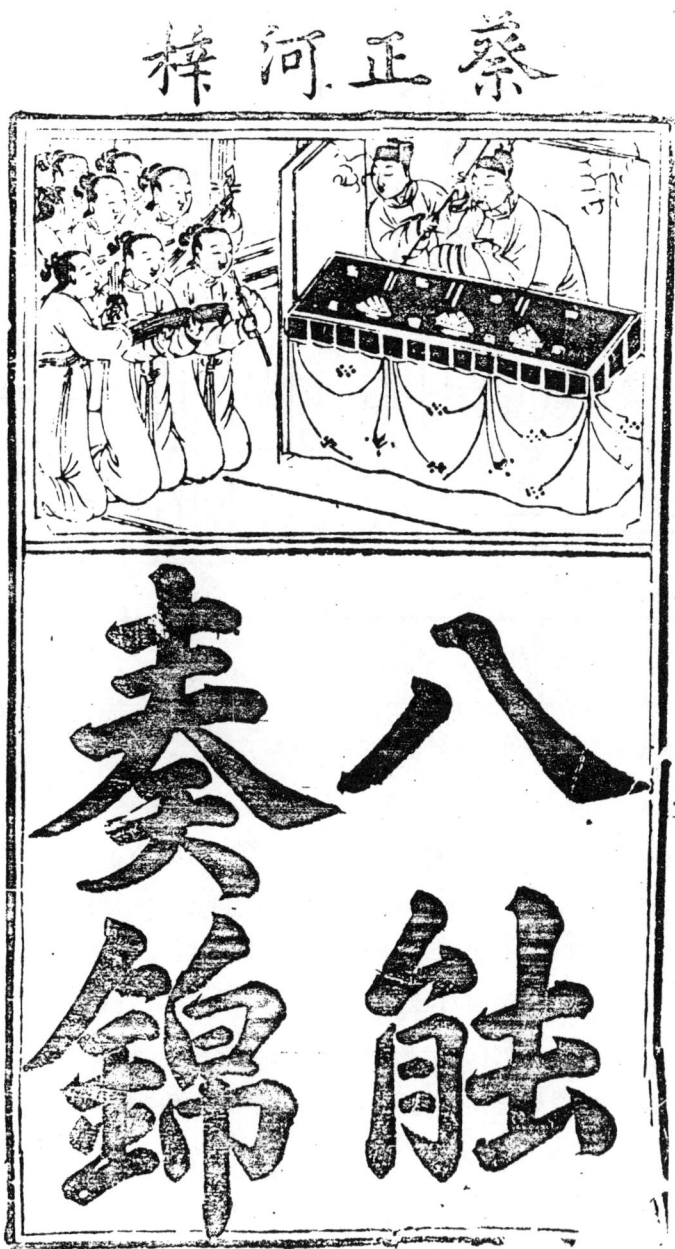

图Ⅱ-12　《八能奏锦》封面扉页。(《善本戏曲丛刊》)

品，或为戏单之类。① 页面上还特意配上一副对联来烘托这个场面："洒落千般调，清新万曲音。"

官员们正在官务之暇享受着娱乐时光或是什么庆贺活动。其中两位正在揖让——必需的社交礼仪。另一位正注目于画外不确定的一处什么——其注意力被带离了身边寒暄之声，表现出一种随性与随兴。官服和椅背上的细节，以及整体上繁复、有动感的画面，烘托出场面的华盛，应和着扉页上"新调万曲长春"的题目（"新调万曲长春"稍微变动了书内的书名）。页面四边绵连的缠花图案更是将整个场景框定为这样的一个春天，并以阳线镂刻印

图Ⅱ-13　《大明春》封面扉页。
（王古鲁《明代徽调戏曲散出辑佚》）

出的成堆的黑色条块烘托出这种缛华的气氛。从画面整体来说，视觉上的锦簇感不仅得益于人物服装上的线条与图案等细节，亦得益于作为人物背景和画面背景出现的屏风上的图画呈现。而屏风，更是物质文化品位的有效载体（图Ⅱ-14）。

接下来我们来看《时调青昆》（图Ⅱ-15）。② 页面上的题目成为"（新选时尚雅调）共听赏"；页面上部的图中可见四位男子围坐在席宴之上，一位小僮正执壶侍宴，另一男仆在折屏后探头窥视。折屏后的男仆形象

① 《金瓶梅》第四十三与第六十四回中描写到戏单，分别叫作"戏文手本"和"关目揭帖"。

② 《时调青昆》今存三种版本及其比较，见根山彻（根ヶ山徹）《〈新选南北乐府时调青昆〉版本浅说》。

图 II-14　对好生活的视觉编码：屏风。对器物及其社会文化史的绘释帮助它们成为《大明春》之类的图画中雅居的符号。

为画面增加了叙事张力，而此种情形在《金瓶梅》等世情小说中即时常出现：男仆在西门庆与其相识、妻妾、女伎之间被遣来唤去，传言递话，时而在场面正酣时打断西门庆的宴享之乐。画面中的女乐共有五位：左右各有两位奏乐，正中一位正在氍毹之上舞蹈（氍毹：毛织地毯，旧时演出时常铺在地上，代指舞台）。

我们也再次看到一架屏风，不仅为画中表演框出一个围起的亲密空间，而且为读者将整个场面包裹在一种特定的文化氛围中。屏风上的构图展示出水、石、云、月这些中国绘画中经典的月下山水元素，以之作为赴宴同侪的酒、食、妓、乐的背景。如果说《词林一枝》封面图中的三个男子的相伴，点出的是海内知己之情。那么这里女性乐舞对筵席上的男子形成的包裹之势，则围出了一班男性之间的兄弟情谊，使得整个场面更加接近西门庆的世界——《金瓶梅》的西门庆故事正是从"西门庆热结十兄弟"开始的。①

页面上大字书题"共听赏"三字，邀请所有的读者都来进入这个活色生香的世界。画面周边的圆光（或称"月光型"）围框，为读者打开视窗，增添幽探气氛——将读者投射为一个窥视者，呼应折屏后人物对筵席的探视。另一方面，圆光与月、与镜的视觉关联使得画中场景成为记忆

---

① 《新刻绣像批评金瓶梅》第一章回目为："西门庆热结十弟兄，武二郎冷遇亲哥嫂。"注：此版本与《金瓶梅词话》不同。

图Ⅱ-15　《时调青昆》封面扉页。（《善本戏曲丛刊》）

与想象之间浮动的一幕。月框外四角的花枝图案,完成了画面中的层层框架(女伎对席中人、屏风对宴乐、月框对整个场景的框架作用),影射"花好月圆"或"镜花水月",既表达了一种稍纵即逝而又使生活值得流连的美好,也隐含声色虚渺之叹。

这些版画刻画了曲乐欣赏的不同场景,但都指向一个共同的空间理解:图中所绘均非街市中的商业勾栏演出,亦非群体性的庙会社戏,而是比较私密的或宅室之内的听赏活动。[①]画中重点,是赏剧而非演剧。以屏风为典型室内物件,这些刻绘强调了社交生活中的亲密,并邀请读者加入这种生活感受。

私人演剧空间

随着商业与城镇的快速发展,晚明社会生活也在不断开启着新的风尚,私人演剧成为晚明社会风尚中的一股潮流,精英阶层更是竞相以举家班为能事。何良俊(1506—1573)《四友斋丛说》中对林小泉的记载,透露出这种演剧风尚作为社会表演的一部分,成为剧迷们闲雅人格的标志:

> 小泉有天才,敏于剖析。公余多暇日。好客。喜燕乐。每日有
> 戏子一班。在门上伺候呈应。虽无客亦然。[②]

林小泉(1472—1541,名庭㮚,字利瞻,号小泉)公余暇日对门内演剧活动的喜好是对"万曲长春"(图Ⅱ-13)的一个极佳注解,我们从中也可以看到,版画插图(特别是扉画)已成为敏捷反映社会百态的一个渠道,开风俗画刊印(如晚清吴友如画作)之先河。

戏曲杂书封面图中展示出了私人演剧中一些常见物品或建筑标志:屏风、厅堂、勾栏(见《玉谷新簧》,图Ⅲ-02)、甀甀等。不过空间构建中更重要的还是人的活动:身体如何摆放,言语如何交换,趣乐如何产生

---

① 关于剧场空间及演剧形式的演变,参见廖奔《中国古代剧场史》;王强《会馆戏台与演剧》;周华彬、朱联群主编《中国剧场史论》等。

② 何良俊《四友斋丛说》,第109页。

等，都对社会空间的特质起到决定性作用。正如造书者和读者们乐于想象的，这是一个人们能接触到燕居之福的空间。

这些版画提供了弥漫于私人演剧空间的情绪性的视觉线索，而这个空间之所以能够成立，不只赖于曲演，更得益于各种社会表演（行令、闲话、猜谜等）的支撑。书中的三节版设置，交织呈现了不同层面的表演活动。私人演剧以音乐表演重塑日常经验和生活方式。[1] 在这样一个私人性的社会空间中，人们的言谈举止自然与置身于大庭广众之时不同，为自我形象的展示提供了机缘。演员、乐人之外，观众或曰欣赏者成为真正的主角，追欢逐乐，上演并展示其生活品位。

这也是一个灵便的表演空间。在这种场合，女乐与女伎常常掌握着气氛营造的钥匙，在歌声舞姿中创造艺术或身体的诱惑。组织者亦不必为大富大贵：富贵者可举家班，或邀名家名班，游商亦可在客栈雇请歌者助兴。作为晚明生活艺术的一个方面，将剧乐纳入个人生活之中成为各阶层践行、仿效或向往的赏心乐事。[2]

在这种背景下，戏曲杂书封面图中的文化修辞就比较明显了。其中的每幅画都为读者提供了演习生活品位的机会，而读书也成为拥有这种品位的象征行为。

这些书籍将读者传输到一个特定的想象世界，一个乐赏的魅力时刻。这样的时刻在张岱《陶庵梦忆·包涵所》中这样出现：[3]

> 西湖之船有楼，实包副使涵所创为之。大小三号：头号置歌筵，储歌童；次载书画；再次佴美人。涵老声伎非侍妾比，仿石季伦、

---

[1]　顾起元（1565—1628）《客座赘语》，第 303 页；何良俊《四友斋丛说》，第 109 页。

[2]　私人演剧与其他演剧方式在晚明均有发展，而人们的剧场热情也传输在各种演剧方式之间。不过，作为一种空间实践，私人演剧在晚明成为地位、风尚、社交性的标志，是公共演剧无法替代的。关于家班研究，见张发颖《中国家乐戏班》《中国戏班史》；刘水云《明清家乐研究》等。

[3]　英文著作中的张岱研究包括菲利普·卡法拉斯（Philip A. Kafalas）《清澄的梦》（*In Limpid Dream*）；史景迁（Jonathan Spence）《前朝梦忆》（*Return to Dragon Mountain*）等。

宋子京家法，^①都令见客。常靓妆走马，婺姍勃窣，穿柳过之，以为
笑乐。明槛绮疏，曼讴其下，擫篴弹筝，声如莺试。客至则歌童演剧，
队舞鼓吹，无不绝伦。乘兴一出，住必浃旬，观者相逐，问其所止。^②

文中的包涵所（名应登，万历十四年进士）是生活艺术和技术的创制者，
引领着西湖风尚。楼船的创造改变了西湖文化，似乎直到张岱下笔时仍
为人们追捧。这项发明很实用，将船分为大小三号，每一号都是为一个特
定的功能而设："头号置歌筵，储歌童；次载书画；再次侍美人"。但这些
功能又特别地不实用，因为除了绝伦的欢娱之外别无他用。有意无意间，
这些楼船实际上将包涵所的私人欢娱变成了公众奇观："观者相逐，问其
所止。"

包涵所的笑乐之道一边满足着私人之兴，一边游走在公共空间之中，
成为世间浮动的一幕。在《包涵所》一文中，张岱接下来描述了包氏对
园林和建筑设计的改进，比如"大厅以拱斗抬梁，偷其中间四柱，队舞狮
子甚畅"。在回忆中张岱称包涵所为"穷奢极欲"，"著一毫寒俭不得，索
性繁华到底"，尽显晚明尚奢之风。在这篇短文的结尾处，张岱将包涵所
与汉武帝（前140—前87在位）故事联系起来：

西湖大家何所不有，西子有时亦贮金屋。咄咄书空，则穷措大耳。

"金屋藏娇"出自《汉武故事》，言武帝年幼时即喜欢表姐阿娇，说："若
得阿娇作妇，当作金屋贮之也。"张岱用"金屋藏娇"点明，包涵所与他
那一代人，因为如鱼得水般地游走在个人生活与公众景观相别相生的变
幻中，能够将西湖（公共景观）藏娇，贮其于金屋之内（置于私人奢欲之
内）。而以之为怪的人，则是穷酸无聊之徒。

这种私人生活与公众空间的相生相别正是包涵所家乐的出众之处。
与他人将家中声伎围于内苑不同，包涵所的家伎可以比较随意地走动，
"常靓妆走马，婺姍勃窣，穿柳过之，以为笑乐"，既吸引众人观看，亦更

---

① 石崇，字季伦，西晋时人，极豪奢；宋祁，字子京，北宋文人。
② 张岱《陶庵梦忆》卷三。

助主人之兴。对于没有资本去造楼船、养声伎的大众来说，围观包涵所的"乘兴一出"，也可以参与到时代的品位风尚中。或者说，也可以进入一种"代入"经验。戏曲杂书提供的，正是这种代入经验或曰虚拟世界。

如果说清初张岱的回忆在怀旧中重现了晚明的文化魔力的话，晚明著名戏曲家王骥德则在当时即诙谐地评点着演剧与社会品位、生活风尚的关系。他在著名的戏曲理论著作《曲律》中，有这样特别的一章：

论曲亨屯第四十：迁愚叟之志牡丹也，有荣辱籍焉。[①]夫曲曷尝不藉所遇以为幸不幸哉，遇则亨，而不遇则屯也。戏次其事，各得四十则，附志于后，以当好事者一噱。

曲之亨：华堂、青楼、名园、水亭、雪阁、画舫、花下、柳边、佳风日、清宵、皎月、娇喉、佳拍、美人歌、娈童唱、名优、姣旦、伶人解文义、艳衣装、名士集、座有丽人、佳公子、知音客、鉴赏家、诗人赋赠篇、座客能走笔度新声、闺人绣幕中听、玉卮、美酝、佳茗、好香、明烛、珠箔障、绣履点拍、倚箫、合笙、主妇不惜缠头、厮仆勤给事、精刻本、新翻艳词出。

曲之屯：赛社、酿钱、酬愿、和争、公府会、家宴、酒楼、村落、炎日、凄风、苦雨、老丑伶人、弋阳调、穷行头、演恶剧、唱猥词、沙喉、讹字、错拍、删落、闹锣鼓、伧父与席、下妓侑尊、新莤酒败喉、恶客阗座、客至犬噱、[②]酗酒人骂座、席上行酒政、将军作调笑人、三脚猫人妄讥谈、村人喝采、邻家哭声、僧道观场、村妇列座、小儿啼、场下人厮打、主人惜烛、家僮告酒竭、田父舟人作劳、沿街觅钱。[③]

在《曲之亨》中，王骥德用一系列的曲演境况投射出了演乐之福，一定程度上为本章讨论的封面图提供了文字补充。其文中词语，有些可以直接拿来作为这些图画的说明，比如《词林一枝》图，可用"柳边""佳风日""名士集""知音客""鉴赏家"等题画，而《时调青昆》图，则可贴

---

① 此指［宋］邱濬《牡丹荣辱志》。

② 一本作"大噱"。

③ 王骥德《曲律》卷四，第 490 页。

上"华堂""青楼""花下""皎月""姣旦""佳拍"等标签。[①]至于《曲之屯》,王骥德则特别点出,有凡俗实用目的性实为曲演之大不堪,比如酬愿、和争、公府会、田父舟人作劳、沿街觅钱等。对王骥德来说,真正的品位只有与同道者在远离俗务的纯粹的对声音、娇丽、风致的欣赏中才能实现。

结　语

文本的意义与其物质性(包括其形式感)密切关联。戏曲杂书之成书、传播与晚明的雕印文化及城市风尚分不开,而时人如王骥德等的论述亦影响了读者对这些书籍的理解与接受。如罗杰·夏蒂埃所论证的,在意义的生产过程中,形式起着关键作用。对封面图及三节版的使用,使戏曲杂书很容易地将戏曲、音乐表演与同样复杂的观众和读者群体的社会表演糅合在一起,来满足读者和观众对鉴赏家、对风尚知晓者身份的认同需求。这些书籍将文本的意义与(广义的)表演、与社会欲望勾合在一起。

戏曲杂书展示给读者一种华丽、愉悦、关联到"逆文化"的社会空间,而这个空间中也常常闪动着一种另类的帝国图景,以追欢逐乐为天下能事。在《玉谷新簧》中,我们看到一组小曲,叫作《时兴各地讥妓要孩儿歌》,唱的是各地男女不同的风情和特点。《大明天下春》中也包括这组小曲,并有所扩充。[②]合在一起,这组曲子以谐谑口吻勾画出了一个明王朝的情欲地理版图。下为曲子的题目,各曲均以地名入题:

> 临清姐儿,扬州姐儿,仪真姐儿,苏州姐儿,天津姐儿,萧山姐儿,钱塘姐儿,兰溪姐儿,杭州姐儿,襄阳姐儿,樊城姐儿,荆州姐儿,汴梁姐儿,云南姐儿,九江姐儿,广东姐儿,顺昌姐儿,荆州姐

---

① 王骥德与戏曲杂书制作者的曲唱观并不完全一致,比如弋阳腔,在王骥德看来即为曲之不幸。

② 《大明天下春》,第544—568页。《大明天下春》中称这些曲子为"新增协韵要儿",没有将其标注为"讥妓"之歌,然曲中男女的让人渴望、对人的撩拨则一。

儿，①湘江女儿，苏州女儿，镇江女儿，扬州女儿，临清女儿，杭州女儿，九江女儿，建昌女儿，金华女儿，桐城小伙，铜陵小伙，鄱阳小伙，徽州小伙，麻城小伙，京山小伙，沙市小伙，团风小伙，靳州小伙，漳州小伙，上清小伙，书林小伙，潭城小伙。

当王朝的府、州、县建置被扭转为男妓、女妓的地方品录时，朝廷所建立的稳固、统一的空间秩序也被融入一种版图重绘的潜流中，行政建制本身也在这种私笑中被重新界定为活色生香的地域风光。在这组小曲中读者也再次看到了"书林"，并再次刷新了对书林的印象，了解到书林小伙的魅力一定程度上来自于物—欲交换的世界中"物"的独特性："书林小伙不着惊，朝朝打扮做人情。交趾排草送一两，任你从容打个钉……"②除了刻本以外，显然交趾排草（一种外来的香草）也是书林推崇的流通物。③在这些书中的情欲版图中，书林也获得了新生。

在这些书中获得新生的主角，是书中文本的意义。前面提到图画的大批量生产冲击着晚明的视觉生活，④刻本的页面形式也成为这种视觉冲击的一部分。三节版版式中，传统的线性文本在流动中"新增"了另一空间。这种视觉上的安排以板块式阅读取代了顺承式阅读，以空间逻辑取代了时间的主导。通过文本的形式处理和组合方式，戏曲杂书编入了新的阅读体验，将页面转为雕版印刷、文本、表演文化交互作用的动态场所。这样，这些剧场之书亦创造出了一个阅读的剧场。

① 此"荆州姐儿"非衍出；这套小曲中有两首"荆州姐儿"。
② 《玉谷新簧》，第33—34页。下录全曲以见其情色语言的直白："书林小伙不着惊，朝朝打扮做人情。交趾排草送一两，任你从容打个钉。重与深，不做声，悝悝自古惜悝悝。"
③ 排草：一种香草，出自交趾，《本草纲目》有载，《金瓶梅词话》第二十八回中亦提到。
④ 关于图像在晚明的创作与复制及其社会文化蕴含，英文著作见柯律格《早期现代中国的图像与视觉性》。

第三章

歧异的诗学：雕版印刷书中的（再）生产

我本新语，而使人闻之，

若是旧句，言机熟也。

——［明］王骥德《曲律》

前文提到，清代四库馆臣以考证学为圭臬整理古今经史子集，爱用"稗贩"一词标示明代书籍编纂刊行中的一些现象，批评明人造书顺手拈来的随意和七拼八凑的风气。更具体一些，馆臣批评明书"不注出处""拼凑""割裂""稗贩旧文""旧本不存""征事不详""不举本书""不得事始""错讹""不明根据""剽辍""耳食"等。种种评价所否定的，基本上都是文章、书籍编写中对不同类型材料的随意混杂、嫁接，从而不仅使得本书无考、本事失据，而且对考求文本源流的学术规格形成了讽刺。清人对明人刻书的批评今天已经成为书史中的老生常谈，谈到明代图籍，人们现在常常会想到"明人刻书而书亡"或者"明人不知刻书"等经典名句。用调侃一点的话说，明代的书不够格，与雕印精良、校对严格的善本相对照而言，明代出恶本、俗本。

一方面，四库馆臣的评价点出了明人刻书的一种风气、明代书籍文化的一个重要层面；另一方面，从了解明人书文化本身出发，我们在讨论中不妨暂且搁置这些评价对有关明书的贬低与不屑，来考虑下面的问题：为什么这些有明显纰漏的明书印本在明代有市场、受青睐？这些书对明代读者来说，社会、文化价值何在？或者说，那些俗本、俗品甚者是劣品是如何成品的，又有着怎样的品相？其所依赖的文化环境是怎样的？从传统版本学角度来看,多多少少都有些问题的或不能登大雅之堂的本子在明代文化脉络的形成中有怎样的作用?它们与严肃经典之间有怎样的社会、市场关系?对这些问题的考虑或许能够帮助我们回溯明人的阅读世界,寻找明代这个大阅读时代的文化脉络。①

明人造书、读书、品书,有自己的一套脉络和价值系统。本章的重点,在于讨论"辗转稗贩"的实践内容和由此产生的阅读文化,具体地说,就是明代雕印文化中的复制性(生产即再生产)特点。换个角度来说,雕版印刷业一方面成就辉煌,成为强大的文化生产力,促进了文化消费;另一方面也带来了各种文化忧虑。量与质的矛盾、商业与艺术的冲突、正统之学与旁门左道之争,都因雕版印刷的快速复制、对社会生活的快速渗透而显露、加剧。本章讨论的雕印时代的复制现象,或许并非明代独有,甚至有时也并非雕印独有,但因为明代在印刷史上的历史地位,使得这些文化生产消费中的社会"症候"更加突出,在重塑明人的心理和感官世界中的作用也更鲜明。

单纯版刻技术复制(一版可印大量印本)之外,许多刻本明书都表现出强烈的复制中的异变现象(variation)(本章因循翻译习惯,下文偶尔用"异文"代替"复制中的异变现象"),甚至可以说复制异变是这些书籍能够创造出自己的风格与品位的关键所在。②从这些书籍本身的生产、流通形态来看,与其说它们对文本权威的懈怠是一种缺陷,不如说在这些书中,文本权威不再只是被单纯地复制,而是"进场活动",成为文

---

① 笔者这里称明代为大阅读时代,不单指明刻本数量和品种上的增加,而旨在强调当时读者群的增加,人们日常感官世界、知识结构因阅读物的改变,个人阅读与主流阅读之间空间的拓展,以及刻书业不单以精本善本为能事、不必以恒久为目的的多元化存在。

② B. 切尔圭尼亚(Bernard Cerquiglini)笔下的欧洲中古经卷的写抄文化与明书的世界,从许多方面来讲都距离遥远。但 B. 切尔圭尼亚下面这句常被引用的提法仍值得在此提出以作为参考:"中古经卷非包含异文(Variante),中古经卷乃是异文。"见 B. 切尔圭尼亚《异文颂》(*Eloge de la Variante*),第 111 页。夏德安近期对中国中古时期写本文化的研究也表明,在文本写作、传抄中,复制中的异变是相关文献得以契合读者日用生活中真实或想象的需要、获得社会意义的关键。见夏德安《知识的文本形式》("The Textual Form of Knowledge")。

本获取意义的过程中的活性成分。[①] 在诸多文体、文化环境中，复制异变成为极具生产力的，甚至常常是自觉的创新手法。在这一机制中，讹误与创新、引用与戏仿之间的界限往往被有效地模糊了。

如前所述，明代书籍文化中最为清人所诟病的，是那些对考据学正本清源的学术冲动造成妨碍，甚至使之无用武之地的方面。那么对这些方面进行考虑的时候，我们就不能仅仅执著于书录考据常用的、重纵向传承的对文本"谱系"的努力重建，而需进一步关注文本之间纵横交错的"组群"——由互借、互异的缠结而促成的文本、图画和书籍的群体。对这些组群的重构或许无助于衡量哪一个本子更地道或更有权威性，却能为进一步了解这些书籍在当时的生命简史提供一些线索。总之，四库馆臣"辗转稗贩"一词虽是轻蔑之语，却点出了明代编者和书坊主实践活动中的一个重要机关。"辗转稗贩"现象虽使得对文本权威的追溯缺少立足之地，但从本章的几组例子中我们可以看出，"辗转稗贩"的运作机制在意义、奇物（奇书、奇画等）、阅读热情的制造中远非毫无用处。

如果用晚明曲家王骥德的话来说就是：新旧之间有一种创造性的辩证关系。王骥德曰："我本新语，而使人闻之，若是旧句，言机熟也。"意思是旧句能在新语中被唤醒。[②] 对王骥德来说，"机熟"是新语生成的重要因素，使得新语植根于习成的阅读默契之中，实时带给读者"似曾相识"的审美体验。这个创新模式的关键一步，是将由旧有材料积累的感觉力传移到新作中，使得新作显得熟悉、不突兀。这种熟悉感，对王骥德来说，正是曲词创作中的佳境。把王骥德的"机熟"应用到我们对晚明雕版印刷复制力的讨论，意味着要关注书籍之间所分享的共同库存中由跨越各种类型、体裁、格调的文本、图画和书籍所构成的相互指涉的网络，并试图领略具体的每一部书是如何利用这些网络中的交叉回响来抓住自

---

① 文本权威，指文本作为见证作者意图的可靠性。

② 王骥德《曲律》卷二，第457页。陈多、叶长海《王骥德曲律》（第124页）释曰："'机'有事物变化的根据、迹象、征兆之意。这里的'机熟'，当指在'新语''旧句'之间变化巧妙，有如'机变随物移，精妙贯未然'（傅玄《钓竿》）。"

己的"机熟"时刻的。

在讨论明代书文化及其复制异变（或者说"辗转稗贩"）的能动现象时，有一个特别的方面，那就是（文字）文本与插图之间的关系。明代版画插图造就了中国传统版画的黄金时代，也成为长期以来学者们关注的焦点。[①]本章采用的角度，是将文本和视觉图像视作两个各自独立发展又常常交叉的，呈现出了很多同样的复制异变规律的表现体系。[②]从这个角度出发，本章的重点不在于文本和插图作为不同媒介是如何互释其表现内容的，而转向文本与图像是如何配合起来，来创造"新"的东西的，比如说新的章节、新的书类、乃至新的通行语言。正如祝重寿所言："中国古代木板插图是广大无名画工创作的，但是艺术水平极高，丝毫不比画史上那些所谓的'名家大师'逊色……插图艺术要求画家文化素质要高，艺术修养要高，要比一般人对书的理解要深，如同学者，如同诗人……"[③]基于视觉印象在明代书文化中的重要性，下面对文本"组群"的讨论，就从与木刻插图有关的流动与异变现象开始，来看一看晚明刻本

[①]　祝重寿精辟地指出，中国古代木板插图不宜称作"版画"；作为"白描（线描）插图的复制品（印刷品）"，"与其称其为'版'，不如说它是'白描'（线描）更确切"。由于学术用语习惯的持续性，笔者行文中未能避免"版画"一词，特此注明。同时，与本章讨论有关的是，祝书也提醒我们注意中国木刻插图的复制性质，换言之，木刻插图生产本身即为（对白描插图的）再生产。参见祝重寿《中国插图艺术史话》，第13—15页。

[②]　学界对明代木刻插图的研究从角度到关注点在不断发展，以下题目一定程度上标识了近来英语学界的一些研究点：何谷理《阅读帝制中国晚期插图本小说》（英）；林丽江（Lin Li-chiang）《意象的繁盛》（"The Proliferation of Images"）；贾晋珠《语境中的文与图》（"Text and Tu in Context"）；孟久丽（Julia Murray）《刻本书籍中的教化插图》（"Didactic Illustrations in Printed Books"）。孟久丽的专著《德鉴》（*Mirror of Morality*）以及柯律格有关明代物质和视觉文化的著作，都有相当篇幅讨论插图。

[③]　祝重寿《中国插图艺术史话》，第14—15页。

中的别样诗学。①

《玉谷新簧》：版印中的回用与自引

插图本的生产牵涉到一系列的角色分工，包括作者、画家、抄绘者、刻工、编订者、书坊主、刷印匠、装订者、售书者等（参见图Ⅲ-01）。其中多个环节的实施过程都可能促成文字或图画从一个本子到另一个本子的摹写、改动以及回用。此外，有一种可以说是更基本的旧物回用也常在幕后发生，那就是对旧版的再利用。最简单的做法，就是直接把旧版拿来进行刷印。② 这样刷印出来的"新的"版本，与初印本有时亦不易区别。不过市场力量也会驱动书商们在再次刷印前，哪怕是象征性地，也要对旧版进行一些改动，来响应阅读公众对新物的追逐。③ 即使有时候这种改动看似很细微、表面化，仍不失为书史中的良好材料，可以帮助我们了解文化时尚与品味是如何影响着明代书的世界的。这里我们以戏曲杂书《玉谷新簧》为例，来看一看其中的加工与适变过程。④

---

① 这里谈到诗学，如祝重寿上面谈到诗人一样，是广义上的，指对创造性、对意义产生过程的发明。特引 W. J. T. 米切尔（W. J. T. Mitchell）的一段话，阐明这种广义的诗学，特别是图画与这种诗学的关系："Poetry（as'making', or poiesis）is fundamental to picturing. Pictures are themselves products of poetry, and a poetics of pictures addresses itself to them, as Aristotle proposed, as if they were living beings, a second nature that human beings have created around themselves."（作为一种"制造"poiesis，诗是画的根本。画本身就是这个意义上的诗的产物。与之相对应的有一种画的诗学，如亚里士多德所议，将画作为活物，仿佛是人类在自己周围创造的第二个自然。）见 W. I. T. 米切尔《图画想要什么》（What Do Pictures Want），第 xv 页。
② 版本年代鉴定重刻板时间，刷印、装订时间常因记录的缺乏而不易分辨。
③ 当然，修版原因有多种，其中也包括政治方面的敏感和（自我）审查，下一章对此会有所讨论。
④ 另一戏曲杂书《时调青昆》，也经修刻重版，详见根山彻（根ヶ山徹）《〈新选南北乐府时调青昆〉版本浅说》。

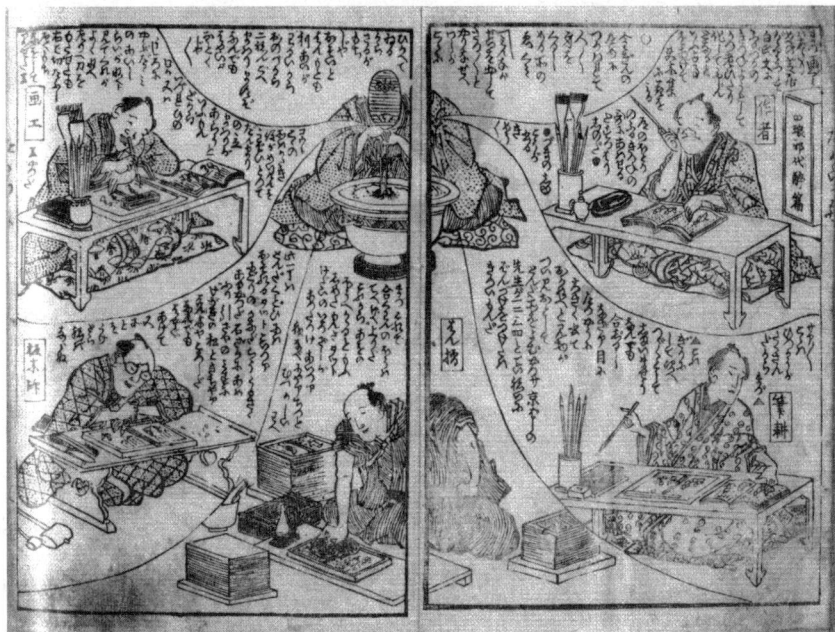

图Ⅲ-01　插图本雕版印刷书籍制作过程中的重要环节。这幅出现在1818年日本刊行的《宝船黄金樯》一书的插图，生动描绘了作者、写工、刷印工、刻工、画工和出版者的形象、分工以及合作关系。周绍明（Joseph P. McDermott）、彼得·伯克 Peter Burke《东亚与欧洲的书籍世界：1450—1850》（*The Book Worlds of East Asia and Europe, 1450–1850*，图版1.1。）

　　我们先看一下《玉谷新簧》的封面扉页（图Ⅲ-02）。① 扉页图中表现的是男女相戏、玩乐（yuè）的一幕。从当时的视觉表现习惯来看，读者将画中女子读为妓的可能性是很大的，所以也可以说这里表现了狎妓的一幕。② 图中人物身体与乐器纠缠在一起：琵琶由女子右手、男子左手所抚，箫则由女子左手、男子右手来执。身体与乐器的缠绕吸引着读者对

----

①　这里因循王古鲁《明代徽调戏曲散出辑佚》中的说法，称"扉页"，也有学者称"内封面"。对这幅画的较早解读，参见何予明《多产的空间》（"Productive Space",）第139—144页。

②　但也不排除读者将其视为燕居生活中的情色一幕。关于此类画作的例子，在高居翰等合著的《揭开的美》（*Beauty Revealed*）一书（第115—119页）中介绍了一套十八世纪无名氏的《燕居图册》（*Domestic Scenes in an Opulent Household*）。

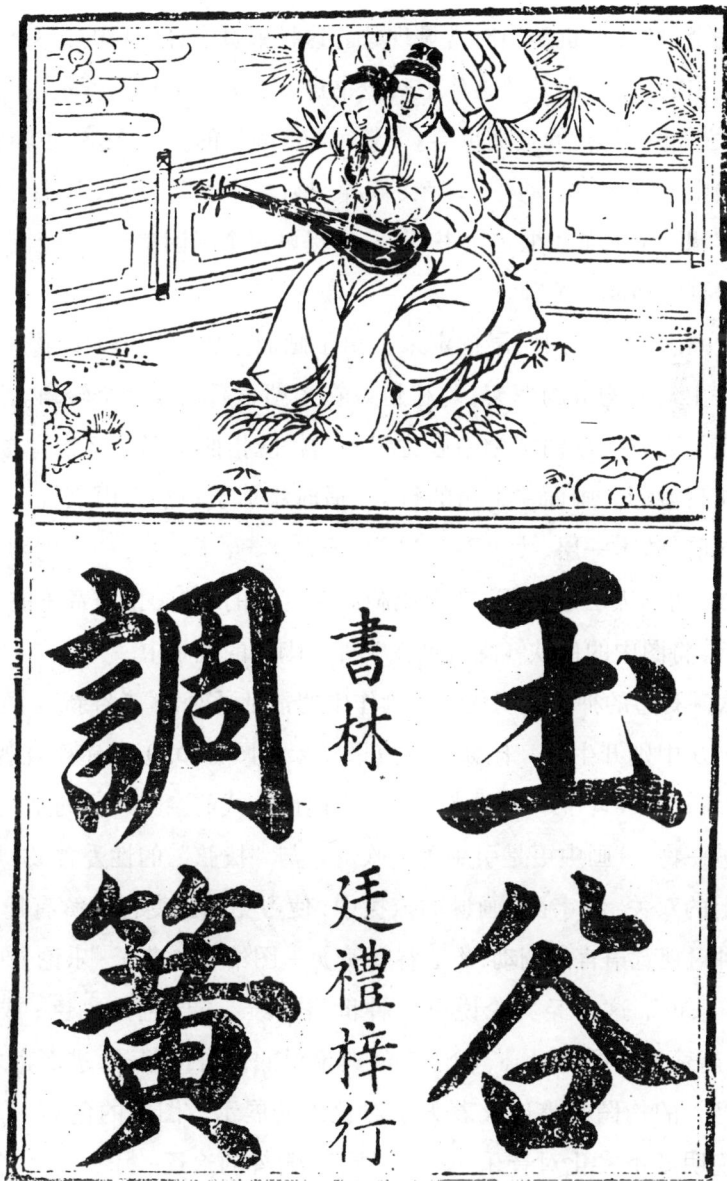

图III-02　《玉谷新簧》封面扉页。本页中书题与书中题名稍异，为"玉谷调簧"。（《善本戏曲丛刊》）

画中狎昵的窥视。

扉页上的题目"玉谷调簧"与书中正文里出现的题目"玉谷新簧"并不完全一致，这也是当时常见现象。这种扉页设计的目的，不是简单重复正文中的信息，而是从整体上对全书进行更有效的包装框定，并力求指点出关乎此书的新的意义世界。"新"与"调"的一字之差，也爽快地强调了画中人物的中心动作：调弦、调弄、挑逗、调情等意思，都隐含在这个动词"调"里面了。框定全书，为全书提供一个阅读视野、一个阅读切入点是扉页图功能的关键。

这幅画本身也用层层框定来突出了画面主题。从画面纵深来看，最外层是由勾栏构成的框架，勾栏恰好在太湖石后构成一个转角。这个布局固定了人物形象的视觉中心位置。勾栏既指曲演场合又指青楼，也与画面相得益彰。画面左上角的行云，适时添加了一些云雨之气。从栏杆转角向前，竹木一层、太湖石一层、男子之躯、女子之身，一直到两个乐器的摆放，物与人层层叠叠，在形成画面深度感的同时，也与音乐的声音暗示一起，将图中的色欲气息包裹在一种"幽"的气氛中。

太湖石边的狎昵是明代情色画作中的常见画面，《玉谷新簧》这幅画则又能从中别开生面。比如与春宫图（参见图Ⅲ-03）的赤裸直观不同，《玉谷新簧》表现了一种"犹抱琵琶半遮面"式的亲昵（巧的是，画中亦有琵琶一物）。画中更是引用了"吹箫"与"拨弦"的性爱含义，用这种视觉上的双关，在字谜、画谜的撩拨中，使习见画面变得新鲜有趣。[1]通过这种对视觉语言的调动，《玉谷新簧》一图给了《荀子·乐论》中"夫乐者，乐也"这一经典论说以一种世俗图绘、一层色欲底色；或者说，《玉谷新簧》一图的匠心，在于对经典论说的世俗化翻译。进而言之，《玉谷新簧》的构图在整体上着力于对色界的展示。图中的色界一方面重现了晚明城市文化对音乐、表演、情色、愉悦的追逐；另一方面，作为扉

---

[1]　凑巧的是，这幅图又将原本为直立弹奏的琵琶勾绘为横陈之体，暗合"玉体横陈"的色欲语言，也更反衬出"那话儿"（长箫）的直立。

图Ⅲ-03　高罗佩（R. H. van Gulik）《秘戏图考》（*Erotic Colour Prints of the Ming Period*）中收录的一幅画中对色欲、书与太湖石的表现。

页图，又将此书及其内容（小曲、戏曲及谜令等）定位为色界情怀中的可心一物。

《玉谷新簧》扉页采用上图下文的形式，下栏文字隐含"玉""欲"的谐音，所谓"玉谷"，隐"欲谷"，隐"欲壑难填"之意。在文字和画面组合中，不忘点醒读者：尽管欲壑难填，或正因欲壑难填，此刻能够填补欲壑的正是"书林廷礼梓行"的这本《玉谷新簧》。图中人物的扭捏，使得"调簧"二字又略带谐谑、甚至嘲讽态度。事实上，打开书，正文第一页就是嘲妓的《时兴各处讥妓〈耍孩儿〉歌》（见图Ⅲ-04），强调嘲讽姿

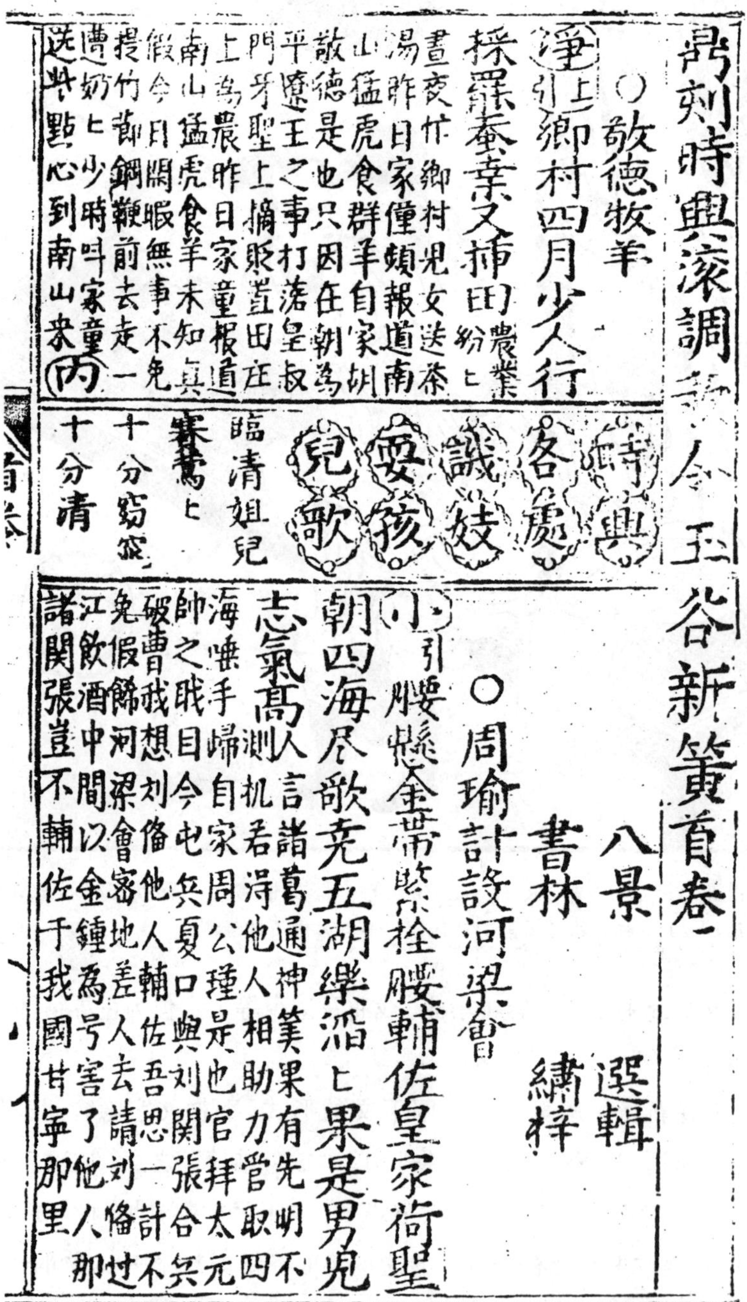

新刻時興滾調歌令玉谷新簧首卷

八景

書林　選輯

繡梓

○敬德牧羊

淨上鄉村四月少人行

採罷桑葉又插田　農業

畫作忙鄉裏兒女送茶　南

湯猛虎食群羊自家埚

山猛虎食　是也只因在朝為叔

敬夜忙鄉村兒女送茶　南

平遼王之事打落田庄

門牙聖上摘聚根道

上為農家童道

南山猛虎食羊未知真

假令日少時吗家童

提竹御鞭前去走一

遭妳奶上到南山來

送些點心

○引腰懸金帶緊拴腰輔佐皇家荷聖

○周瑜計設河梁會

朝四海盡歌堯五湖樂滔

志氣高人自家周公挶是也思

海唾手平崢諸葛通神算

帥之戰我想今會寄他

免欵酒餞中河梁以會金

破假酒餞他人相助果力管取

諸關張豈不輔佐金鍾于我為

江關張豈不輔佐

時興
各處
誡妓
兒歌
要孩
賽為
臨清姐兒
十分窈窕
十分清

图Ⅲ-04　《玉谷新簧》首卷首页，中栏可见一组《时兴各处讥妓〈要孩儿〉歌》。（《善本戏曲丛刊》）

态。这样，画面与题目结合起来的扉页，一方面给了读者"正读"的机会，去感受情欲和音乐提供的享乐；一方面也给了读者"反读"的机会——提醒读者色界皆幻，欲壑难填。这种对色界的正反两读后来在小说叙述中表现为《红楼梦》中贾瑞正照、反照风月鉴一节，因此我们也不妨说《玉谷新簧》是一个小小的风月鉴。① 再比如"簧"字之用。"簧"本指乐器或吹奏乐器中的簧片，但其寓意却往往跟真真假假的搬弄有关，比如"簧口""簧舌""簧言""簧惑""簧诱""簧蛊"等等，指向的都是巧言令色对人的迷惑作用，这也配合了读者对色界的反读："调簧"的结果，不仅是新鲜的音乐表演世界，而且是一个由声音和欲念勾出的幻化世界。

扉页中文字与图像相映成趣，邀请读者进入音乐、色欲的诱人世界，又隐隐约约，对这个幻象世界的魅惑力暗含警醒、讥讽。就扉页与全书的关联这条线索再看下去，我们会发现另一种反转或者叠加。捡拾相关书页我们可以看出：扉页和书名——"玉谷新簧"也好，"玉谷调簧"也罢，都是就原有的一套（或多套）书版稍微改动后加上的。② 从图Ⅲ-05和图Ⅲ-06可以看出"玉谷新簧"是挖改原版之后新题的。图Ⅲ-05左上角显示原来的题目已经被挖掉，只留下了可用的"玉"字，但新题目还未被嵌入；图Ⅲ-06上有挖改过程中漏掉的一处，原题"玉振金声"仍赫然在目（见上栏卷终处）。

这样看来，旧版的题目是《玉振金声》，《玉谷新簧》是改动旧版后的新题。在"玉振金声"的修辞世界里，常以钟、磬之声喻文章道德之盛，比如《孟子·万章下》云："孔子之谓集大成。集大成也者，金声而玉振之也。金声也者，始条理也；玉振之也者，终条理也。始条理者，智之事也；终条理者，圣之事也。"③ 旧版以经典、雅正的文词命名时兴曲集，是一

---

① 曲书与风月之间的联系，从嘉靖朝刊行的曲选《风月锦囊》的命名中亦可见一斑。

② 此经傅芸子等学者指出，如傅氏《白川集》（第90页）："吾等急检之，始知卷首之题名中'玉谷新簧'四字及第二卷题名中之'玉谷调簧'又'刘次泉'等七字，均系挖补者……"

③ 杨伯峻《孟子译注》，第233页。

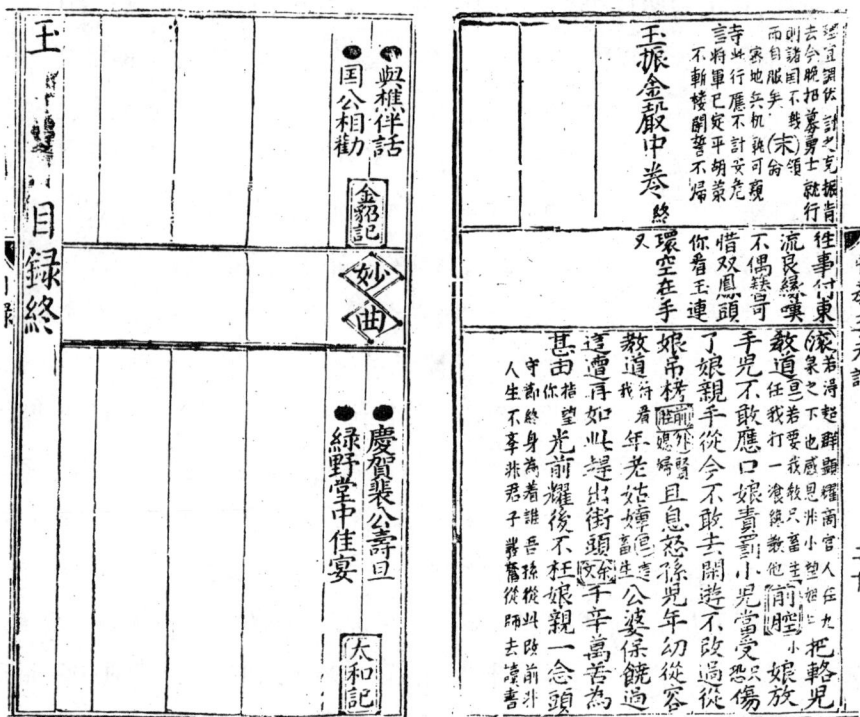

图Ⅲ-05（左）与图Ⅲ-06（右）　　左图最左一行中可见原题"玉……"被部分挖去，唯留"玉"字。右图上栏最左一行可见未被挖去的旧题"玉振金声"。（《善本戏曲丛刊》）

种包装手段，①《玉谷新簧》用的则是另外一种包装手段，换掉早先的高尚题目，对集子重新定位，将全书拉离了礼乐教化传统而迁入了声色世界之中。前文提到，扉页的图文布局引出了正读与反读之间的滑动，其实这里编书者对旧版及题目的寻机改动本身，也是书籍文化中意义滑动的一个例子。

　　《玉谷新簧》卷之上题曰："书林刘次泉绣梓。"刘次泉是晚明版画雕

---

① 再比如朱权的《太和正音谱》，就用了与"玉振金声"近似的"锵金戛玉"来表达特定乐器、音声与国家的礼乐声教之间的关系。冯梦龙在他的《山歌序》中也以孔子录桑间濮上比拟山歌在近代之留存。关于明人的音乐意识，参见林萃青（Joseph Lam）《明乐与明史》（"Ming Music and Ming History"）。

刻名工，此处以刊行者的面目出现，①是晚明刻书圈中角色分工灵活的一例，也多少看出了刘对刻书机会的把握。这种相机刻书的现象，也使机缘巧合成为书业中的机趣，刺激了图书生产和消费。《玉谷新簧》没有提到扉页设计者和绘刻者的名字，但从刘次泉已知作品来看，说他染指其中也不无可能。②总之，刘次泉的这本《玉谷新簧》，利用旧版印制，在复制中求新，对旧版的寥寥几处改动，已见出编制者对晚明文化市场的拿捏把握和设计巧思，从而笔墨简省地将《玉谷新簧》与当时的阅读时尚和文化热点联系起来，及时推出（旧版）新著，分市场一杯羹。

《妙锦万宝全书》：谐谑、游戏中的胜人一筹

对许多明代业书者来说，采用已有材料不仅可以降低成本，还有利于及时介入时尚、利用市场已经检验过的成果。与此同时，如上面《玉谷新簧》回用《玉振金声》一例所示，造书者们也会发挥巧思，为自己的本子注入新鲜和当下元素。更新、植入版画成为实现这一目标的一个主要手段。

《玉谷新簧》一例，也说明扉页图是对传本进行重新包装的便捷工具；对各种类书和汇编类书籍来说，各卷册前面的卷首图，也起到了同样的招牌作用，用来提示读者卷内的精彩之处，与市招和叫卖艺术如出一辙。宋明绘画对市招的喜爱，曲唱中对叫卖技艺的炫耀，表明了人们对市场广告招徕艺术的关注甚至是偏爱。明代各种卷首插图、扉页图，很多也是这种市场艺术和市场竞争的表达。广告真正的修辞力量，还不在于对某事某物的具体宣传，而在于通过告诉受众他们需要什么、应该向往什么，来引导、创造新的生活形态。下面我们就此捡出一本日用类书（《妙

---

① 据瞿冕良《中国古籍版刻辞典》，刘次泉还印行了《刻精选百家锦绣联》一书；刘次泉此书《西谛藏书善本图录》有录。

② 关于刘次泉及其作品，参见周心慧《中国古代版刻版画史论集》，第84-86页；今存刘氏作品包括《唐诗画谱》（万历年间黄凤池集雅斋刻本）、《刻全像五显灵官大帝华光天王传》（辛未岁，据学者考证为1631年建阳书林昌远堂刻本）等。

锦万宝全书》)中与幽默打诨有关的卷册,来讨论这些卷册是如何在绘制卷首图中博采众长,又是如何在其设计安插中引导读者对自己的文化世界进行想象的。

本书前面两章谈到,笑话、谜语、酒令等游戏打诨文字,在晚明形成了一套基本稳定的文本库,被不同书籍、书类频繁挪取、改用,其中除了《博笑珠玑》这类专门书籍之外,戏曲杂书和日用类书也多将这类文字收入其中。在《妙锦万宝全书》这本日用类书中,这类文字集中在"杂览门""侑觞门"和"笑谈门"中。

日用类书(或称万宝全书)是晚明流行书籍种类之一。书中搜罗各类人生日用知识,并进行分门别类,上至天文、下至地理,包括书信格式、行旅路线、讼状行款、嫖院须知等,无所不及,前文已叙。晚明诸多日用类书中,《妙锦万宝全书》是对卷首图比较费心思的一种。上节提到的绘刻家、业余书贾刘次泉,也正是《妙锦万宝全书》卷首图的刻工。[①]图Ⅲ-07是"杂览门"首页,图中可见"次泉刻像"四字。

"杂览"一门,上栏收灯谜,下栏录藏头诗、璇玑文等游戏诗体,是《妙锦万宝全书》的最后一卷。作为全书压轴之作,画题的选定也照应了曲终奏雅的需要,以普天同庆的灯节为题。

画面突出矗立的灯棚,上置人物傀儡等常见灯节饰物。上元灯节是明人都市生活中重要的节庆活动,绘图者在此捕捉了人们期待的灯节代表性景观:灯棚及观灯之人,并以星云河汉勾勒出皇明气象。图中竹木巧构成拱,托出"杂览"之门,进入天上人间的交相辉映。画面左右既对称又错落有致:左有两小儿奏乐,右有两小儿说话,画出了声音;左有两女子互礼,中有牵襟小儿,右有一男一女唱喏还礼,亦有一小儿,正被玩具吸引。整个画面绘出了元宵节妇孺欢游、男女混杂的热闹。画面中间又有一小儿提拉玩物,与灯棚上的人物傀儡一起,固定了画面的上下视觉

---

① 刘次泉是《妙锦万宝全书》插图中唯一标出的刻像者名字。不过我们无法完全排除其他绘刻者的参与。

新栞增補天下便用文林玅錦萬寶全書卷之三十八

○新增奇巧元宵燈謎
○四書類
軍人農夫共屯田罢也週全食
言乎德惠已多年老也懷恩少
家務忙時命兒童而代力
○有事弟子服其勞
殺儀設處請父兄以同食
○有酒食先生饌
○見其生
我視魚兒活潑鮮
囑婦勿把下油煎
聽得廚中刀砧響
情願長齋獻神前　○不忍食其肉
○不忍見其死
○聞其声

雜覽門

次泉刻像

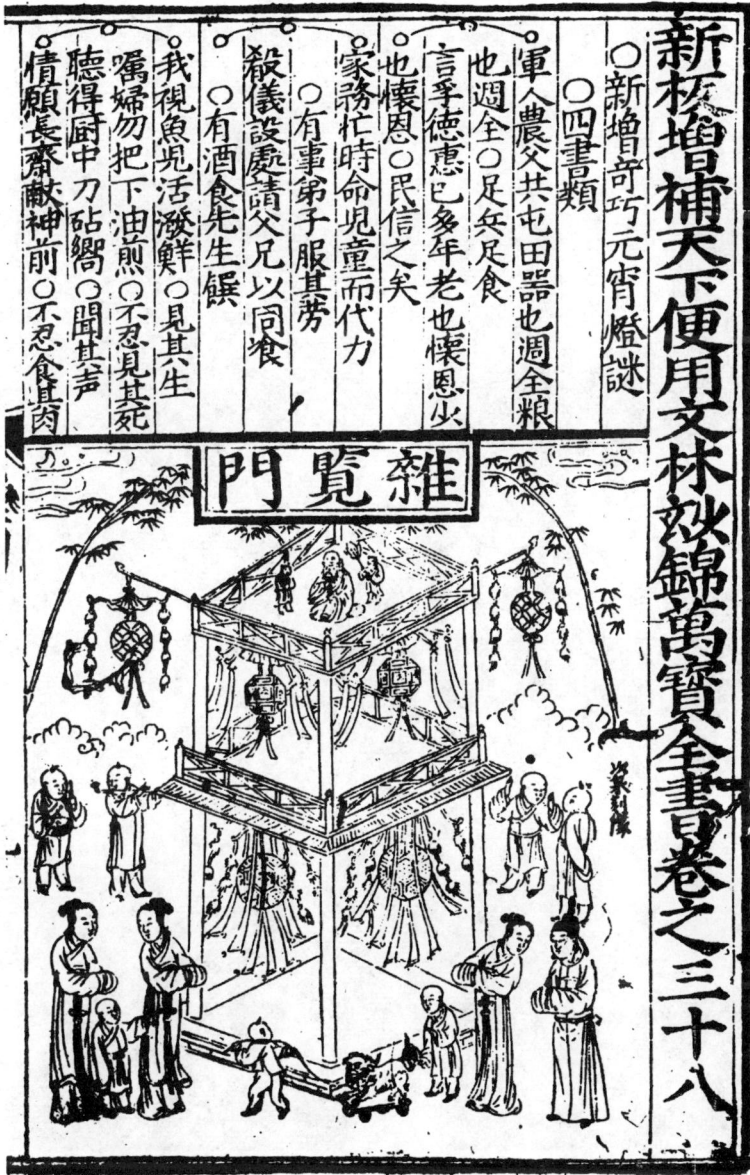

图Ⅲ-07　"杂览门"首页，图中可见"次泉刻像"题字。(《中国日用类书集成》)

图Ⅲ—08 《宪宗元宵行乐图卷》（局部）（《中国国家博物馆馆藏文物研究丛书·绘画卷·风俗画》）

图Ⅲ-09　《南都繁会图》（局部）（《中国历史博物馆》）

线。画内人物熙攘，灯火璀璨，玩物玲珑，锦绣交辉，一派皇都景象。

　　刘次泉的这幅图援引了灯节图绘传统中的习成线索。线索之一重在表现灯节作为都市景观的辉煌，渲染皇城盛大气象，其代表性画作有《宪宗元宵行乐图卷》（图Ⅲ-08）及《南都繁会图》（图Ⅲ-09）。这两幅画均为中国国家博物馆收藏，前者绘写明宪宗（1465—1487 年在位）在皇宫中庆赏元宵的活动，大约出自宫廷画师；后者渲染南京市井繁华，图中出现了灯节景观鳌山，学者认为是晚明绘画市场的一般买卖之物。[1] 两

――――――――――――――

[1] 《南都繁会图》有仇英题属，但鉴赏家以之为伪题。王正华《过眼繁华》一文，对《南都繁会图》与明代绘画市场的关系有精彩的分析。

者所绘社会层面迥异，但在突出皇都气象上是一致的。灯节图绘传统的另一个线索，则重在表现物玩舒逸、人物闲冶之态，可以宋代李嵩的《观灯图》（图Ⅲ-10）为例。这里讨论的"杂览"图，甚至包括《宪宗元宵行乐图》，都较明显地融合了这两条线索；其中"杂览"图以庶民为个体中心人物，绘民生之乐；《宪宗元宵行乐图》以宪宗为个体中心人物，写天子之尊。

　　虽然各自采用的表现程序不同，但上述绘家仍有共同偏好的物象呈现，比如小儿、小儿与提偶、灯节玩物等，其中儿童往往成为灯节的情绪符号，带出声音、带出游戏劲头、带出扎堆喧闹的节庆气氛。①

　　进一步看，刘的版画在混合了灯节图绘常见元素的基础上，将画面焦点设置为庶民游冶之乐的近景。与《南都繁会图》的大景观和《观灯图》的私语式空间不同，"杂览"图选择繁会的一角来对灯节进行戏剧化处理，其中比较醒目的是对灯节男女混杂情形的表现。灯节与男女是晚明白话文学读者们熟悉的题目，比如由元曲《留鞋记》改编而成、在明代流行的《胭脂记》，以及阮大铖的《春灯谜》，就都讲述了灯火荧煌中私会、猜谜、误认等曲曲折折的才子佳人类故事。刘次泉的这幅卷首图，将《杂览门》中所收文字巧妙地与晚明声、光、色的都市传奇联系起来，烘染出浮世生活的一角。《玉谷新簧》与"杂览门"这两幅刘次泉参与的版画，有风俗画的气质，开晚清以吴有如为代表的风俗讽刺画的先河，可以让我们看到当时画工和艺术家们对流俗的捕捉、他们的视觉技巧以及当时市民社会的一些风气。

　　下面我们转向"侑觞门"一图（图Ⅲ-11），来继续讨论版画家们是如何挪用文学、视觉传统来引导读者的文化想象的。"侑觞"一门实际包含的内容，有"骰色朱窝酒令""绮筵酒令""骰子令""拆字令"等，盛行于明代绮筵之上。但在"侑觞"图的命意上，构图者没有囿于上述范

────────────

① 童戏及其文化含义在《百子图》的绘画传统中体现得最为淋漓尽致。本文下面提到的《程氏墨苑》即收《百子图》一幅。

图Ⅲ-10 传为宋代李嵩所作《观灯图》。（台北故宫博物院《故宫书画图录》）

新增補天下便用文林刻錦萬寶全書卷之三十二

○散色碟窩酒令

凡擲碟窩用骰子四隻以一簡紅為主擲在碗內坐起一簡紅然後將三簡筭數若有兩簡紅即是強紅或有五六不為強如別色即為強紅仍要擲過若擲九點至十二點俱是着色假如主擲九點客擲九點謂之兩平贏莊一盃客若賽八點謂之俗云路脚客自輸三盃正色二盃外路脚加一盃客賽十點謂之壓倒贏莊二盃客擲十二點謂贏莊一盃若擲得十二點客賽十二點正骰二盃外加壓倒一盃共贏莊三盃客若擲得二紅

門觴侑

图Ⅲ-11　"侑觞门"首页。(《中国日用类书集成》)

图Ⅲ-12　程大约《程氏墨苑》（1594—1606 年间刊本）中的《修禊图》（柏克莱加州大学藏书）

围，而是选取了著名典故"兰亭会"。史传在由东晋书法家、文人王羲之（303—361）主持的兰亭修禊活动中，少长诸贤"流觞曲水，列坐其次"，"一觞一咏"（王羲之《兰亭集序》），传为佳话，成为文人雅集的代称。很显然，这幅"侑觞"图将绮筵游戏与士人雅集这两种不同文化形态做了系连，无形中实现了一种文化干预。

兰亭修禊极具画题性，以此为题的绘画作品延绵不断，明代亦有相当数量的绘画作品、题画诗等留存至今。① 不出所料，这个画题也被收入了

① 关于《兰亭修禊图》，学者论述颇丰，不能一一列举、引用，衣若芬的《俯仰之间》为其中一例。

图Ⅲ-13　明石刻《兰亭修禊图》（局部）。（《中国美术全集》，绘画第19册）

明代画谱类书籍中（参见图Ⅲ-12）。[1] 作为晚明流行雕版图书的一类，画谱广泛搜罗绘事中重要的创作主题和表现方式，也为这些主题和表现方

①　关于最近英文学界对明代画谱的研究，参见朴钟弼（J. P. Park）《艺术手册》（*Art by the Book*）。

式的复制、流传提供了蓝本。《妙锦万宝全书》的《侑觞图》作为这个热门画题的一个翻本，在利用传统程序的同时，于风格上又注入了自己的特点。我们可以跟另一幅著名的《兰亭修禊图》（图Ⅲ-13）做一个比较。[①]这幅永乐年间的石刻画，本身也是一个复制品，传为宋代李公麟绘画作品的摹本。二者相较，《侑觞图》在风格上显得较为随意，简洁生动，不再渲染繁缛的建筑形象，人物形态也去掉了一些历史造型感，而被一种即时感取代，拉近了画面生活与读者现实生活的距离，增强了读者代入的可能性。

《侑觞图》还有一个值得注意的方面，那就是其小品性。晚明以"公安三袁"、钟惺、王思任等文人为代表，倡导"小文小说"，追求在短小的篇幅中写出趣味、真率。他们往往不避平俚，重山水、重日常生活，在高文大册之外另立格调，从小中见趣韵。这种小品趣味在物质文化中也留下了印记，《侑觞图》即为一例，在较小的画幅中容纳了细致的细节处理。比如台案上铺设的纸张笔砚、水中漂浮的流杯、画面右侧的小轩、轩中的插瓶、右下角的食台、远处的树木枝叶等，物品品相皆清晰可喜。再加上人物形态各异，在有限的纸面上，毫无逼仄、硬塞之感，且景物与人物排列错落有致，体现了小中见趣、小中见韵的美学趣味。

最后，我们在本节看一下"笑谈门"（图Ⅲ-14）。"笑谈"一门收录笑话、江湖奇语等，这和其卷首图所涉及的历史故事也同样并无直接的联系。画面中我们看到有儒、释、道三人手舞欢笑，很明显地引用了陶渊明（364—427）、陆修静（406—477）、慧远（334—416）"虎溪三笑"的故事。

"虎溪三笑"也是明代图像生活中的重要画题。[②]其中一幅比较有名的，是前面已经涉及的一位皇帝，明宪宗朱见深绘制的《一团和气图》。画中三人环抱一团，视觉上巧用叠加呈现，状似弥勒佛，但细看又是三人。

---

① 关于这幅图，近有葛思康（Lennert Gesterkamp）的《皇家品味与明代绘画》（"Royal Taste and Ming Painting"）一文以明代帝王藩王的艺术活动为背景的讨论。

② 此画题在日本绘画中也极为流行，参见罗森福（John M. Rosenfield）《三教合一》（"The Unity of the Three Creeds"）。

新镌补天下便用文林妙锦万宝全书卷之三十三

○江湖奇语

○难谐类

皇帝老儿补皮鞋　难逢难遇

朝天门外打伞　一路神旗

三厘银子买纲　希带

嫂子买花　姑带

癞蝦蟆买胭脂　茶在那里

石碓臼做帽子　顶戴不起

鄱阳湖裹番了船　所感不浅

金刚扫地　有劳大神

落花红满地　多谢多谢

虎吞石狮子　嗅得消不得

老僧上篾捅　不消

笑谈门

图Ⅲ-14　"笑谈门"首页。(《中国日用类书集成》)

明宪宗为此图题赞曰：

> 朕闻晋陶渊明乃儒门之秀，陆修静乃隐居学道之良，而惠远法
> 师则释氏之翘楚者也。法师居庐山，送客不过虎溪。一日，陶、陆二
> 人谈之，与语道合，不觉送过虎溪，因相与大笑。世传为《三笑图》。
> 此岂非一团和气所自邪？……岂无斯人，辅予盛治。披图以观，有概
> 予志。聊援笔以写怀，庶以警俗而励志。成化元年六月初一日。①

《笑谈图》所展现的正是赞中提到的"相与大笑"的一瞬。这幅《笑谈
图》与《侑觞图》都以翻用历史典故的方式将书内所收文字与历史久远
的雅文化传统系连起来。

插图除配合有关文字外，也是独立的艺术作品，有其艺术传承和时代
意义。就《笑谈图》所处的艺术传承背景而言，就不仅有传为明宪宗的
《一团和气图》，更有宪宗题跋中提到的《三笑图》。"虎溪三笑"入画始
于宋，今台北故宫博物院所藏宋代佚名的《虎溪三笑图》（图Ⅲ-15），为
我们了解早期《三笑图》提供了实物。如果说传统的《三笑图》集中在

图Ⅲ-15　[宋]佚名《虎溪三笑图》。（台北故宫博物院藏）

---

① 王育成《明代彩绘全真宗祖图研究》，第7页。此图已为维基百科收录，便于读者
观赏。

对历史佳话的视觉呈现的话，宪宗的《一团和气图》则明显有政治上反对门户之见的目的。宪宗后来重新编订道家著作《群仙集》时，令宫廷画师增绘大量彩色插图，其中就将《一团和气图》改题为《三教混一图》收入其中。此外，成化年间成书、前有御制序一篇的《释氏源流》中也有一幅《三笑图》（图Ⅲ-16），且构图与此处讨论的《笑谈图》相似，更加说明这个图像的流传之广。在这样的背景中，《笑谈图》在晚明的意义就超越了单纯地对文化典故进行图像描绘，而与明宪宗的艺术活动及其对宫廷政治宗教生活的影响，以及当时世间流传的其他《三笑图》等相关联；一定程度上，《笑谈图》的流传背景将日常笑谈与传统佳话、世传图像、宫廷活动、三教关系、朝廷政治联系起来，不仅宣扬了"笑谈门"的深层历史和时代意义，而且为读者增加了新的解读方向，拓展了读者的阅读空间。

对比其他日用类书，从《妙锦万宝全书》画题的选择上可以看出设计者的知识积累以及绘事经验。其中设计者对热门画作、画题再利用上的功力尤为突出，其巧思正表现在一个"用"字：用流行图像来回应读者的阅读经验，用典故来驱动与读者之间的互动。明代出版商在谈到自己出版物的精良之处时，会说"识者当自辨焉"之类的恳请之语，从侧面说明了一种造书者设局、读书者破局的互动关系，也正说明这些插图对读者阅读的激发。

《妙锦万宝全书》卷首图的设计者，从当时一系列的文化传统和视觉实践中广泛取材，寻机巧用（恰如王骥德所说的"机熟"），将书中各章与明代文化库中的经典时刻对接，同时及时捕捉城市流行时尚，将广告艺术、时尚元素及雅正传统适时应景地结合起来，使得《妙锦万宝全书》在众多类似出版物中脱颖而出，通过插图达到复制中的"立异以示别"，而这些插图本身，如上详述，亦表现出另一层的复制与创新。

值得注意的是，上述版画对图像传统的积累与再利用，也因为经典图像所代表的文化权威与通俗、打诨的书内文字材料之间的差异而蕴含了一种游戏精神，甚至是反讽意识。这种反讽意识，成为明代阅读文化的一

图Ⅲ-16　《释氏源流》（成化刻本）中的《虎溪三笑》图。（《中国古代版画丛刊二编》，第二辑）

个亮点。

"醺醺醉"的图画复制异变

上节总体上谈的是绘家对图画程序的各为己用，下面我们再捡取两幅插图，看一下不同版本在概念上的加工调整，来进一步考虑在差异中产生的视觉意义。这两幅画分别是《便民图纂》中的《田家乐》（图Ⅲ-17）和《妙锦万宝全书·农桑门》中的《欢饮之图》（图Ⅲ-18）。《妙锦万宝全书》之类的日用类书，在编纂时通过摘选既有材料来充实各个章节，其"农桑门"选用的便是《便民图纂》的内容。也就是说，这里的两例版画，属于同一插图的不同版本呈现。

从这两幅画的对比中，可以看出版画家们是如何通过对已有构图的微调，来达到对整个画面格调高低的调整目的的。先看《便民图纂》中的《田家乐》（图Ⅲ-17）。乐之为"田家"，就绝非曲水流觞、狎妓风流的聚乐游艺，而被表现为一种比较原生态的、单纯的大吃大喝。这种表现与其他欢会图画一起，实际上将欢饮笑谈进行了类别化，构造了两个不同的欢饮世界：城市的、文化的（如《玉谷新簧》图）与乡村的、自然的（如此处的《田家乐》）。画面中的人物已呈醉状，正在摔盆打碗，在一种失态中手舞足蹈。引人注目的更有图画左下角一个喝醉了大吐的人，和一条正在嗅食其呕吐物的瘦狗。对狗的这种视觉表现，既照应"鸡犬相闻，老死不相往来"的理想农业社会，也流露出田家乐与城市娱乐相比之下的"村俗"气。

《妙锦万宝全书》的"农桑门"在采用《便民图纂》的图绘传统时，对其进行了调整，且将《田家乐》改题为《欢饮之图》。图中人物衣冠比起《田家乐》来说更为整齐，醉态也不如《田家乐》那么彻底、夸张；背景也成为较有文化气息的一架有绘图的屏扆；醉吐之人也同时被"提升"为衣冠得体的乡绅人士，且不那么狼狈。整个画面传达出丰收与富足生活之间、农业与和谐社会之间的联系。对狗的处理，则是将其隐于醉吐之人身

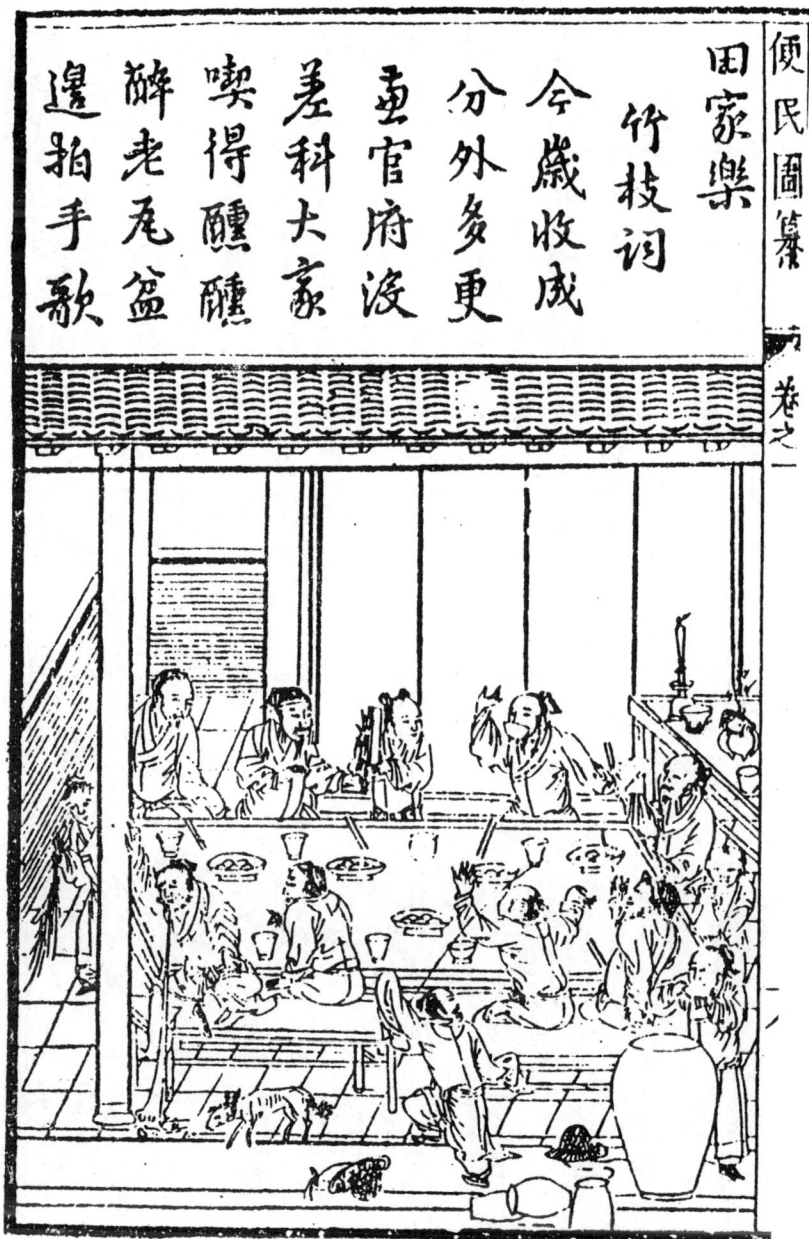

图III-17 ［明］邝璠撰，［明］于永清万历二十一年（1593）刊本《便民图纂》中的《田家乐》。（《新编中国版画史图录》）

光多是困饑直細詞之猛則多傷如
蠶青光正是蠶得食力急湏勤飼
[論小暑] 蠶住食即分壹去其燠恍否
則先眠之蠶又在燠底温熱重冞冞
為烏蠶獽時不得推聚若受蠶熱必
病憤多作薄繭又蠶眠初起值烟熏
即多里宛食冷露濕兼必成白殭食
舊乾熱葉則腹結頭大尾尖食卒開
蠶宜稀布調則强者食弱者不得食
必遠箔遊走然布蠶頂手輕不得從
高摋下如高摋則逅相擊撞因多不
旺簇內懶老籰赤蜒是也白殭者收
之亦可備藥用
又薄以新鞖之布蠶宜稀密則熱則
簇蠶老時薄而新於箔上散蠶託

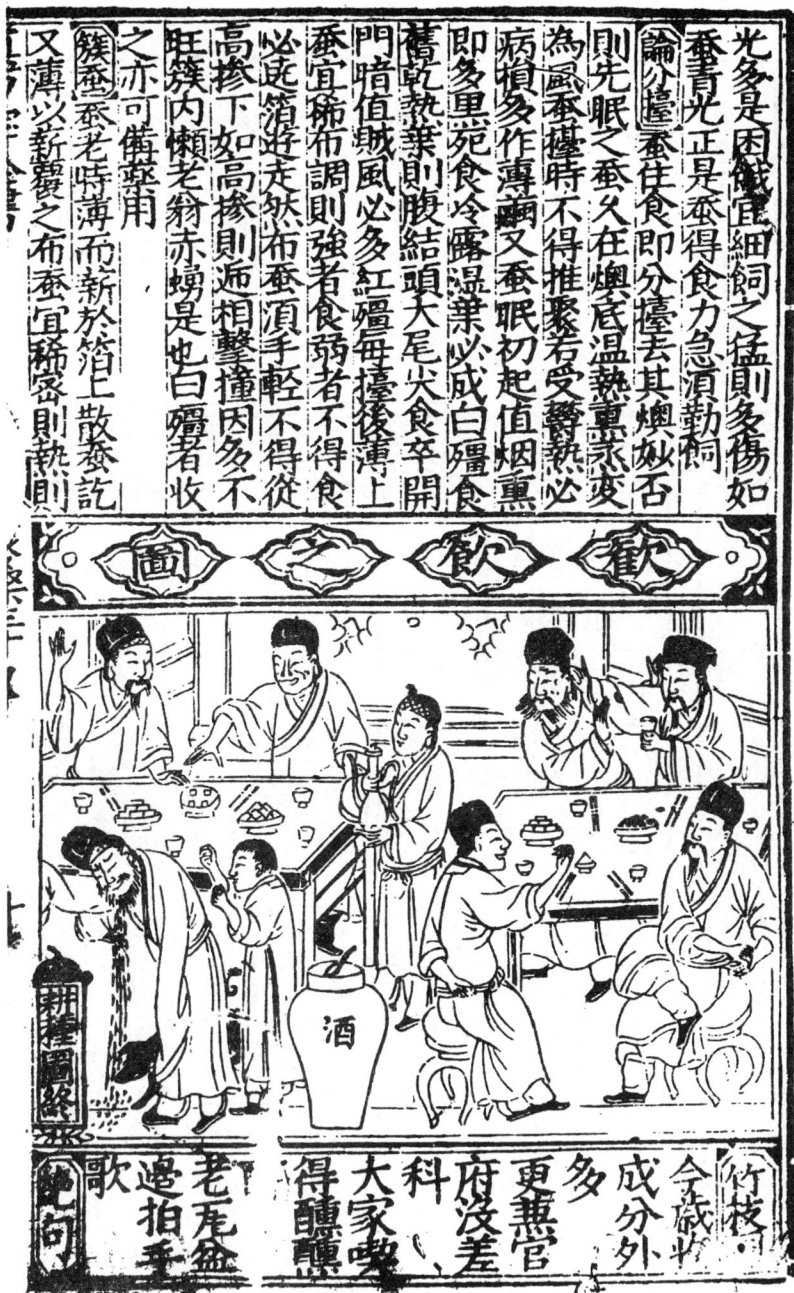

图Ⅲ-18　《妙锦万宝全书·农桑门》中的《欢饮之图》。(《中国日用类书集成》)

后，与画面整体上较为收敛和节制的格调相一致。

《欢饮之图》削弱了《田家乐》中的"村"俗气，增强了"乡"绅气。值得注意的是，这幅图还表现出了乡绅社会的自我审视：图中右上角的两个人正在提醒彼此去注意观看呕吐之人，似将大醉无度视为一种笑谈。也就是说，《欢饮之图》画内包含了一种"自视"，对画外的绘者和读者来说，则包含了一种对构图的"自引"，强调了构图者对表现内容、甚至是手法的自觉，提醒我们注意明代插图业无名画师对构建生活形态的自觉干预。[1]

前引诸例，从《玉谷新簧》开始，各个插图中都同时蕴含了不同阅读方向。它们投射的理想读者是一个有社会洞察力、有知识、而且机灵有趣的人——这种投射也是对晚明重性灵的美学风范的回应。插图本的流行给阅读生活带来了新的维度，帮助造就了读者的阅读腾挪空间。木刻插图将不同的文化场域（文字、绘画、版画等）系连在一起，使人们对插图的会心处，远远超越了插图本身在书中相关文字所涵盖的内容，而游弋于文本、视觉习俗的交叉、重现与创新处。陆大卫曾洞察白话小说评点对阅读行为的影响，指出评点的出现培养了读者、作者、评点者之间的智力游戏，看谁更能揭悉小说中不为人知的关键和秘密。[2]明代木刻插图也是一样，在对各种文化传统、热点的频繁翻译、指涉中，为读者的阅读素养、为识图人提供了新的游弋空间。

小曲：视觉异变与表演空间

版刻书籍的视觉异变不仅表现在插图这一方面，其他页面设计、合成

---

[1]　醉态因不同的生活形态而异，对醉态的勾画与对生活形态的建构直接相关。此类例子不胜枚举，再比如本章提到的《程氏墨苑》中《饮中八仙》一图对八位唐代文人名士的醉酒描绘，即迥异于这里绘出的乡村社会中的醉状。（"饮中八仙"指杜甫《饮中八仙歌》列出的唐代八位嗜酒之人，分别为贺知章、汝南王李琎、李适之、崔宗之、苏晋、李白、张旭、焦遂八人。）

[2]　陆大卫《传统小说评点》（"Traditional Fiction Commentary"），第 940 页。

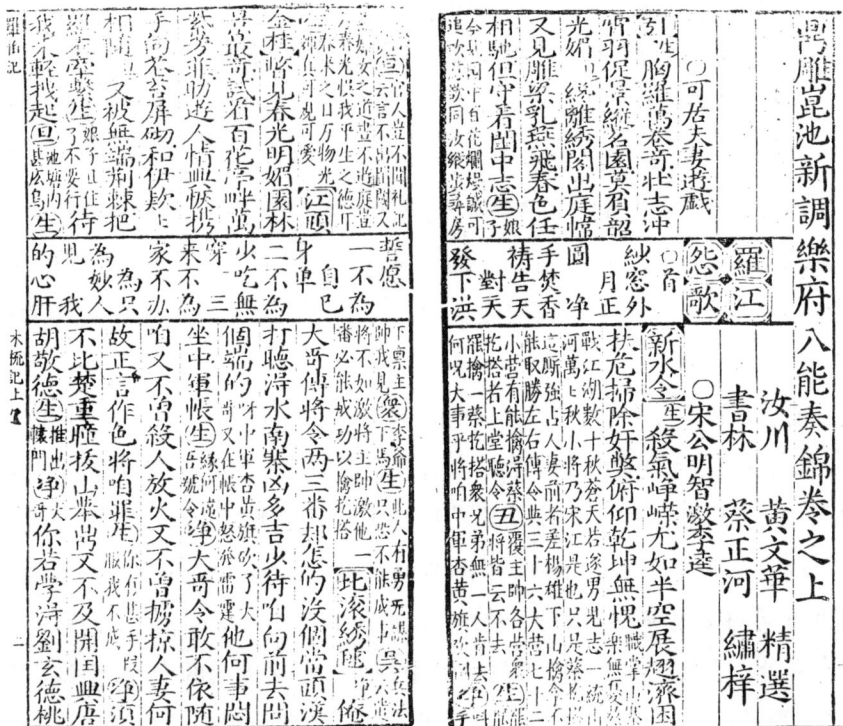

图Ⅲ-19a　《八能奏锦》页；小曲见于中栏。（《善本戏曲丛刊》）

因素也会给传本的社会文化意义带来新的扭转，使得传本的每一次物化（雕版过程）都成为一次新的"登场"演出，给读者以不同的观感。下面这支《罗江怨》时曲（或称小曲）在几个版本中的不同"物象化"就是这种动态的一个简单例子。

作为晚明流行小曲的代表作，这首《罗江怨》出现在多种集子里，这里我们看到的是其中的三个：《八能奏锦》（图Ⅲ-19a）、《词林一枝》（图Ⅲ-19b）以及《摘锦奇音》（图Ⅲ-19c）。三曲文字、格式略异，这里为节省篇幅，仅将《词林一枝》所录抄写如下：

　　　　纱窗外，月正圆，洗手焚香祷告天，对天发下洪誓愿。一不为自己身单；二不为少吃无穿；三来不为家不办。为只为妙人儿，我的心肝，阻隔在万水千山，千山万水难得见。告苍天，早赐一阵神

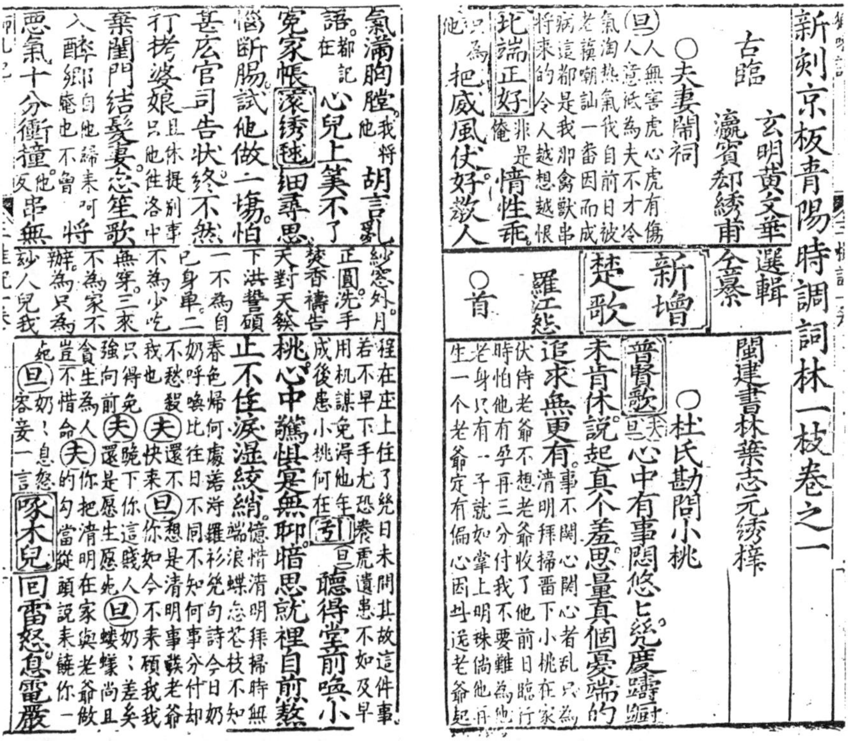

图Ⅲ-19b　《词林一枝》页；小曲见于中栏。（《善本戏曲丛刊》）

风，把冤家吹到眼前。那时方显神明现。[1]

抬眼看去，三曲在页面上一目了然的不同是呈现形式上的，即格式的不同，特别是对曲中停顿的不同处理：《八能奏锦》用空白、《词林一枝》用句读符号，《摘锦奇音》则是什么都不用，将句读完全交给读者去完成。形式上的不同促成了购买者阅读经验的不同。[2] 明确标示曲中停顿

---

[1] 《词林一枝》，第9—10页。

[2] 《摘锦奇音》不用标点或空白来分隔句子，使页面行款更工整，从效果上来看，与徽刻风格的自觉或许有关。学者论及以细密、典雅、工整著称的徽刻风格，往往以徽刻版画为例，笔者以为版面整体设计也是体现徽版风格的元素之一。关于徽刻版画，参见周芜《徽派版画史论集》；周心慧《中国古版画通史》，第153—171页；米盖拉（Michela Bussotti）《徽派版画》（Gravures de Hui），等。

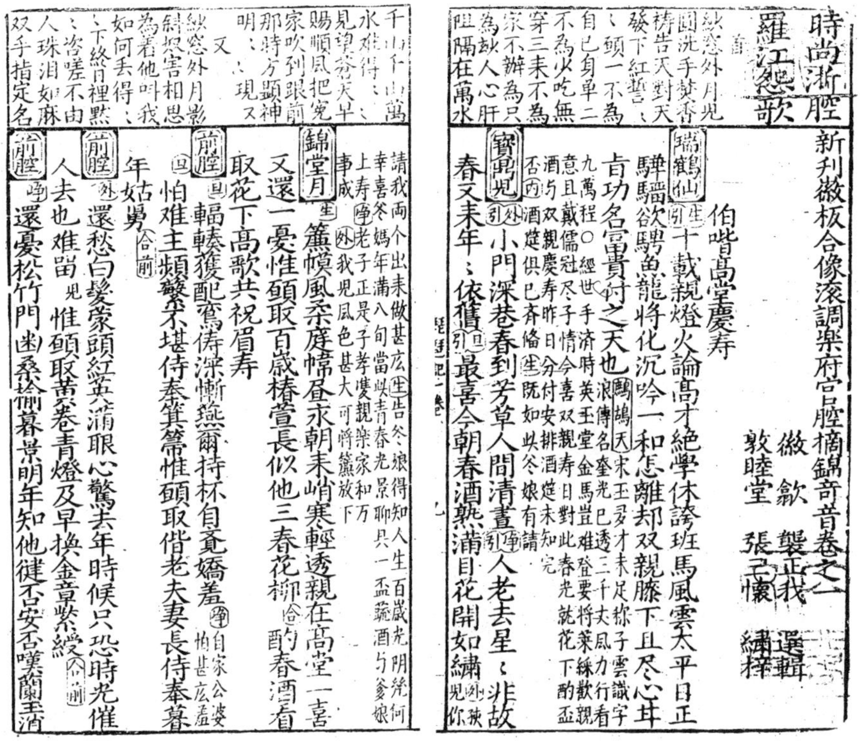

图Ⅲ-19c　《摘锦奇音》页；小曲见于上栏。（《善本戏曲丛刊》）

可使阅读更加流畅，对有阅读基础的读者来说都不困难。不提供停顿线索使得阅读过程同时也成为对读者的分流过程：熟悉相关知识的读者能够快速读出曲文，甚至曲调；相反，生手则需要重复阅读才能找出妥帖的读法。（关于阅读过程对读者的分流与定位，这只是很小的例子。）尽管曲文是重复的旧文，不同刻书者对其格式的各自主张，再加上与各自其他版面因素的组合，呈现出来了形态各异的"物品"。对读者阅读技巧不同程度和层次的调动，也助长了不同读者对同一文本的不同反应，以及对阅读对象所代表世界不同程度的进入。

　　对书的"形式"的社会意义的分析，是书史研究的一个核心命题，[①]

[①]　关于形式与印本社会意义之间的关系，参见夏蒂埃《形式与意义》（*Forms and Meanings*）。

我们也不妨在此考虑一下格式、分段等形式问题的思想文化意义。文本控制与道德秩序的养成之间的内在联系，决定了正统文献或高文大册的书写、流传过程往往有极其精细的形式标准，包括对句读、行款及字体等方面的规范。[1] 印刷技术的推广使形制控制的问题更加尖锐，人们也意识到印刷复制过程中"形式"的失控，将会带来始料不及的思想文化后果。在对欧洲印刷史的讨论中，罗杰·夏蒂埃特别提到十六至十八世纪时分段印刷所产生的社会影响："将经文如此分割的结果是致命的：它授权于每一个教派或组织将其合法性建立在最能支持他们观点的经文段落之上。"[2] 从中国印刷史上来看，自宋以降，建阳应试书籍从形式（"故违官式"）到内容的自主性，也屡屡被有司诟病，屡被整治。[3] 应试书中最流行的一种，是小字袖珍本的经史子集《事类》一类。其物质形式（袖珍本）的社会意义（作为参考用书，甚至作弊夹带册的便捷），与其编辑形式（事类）互为表里，而其形式上的便利也使得事类之学的影响更加稳固，成为思想史中的一股动力。[4]

　　建阳书业的发展，历经宋、元、明三代，传续悠久，其在明代社会文化生活中的推动作用（所谓"书传海内，板在闽中"），[5] 已为论者多所阐述。书坊主们是打通文化传播多种渠道的关键。戏曲类书籍的刊行对口头文学、特别是表演文学所带来的重即时变更、重当下呈现、轻文本固化的精神有推波助澜之功。同一曲子的每一次表演（比如音量、快慢、动作等等）都会有不同，同时，每一次表演的观众、演唱环境等等也都会不同。在对同一首曲子的页面传播中，版刻处理上的流动、随意、异变，从

[1]　本章最后一节将对官颁书的书制有所涉及。
[2]　夏蒂埃《书的秩序》（英），第11—12页。
[3]　"故违官式"，出嘉靖十一年（1532）刻本《礼记集说》卷前针对福建书坊的牒文，全句为："书尾就刻匠户姓名查考，再不许故违官式，另自改刊。"见李子归《明代建阳的书户与书坊》，第38页。
[4]　《宋会要辑稿》载："今书坊自经史子集事类，州县所试程文，专刊小板，名曰夹带册，士子高价竞售，专为怀挟之具，则书不必读矣。"见《宋会要辑稿·选举六》。
[5]　出上引嘉靖十一年（1532）刻本《礼记集说》卷前牒文。

视觉上传译了口头表演内在的不可复制性、异文性。①沃尔特·翁（Walter Ong）在对口语文化的研究中指出，尽管有时表演者坚信自己是一丝不苟地按固定文本去表演的，但事实上总是不可避免地会产生异文。对口头文本的记忆，不像书面文字那样固定，也不像书面文字那样可供读者翻阅查对，因为口头文学"是声音，你可以'回想'，但却无处'回看'"。②记忆在对口头文学的复制中，容纳了增删变动。小曲收录中的异变，促成了表演能量从一个媒介（口头）到另一个媒介（页面）的传译，成全读者入耳之娱与悦目之玩的联觉享受。

　　通俗文学的刻本与口语文化以及人们对表演的热衷之间的关联，或许可以帮助我们重新思考一下白字的问题。俗本的一个常见特征，是用字的不规范，包括白字的泛滥。白字指的是因与本字字音相同而被错误借用的字，所以对白字之"用"，我们往往很自然地不以为然。细说起来，白字之"用"，在于它的音值完全取代了它作为书写符号的价值，比如这里《罗江怨》中的"洪誓"在《摘锦奇音》中就被误为"红誓"。③说白字是错字虽然没有什么错，但若忽略了白字之"用"，就把读者的语言生活简单化了。白字能够有用，提醒我们声音世界与书写符号世界的复杂关系。纯粹、理想的"正确"阅读世界也许是永远不存在的，阅读总是在有序与无序之间试图找到线索和平衡。④白字正是这种平衡过程的一个痕迹，读者或在阅读中对其进行自动矫正，或采纳其音值；在标准化并不严格的书写环境里，所谓白字有时又是一定读者群中约定俗成的、被接受

---

① 这种刻本呈演上的异文性，更直接的表现还在文本本身，比如"洗手焚香"一句被录为"净手焚香"等，不一而足，种种文本上的不一致渲染了表演中的可变性。

② 沃尔特·翁《口语文化与书面文化》（ *Orality and Literacy* ），第 31 页。笔者所见，Walter Ong 还被译为翁恩、安格等。

③ 《八能奏锦》《词林一枝》中的"神风"在《摘锦奇音》中被写作"顺风"，也是一例。按文意"神风"较为稳妥。

④ 据顾炎武，"白字"之"白"本身就是一个白字："今人谓之白字，乃别音之转。"见顾炎武《日知录》，第 99—100 页。

的，比如"唐明皇"与"唐明王"，在历史上都同样为读者接受。①

当然，这些戏曲刻本虽然对声音的世界进行了复现，并与表演性相呼应，但它们并非是某一次表演的实录。作为表演文化与雕版印刷实践交互影响下的产品，它们亦与雕印过程对文本的再整理以及刻本之间相互袭引的传播形态有关。不过在这一雕印实践中，与表演性相关的灵动与即时性，被顺利地转现在印版这一媒介中，提供给读者一种对表演的当下参与感。

与此同时，读者在面对不同的文本"物象"呈现时的选择、比较、参与，亦成为阅读魅力的一部分。书史研究中一个最迷人的方面，大概要算对阅读史的研究了。在长期重文献本身、重作者生平的文学文献研究背景下，对阅读史的重视独树一帜，力图开辟出新的知识前景。阅读史研究力求给予读者的存在以历史的声音，提醒我们意义实现于读者，并在阅读中完成。阅读史研究的困难也很明显，因为阅读往往不留痕迹，缺乏有形的记录。对于一般读者的阅读形态的研究，因为直接文字记录更少，难度似乎更大。在努力挖掘各种阅读史资料（比如读者手记、书籍销售数据、读者群体的活动情况等）的同时，我们手中最直接的材料仍是书籍本身，其中亦蕴藏着有关阅读活动的丰富信息。这可以从几个角度来看。首先是生产与消费的联通关系。生产不仅提供了消费的基础，也是由消费产生的。初看我们掌握的书籍只是产品，但产品不仅对消费方式有引导，也被消费所驾驭。再者，作者本身即是读者，其作品是作者阅读活动的产物，反映出当时的阅读文化。甚至可以说，作者的身份依赖于其读者身份，反之亦然；编者、绘者也是如此。同作者一起，编者、绘者、书坊主都需要把握文化或市场脉搏，方可宣心写妙。而从作品形成的角度来看，作品的形成以一个想象读者（群）的存在为前提，对读者、对阅读都有预设和引导，故从作品分析中，我们亦可回溯其对阅读的期待，窥见阅读文化的脉

---

① 俗字、白字不只是刻本中的现象，笔者这里对刻本中白字的提及，并不以写本文化与刻本文化的区分为前提。

络。下一节的分析，一部分就是基于上述的理论考量。

张生跳墙：跨界流通与渗透

大阅读时代，阅读更彰显为非单一性阅读。各种通俗读物的影响、各种阅读方法的选择、昙花一现的读物的纷呈、页面对声色的涵育等，不断冲击、重塑人们的感官与知性世界。这里标题中的"跨界"，具体指的是作品跨体裁、跨媒介的流通与牵连。

刻本中传播的文本与图画在互相指涉、复制和异变所构成的意义网络及其营造出的阅读环境中参与、干预文化流行样态的生产与消费，并为读者提供了个体阅读的多样可能性。换言之，刻本对既有材料的回收、互借、随机改动是整体文化生产与消费中体裁与媒介交互作用的一部分。《西厢记》"张生跳墙"一节，比较生动地诠释了这种流动性的微妙与丰富，为我们提供了一个文化热点产生过程的实例。

《西厢记》流传伊始，"张生跳墙"即引发了各种阅读和解释冲动，这与这一折本身对张生的阅读和解释行为的戏剧性处理有直接的关系。[①]此折情节大致如下：崔莺莺与张生相遇于普救寺……莺莺赋诗一首，由红娘传递给张生。诗云："待月西厢下，迎风户半开。隔墙花影动，疑是玉人来。"张生视诗中的"玉人"为自己，将"隔墙花影动"翻译成邀他赴约，并忍不住向红娘夸饰自己的解诗能力。随后张生自信满满，"准备着云雨会巫峡"，在夜间跳进花园。他先是误搂红娘，在终于见到了莺莺时，却被莺莺一顿抢白："先生虽有活人之恩，恩则当报。既为兄妹，何生此心？万一夫人知之，先生何以自安？今后再勿如此。若更为之，与足下绝无干休！"张生无奈，"则回书房中纳闷去"。临去之前还被红娘奚落道："再休提春宵一刻千金价，准备着寒窗更守十年寡。猜诗谜的

---

① 比如黄天骥《张生为什么跳墙？》一文，即谈到此关目中的诗歌解读问题，并讨论了从明代开始"张生为什么跳墙"这个谜一样的"几百年一直未解决的问题"，见证了这一折在读者中引起的解释冲动。

社家,俺拍了'迎风户半开',山障了'隔墙花影动',绿惨了'待月西厢下'……"①

剧中矛盾发展的关键,是解读的不确定性和待确定性。张生对莺莺赠诗的理解既正确又不正确:他准确地把握了莺莺赠诗的要点,但莺莺的复杂心理和当时情形导致了莺莺的临时变卦,却是张生始料未及的。② 这也再次提醒我们注意文本的表演性:在作者（莺莺）、读者（张生）、观众、第二读者（红娘）、环境（书房与花园）、社会角色（小姐身份）等因素的作用下,文本意义及其社会心理意义总是既有迹可寻又不断变动。文本、作者、读者在不断角力、妥协中寻找意义的落脚点,意义也正是在这种忙乱中得以登场。

《西厢记》在明代,特别是晚明,雕印数量激增,使得《西厢记》渐成晚明日常生活中的文化坐标。③ 单行本之外,戏曲选集、总集等也竞相摘录剧中的热门关目,其中常常入选的就包括"张生跳墙"一出。万历年间对这出折子戏的传播更是乐此不疲,编者与读者似乎都与戏里的张生一样,面对张生的热望及其折挫,欲罢不能:编印者纷纷在各自版本中对相关情节进行再加工（其中不乏才情之作）,插图本持续不断地出现,"跳墙"一幕也随之成为绘刻家们的最爱之一。

从古到今对各种标准本或精校本的搜求和推重,容易给人一种幻觉,觉得标准本是最权威的,标准本之外的本子是次等的。但这个权威性到底是什么? 对标准本的依赖是否存在盲点? 上文张生读诗一节,至少表明文本权威的形成是依赖很多因素的,尤其是读者的阅读行为。"张生跳墙"一节在晚明的文化生命,为我们具体了解文本、文化权威的生产与消费提供了材料。

明人对《西厢记》勤于改写,规模不一,最为人知的大概要算崔时

---

① 本章《西厢记》引文,除特别注明外,均出自由人民文学出版社出版,张燕瑾校注的"中国古典文学读本丛书"本（1994年初版）。

② 剧中莺莺最终再次寄简赠诗,并如约前往,"今宵端的雨云来"。

③ 参见蒋星煜《明刊本〈西厢记〉研究》,第16页。

佩、李日华的《南西厢》。这个改本中一个引人注目的地方，是在《临期反约》（即跳墙一节）中加入的莺红下围棋一段。其实围棋一段早在《西厢记》版印流行之初，即已作为衍生材料出现。现在所知最早的全本——弘治版《西厢记》前面的"参增"（供参考的、增加的）部分，就有"题莺莺红娘着围棋所作"的南吕一折。折中以莺红关于围棋的对话来影射莺张之事，以一语双关为修辞重心，诠释了题目中围棋（违期）的结构意义。"围棋"一出在《西厢记》全剧中的出与入是《西厢记》文本流动性的一个明显表现。

小规模的改写、改演则不胜枚举，其中《摘锦奇音》中所收的《张生跳墙失约》不失为有代表性的一例，从中可以看出改写部分与其他本子之间的牵连。《摘锦奇音》这一出的特点是，张生跳墙的"跳"的过程被拉长放大、数次被红娘拖逗为难。《摘锦奇音》中用半版还多一点的篇幅，增入了一段红娘与张生的对白，兹录如下：

> （生进，红推介）（红）且慢，我回去看夫人来没有。我和你作个暗号，若是夫人来，我便高喊一声，你就走了。（背云）谁家哪有这等现成的？今晚他两个倒来瞒我。我偏要打散他，则说夫人来了。（假叫介）叫红娘有哑。（生走，红闭门介）（生）好个红娘，若是夫人撞见怎了？！（生敲门介）（红）是谁？（生）是我。（红）是鸭？（生）是张。（红）是李？（生）是张珙。（红）张先生，你来了。（生）这个臭丫头，镇日与你讲话，如今又说"你来了"。夫人回去没有？（红）夫人回去了。（生）夫人回去了，开门。（红）你怎么这等高喊？（生）老夫人回去了，我还怕哪一个？开门。待我进来者。（红）你进来做什么？（生）见小姐。（红）见小姐做什么？（生）见小姐讨那话儿。（红）谁叫你来？（生）小姐有书叫我来。（红）书上怎么写？（生）待月西厢下，吟风户半开。隔墙花影动，疑是玉人来。（红）玉人是哪一个？（生）玉人就是我。（红）叫你跳过墙来。（生）墙高怎么跳得过来？你开门罢，红娘。没奈何，我就唱你个喏。（红）我就还一个礼。（生）我就拜你一拜。

（红）我就还你一拜。（生）我不曾看见。（红）我也不曾看见。（生）嗤，我错了，一拜了。红娘，这墙高，你看哪些矮处，我就跳过来罢。（红）这里。（生）这里？（红）这里。（生）臭丫头把我弄得昏昏花花。红娘，我穿了靴怎么跳得过来？（红）脱下靴，口咬住，一跳就跳过来。（生咬靴介）（红）张先生。（生）有。（吊靴介）这丫头，你叫，我应你，靴又吊了。（红）你把靴先丢过墙，然后跳过来。（生丢靴介）红娘姐，你接我这里，甚么所在？（红）这是池塘，那边是坑厕，仔细些。……①

　　黄天骥有一篇文章，谈到从明代开始，"张生为什么跳墙"就成了我们"几百年一直未解决的问题"。②《摘锦奇音》显然也对这段公案感兴趣，并设置出了一个答案：红娘故意的。上引红、生对白表示，红娘先是吓唬已经心惊肉跳的张生（毕竟夜半私会不是理直气壮的事情），谎称老夫人来了，接着又关闭园门，指挥张生在墙下左挪右移，借口帮他找最矮的地方来跳，搞得他"昏昏花花"。然后在张生嘴里叼着靴子要跳时，又逗张生开口答应，掉了靴子；好不容易一切就绪，可以跳了，张生多问了一句"你接我这里，甚么所在"，结果被告知是池边坑厕旁，还得"仔细些"。这段增加的对白将舞台表演的喜剧和动作效果发挥到了极致，叼靴与坑厕两个新增元素更是将戏中的情感世界拉入了生活枝节中，增强了插科打诨的效果，也因应了晚明文学中的游戏精神和尚俗之风以及晚明文化思潮中对日常生活的重新发现。无独有偶，前文提到的明末作家王思任，就写有一篇《坑厕赋》。③

　　对原有资料进行再加工总会增加新的解释内涵。有时这种内涵比较隐蔽，比如"跳墙"传本中红娘有这样一句唱词："则你那夹被儿时当奋发，手指儿告了消乏"，明显有情色意味，但"手指儿告了消乏"是含糊的表达。对此弘治本无注，《摘锦奇音》则在两句中间加了这样一段道白：

① 《摘锦奇音》，第85页。
② 见黄天骥《张生为什么跳墙？》，第151页。
③ 参见王春瑜《坑厕与文化杂谈》。

（红白）张先生，我想军围普救之时，你下功夫笔尖下写着那封书也，则费力来。争奈夫人赚你，小姐却留你，我想你把指头儿掐算，巴不得有今日呵。（唱）你指头儿告了消乏。①

这段话拐弯抹角地解释"你指头儿告了消乏"，试图化解话里原本并不太隐晦的情色意味。对这种化解至少有些晚明读者是不会买账的，比如王骥德就明确地在他的《新注古本西厢记》里说这一句是"亵词"。②不过《摘锦奇音》之所以着意化解，针对的或许正是这句话的释（歧）义空间，其表面的化解作为"隔靴搔痒"，也可能是越搔越痒。

各种改本、异本、舞台呈现之外，其他当下流行的文化样式也竞相复制、重现跳墙场景，这其中包括版画、小曲、谜语、酒令及俏语等，列举如下。

图Ⅲ-20a—图Ⅲ-20f摘选了几幅有关插图，从中可以看出视觉艺术对晚明读者的戏曲记忆、剧场知识积累的介入。这些插图基本可以分为两类：一类捕捉墙下情景，特别是张生误搂红娘的情形（图Ⅲ-20a、图Ⅲ-20e、Ⅲ-20f）；一类定格张生扒在墙上的时刻。二者喜剧色彩都较浓厚。

图Ⅲ-20a出自弘治本，是迄今所知最早的跳墙插图。画面对墙高未作渲染，墙也似乎构不成什么挑战。但严格说来，弘治本中的版画并非插图，而是"全相上图下文文本"，③这就要求我们将单幅画的绘制特点放在全书整体图像风格中去考虑。也就是说，此处对墙高的不做渲染，不只是这一单幅图画自身主题设定的结果，也有全书绘图技术上的统一考虑（比如全书整体上对图画角度的选择，对人物、景物比例关系的设定等）。换言之，复制过程中的异变，不仅是内容上选择、重释的结果，也是媒介技术特点使然。

图Ⅲ-20b出自著名的汪廷讷的环翠堂本《西厢记》。此本由名工陈

---

① 《摘锦奇音》，第84页。

② 王骥德《新校注古本西厢记》，3.29A。

③ 见张玉范《新刊奇妙全相注释西厢记·前言》，浙江古籍出版社2002年影印版。

聘洲等刻图。构图上高耸的墙体几乎可作登云之梯，巧妙影射科举生涯这一故事线索：张生是在进京求取功名的途中巧遇莺莺，顿起相思的。戏中红娘也曾数落张生道："你本是个折桂客，做了偷花贼；不想去跳龙门，学骗马（"骗"意为跃，此处"骗马"乃讥张生学宵小鸡鸣狗盗之术①）。"这幅图无形中将红娘的话翻译成了画面。图中张生左手扒住瓦檐，右手抓住柳枝，牵拉在墙上，露出窘态。这是一个经典构图，在接下来的两幅图中也被使用，特别是Ⅲ-20c，许多关键点与环翠堂本一图都很一致，表现出互为摹本的生产模式。同样地，Ⅲ-20e与Ⅲ-20f也是极度相似，以张生与红娘的亮相直接呈现了场上的舞蹈表演。②在这种流传模式的促进下，"墙"的戏剧化作用日益凸显。

　　互为摹本之外，绘图者也会注入自己的风格以及对"跳墙"特有的理解。这种再度创作在闵齐伋（1580—1661后）精美绝伦的《西厢记》版画中最为突出。这套版画采用套印技术，共21幅，现藏于德国科隆博物馆，其中第12幅为《逾垣》（图Ⅲ-21）。《逾垣》设计上的奇巧之一，在于画中出现了三个张生：墙上、地上、水中。墙上匍匐的张生，身体被太湖石遮掩了大部分，读者只能看到他的衣裾和鞋子；地上墙根处可见的投影中的张生，颇有剪影的效果；此外还有一个湖中倒影中的张生。其中湖中倒影最为真切，可见张生头戴巾帽，面容清楚，形态体面，无狼狈之态。③地上的影像、水中的映像和墙上的张生被以不同的细节取舍、不同的刻印手法表现出来。设计上、技术上的自觉和功力匠心，与其他"跳墙"版画之间的关系，在变换构图之外，更包含了对人物身份认定的复杂性、

①　据张燕瑾校注《西厢记》，第156—157页，注33。
②　这种对场上表演的直接图绘，在插图中还是比较少见的。英文著述对明代版画插图与舞台实践的深层关系的讨论，参见萧丽玲（Li-ling Hsiao）《永存于当下的过去》（*The Eternal Present of the Past*）。
③　感谢巫鸿（Wu Hung）提醒笔者注意此画三个张生的构图细节。关于闵齐伋《西厢记》版画的元图像（metapicture）特点，参见巫鸿《重屏》（*The Double Screen*）。学者对《西厢记》插图论述颇丰，近年对《西厢记》插图的比较全面的专题研究，参见董捷《明清刊〈西厢记〉版画考析》；马梦晶（Meng-ching Ma）《文本的碎裂与建构》（"Fragmentation and Framing of the Text"）。

張生誤摟紅娘

那鳥來了末云小姐你來也摟住紅科紅云

會畝是我你看得好仔細着若是夫人怎了

末云小生害得眼花摟得荒阿吡也見不知誰

望乞恕罪。唱便做道摟得荒阿吡你也索覷咱

多管是餓得你箇窮神眼花末云小姐在那黑

紅云在湖山下。我問你咱這箇着你來哩

末云小生猜詩謎社家風流隋何浪子陸賈。

准定抅撜便倒地。紅云你休從門裏去則

道我使你來你跳過這墻去今夜這一弄兒

助你。兩箇成親我說與你。儍着我者

【喬牌兒】紅唱你看那漠雲籠月華吲紅紙兒窓

曈柳絲花柔垂廉下綠莎茵鋪着綉榻

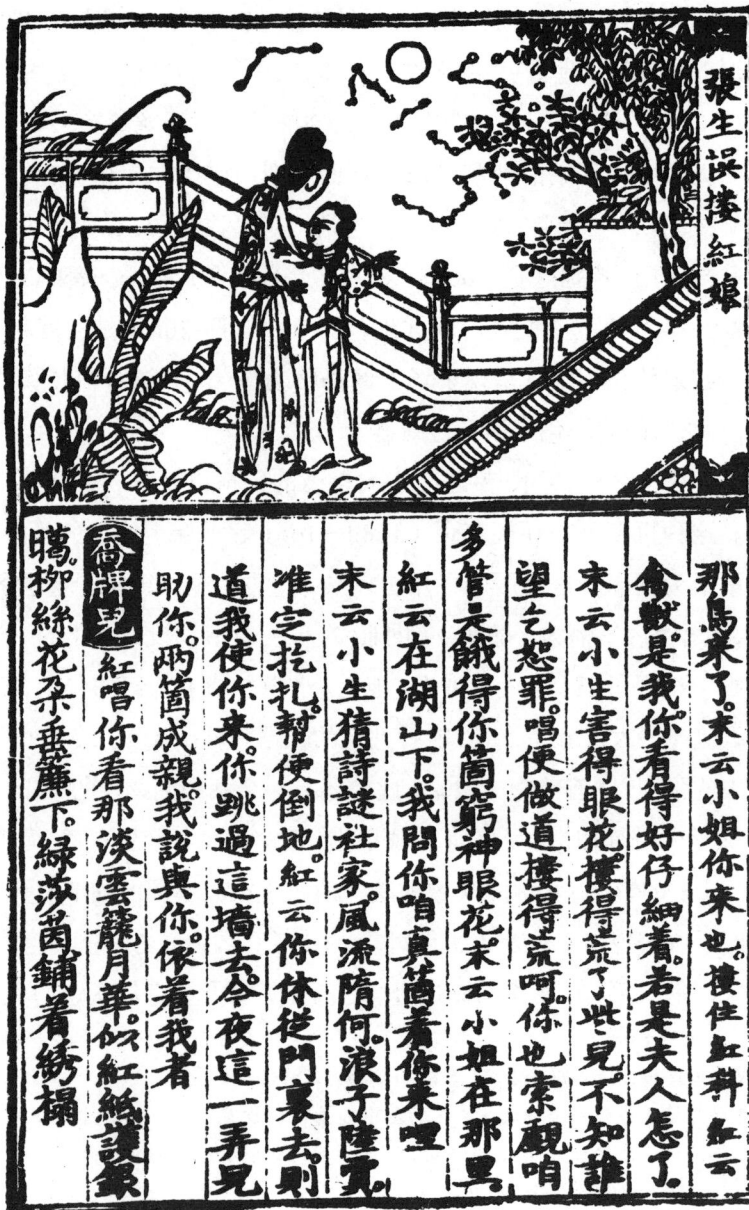

图Ⅲ-20a 迄今所见最早的跳墙图绘，题曰"张生误搂红娘"。《新刊奇妙全相注释西厢记》，1498年刊本，图中未渲染墙高。（《古本戏曲丛刊初集》）

图Ⅲ-20b　《环翠堂乐府西厢记》，汪廷讷万历年间金陵刊本，陈聘洲等刻图。"跳墙"一节日渐为人喜爱，图中墙体高耸，显为障碍物，昭示这一时刻的戏剧张力。（《古本戏曲版画图录》）

图Ⅲ-20c　金陵继志斋万历刊本《重校北西厢记》，其"跳墙"
构图与环翠堂刊本显有关联。（《古本戏曲版画图录》）

图Ⅲ-20d　《摘锦奇音》，万历三十九年（1611）刊本，与环翠堂本、继志斋本共享构图元素。（《善本戏曲丛刊》）

图Ⅲ-20e　万历年间金陵富春堂刊本《新刻出像音注花栏南调西厢记》，异于以上诸图，表现了舞台表演的一刻。图中题词曰"张生跳粉墙同奕棋"。（《古本戏曲丛刊初集》）

图Ⅲ-20f　万历年间刘龙田乔山堂《重刻元本题评音释西厢记》，构图与富春堂本似，图中对联曰"谩道文才海样深尚难猜四言诗句，谁知色胆天来大却易跳百尺垣墙"，横批为"乘夜踰墙"。（《古本戏曲丛刊初集》）

图Ⅲ-21　闵齐伋，彩色套印，《逾垣》。（《明闵齐伋绘刻西厢记彩图》）

真实与幻象之间关系的思考。

晚明小曲亦喜唱西厢故事，下录一首《挂真儿》、[①]两首《罗江怨》，均与"跳墙"一节有关：

> 《挂真儿·西厢记》
> 张君瑞跳过月墙内，
> 崔莺莺问红娘，
> 太湖石上站的是谁？
> 红娘道姐姐，是张君瑞，
> 夤夜入人家，
> 非奸做贼拿。

---

① 此曲乃总题为《古今人物》（又称《古今人名》或《古人名》）的一组明代戏曲人物小曲中的一支。

姐［兄］妹们的相交，①

ヒヒヒ②

哥，岂有这个理？③

《时尚浙腔罗江怨歌》

纱窗外，月影昏，

莺莺红娘后花园内等。

一等等得更阑尽。

粉墙外站立张生，

太湖石倚着莺莺。

红娘寄柬传书传书信，

那张生跳过墙来，

双手接抱着莺莺。

轻言细语低声儿问：

我为你死里逃生，

你缘何不下顾学生？

学生为你忧成忧成病。④

《楚歌罗江怨》

纱窗外，月正明，

张生月下等莺莺，

一等等得更阑静。

粉墙外，站立张生，

太湖石，斜倚莺莺。

---

① 此处"姐妹"为"兄妹"的讹文。

② 此处忠实于原刻对重复符号的采用。

③ 《大明春》，第142—143页。

④ 《摘锦奇音》，第34—35页。

> 红娘递柬传书信，
>
> 那张生跳过墙来，
>
> 双手儿搂抱莺莺，
>
> 轻言细语低声问：
>
> 肯不肯见怜小生？
>
> 我为你死里逃生，
>
> 生生死死忧成病。①

与插图一样，小曲也烘染了视觉意象，特别是太湖石这个意象符号，更是加深了明代文化记忆中太湖石与云情雨意之间的联系。同时，在这种文化记忆的氛围中，太湖石也对情欲的表达起到了开闸和烘托作用。

具体意象之外，小曲也以各种方式使用、系连《西厢记》曲本。比如第一曲开头，先以剧情概述将读者引入剧中特定场景，再直接引用剧中曲词："贪夜入人家，非奸做贼拿。"最后进入角色代入，重现莺莺对张生的抢白。原剧抢白如下："先生虽有活人之恩，恩则当报。既为兄妹，何生此心？……若更为之，与足下绝无干休。"在小曲的代入表演中，剧中文言风格的"既为兄妹，何生此心？"被转化为歌中白话风的"兄妹们的相交，哥，岂有这个理？！"从戏曲到小曲，体裁间的转换，伴随了语体（文言到白话）的转换，以及语汇的变化。其中"相交"一词，为男女私情小曲常用词，给曲中带入了一种小曲特有的私情氛围。

歌伎奉宴是晚明小曲的流行场所之一。觥筹交错之间，歌伎们声色诱人，宾客们亦会在兴之所至之时，以唱曲调笑为乐。在这种演唱环境中，小曲的魅力即在于它能编织出亲密的、特殊的情意，并以此在现实与幻象之间搭起一架桥梁。②小曲在社会生活中的魅力，也得益于其体裁结构上

---

① 《词林一枝》，第22—23页、第25页。

② 晚明小曲的这种社会功能与其文体特点之间的联系，与词的文体发展的情形相似。关于后者，参见宇文所安《语词的意味》("Meaning the Words")。另，曲词与社会功能，特别是表演环境之间的关系，亦见李舜华的有关论述，特别是其《礼乐与明前期演剧》一书中《从演剧环境看演剧文本的变迁》一节。

的特点。比如上引小曲在结尾均以请求的语气联络歌者与听者（如"肯不肯见怜小生？""你缘何不下顾学生？"），这些请求或者说哀求在重现戏中情形的同时，亦跳出戏中框架，进入小曲唱者与听者的代入情绪中，成为打情骂俏的一环。换言之，《西厢记》小曲所真正复制的，不是戏中情形，而是唱曲所蕴含的社会形态和人文关系（比如亲密之感，比如娱乐时尚）——"跳墙"的社会能量，在唱曲中得到了转换和发展。

晚明通俗刊物中也流行着以"张生跳墙"为主题的游戏文字。比如下面这条谜语：

果　名

相国行祠遇解张，
良缘配合托红娘。
海棠花下传书信，
约我佳期到粉墙。①

书中给出了答案，是"梅杏"，但原因未详。②

另，当时有相关酒令一支：

莺莺后园烧夜香。甚么时候？一更尽，二更初。勾引张生跳粉墙。墙有多高？四丈少，三尺余。一股金钗为表记。有多少重？五钱六分七厘八毫九丝十忽。夫人闻知打红娘。打了多少下？打了十一十二。③

此令为配合掷骰而设。掷者边掷边唱，一掷一行，掷中令中点数者饮，以此依序行令。④

---

① 《摘锦奇音》，第330页。

② 笔者猜想"梅杏"或谐"没兴"，指兴头上的张生碰了一鼻子的灰；或谐"媒兴"，指红娘为媒的兴致。另《康熙字典》释"呆"字："《本草》梅，杏类，倒杏为呆。俗以为痴騃之騃，误。"（《康熙字典》同文书局版，辰集中，木部三画。）所以也有可能以梅杏指呆，为评张生语。

③ 《三台万用正宗》，第2册，第251页。

④ 此令具体行令方法或略有不同，参见《三台万用正宗》，第2册，第248—249页；麻国钧、麻淑云《中国酒令大观》，第153页。

另有俏语一则：

　　张生跳粉墙——偷花贼。①

这些游戏的风行有一个基础，就是人们对《西厢记》要有一定的了解。这一点不难达到，尤其在晚明对《西厢记》热烈的传移和二度创作中，读者不需要阅读《西厢记》全剧，即可了解已成为文化热点的那些折段。这种游戏本身也提供了考验、展示读者相关知识的机会——这也正是这些游戏的社会能量所在，为知识的标榜以及相关的社会体面的标榜提供了场域。一定程度来说，文本在不同体裁与媒介中的流传所真正复制传播的，不是单纯的文字或图像，而是在各个文化场域中运行的社会能量。

　　"跳墙"一节在不同体裁和媒介的再现中发生了各种异变，体裁或媒介本身的特质是重要的驱动力。比如对舞台效果的追求，使得《摘锦奇音》以鲜活的宾白发掘了跳墙的喜剧潜力。再比如，上例酒令中掺和了《西厢记》传本中没有的"一股金钗为表记"的情节，这是因为这个酒令体裁本身需要令中出现从"一"到"十二"的数字。加入"金钗"一句，一下子引出从"五"到"十"六个数字，能顺利成令。此外，赠"金钗"虽为"跳墙"一节所无，却又是男女私情剧中常见私相授受的一幕，所以虽为添加，却在文化逻辑范围之内，故得以充数。

　　本节所列明代由《张生跳墙》一段衍生出来的文本、表演、图画及游戏，只是"跳墙"一节在明代雕版技术复制机制中的传播情形的一角，但从中可以看出跨体裁、跨媒介复制的生产、消费过程中社会能量的积聚和转换。在"跳墙"一节不断地被当时的各种流行文化形式（折子戏、戏谑风尚、案头阅读、宴乐）吸收、复现时，各式各样的社会、美学经验与日常享乐经验也在不断地层累、叠现，从而塑造、丰富了视觉、阅读、听觉混成的阅读世界。特别是文本与图像的并呈，它们之间或隐或现各种关联，

---

① 《大明天下春》，收入［俄］李福清、李平编辑《海外孤本晚明戏剧选集三种》，第609页。

使得读者对一个具体文本和图画的阅读成为对众多相关读物的隐性阅读。[①] 同时，这些作品的流传也保证了特定社会关系或社会角色的实现和复制：比如伎与客之间的纽带，比如曲家的文化地位，比如对知识的标榜和由此获得的社会体面，等等。总之雕版印刷的再造性不只是机械的，更是人文的。再造的不只是文本，更是文本背后的社会角色、阶层分属和人文关系。

晚明文本、视觉样态的密集层累，加宽了文化记忆的色域。如"张生跳墙"一例所示，原剧中的词、辞、曲及情节，在制文者或制图者、制书者的手中成为原材料。富有创意或饶有兴趣的人们结合不同体裁、媒介自身的逻辑对这些材料进行回放、增删、扭转，从而在复制再生中冲撞、叠加出文化记忆的万花筒，随时可以被读者重组、绽放。而在对《张生跳墙》的记忆回放中，读者也成为这一情节的共同作者。"张生跳墙"这一明代文化参照点的形成，不是基于它与某个作者的联系（王实甫的名字其实在上述明代资料中很少被提到），或某一精校本的权威性，而是得益于更广阔的文化场域中的再生产力量。[②]

蓄进贡：文、图与画

"张生跳墙"各种图文形式的传播，提醒我们戏曲文化在明人的集体文化意识或自我身份认知中的重要性。[③] 不过谈到明人集体认同感的表

---

① 关于图文的互融关系，iconotext（中文译为"图像文本"）是一个值得注意的概念，参见彼得·瓦格纳（Peter Wagner）《阅读图像文本》（*Reading Iconotexts*）。明代阅读世界中有丰富的图文关系材料，但对其进行专门论述超出了本书范围，笔者仅在此提出其中图、文互替的现象。这种现象在文本写作、编辑中均可见到。比如本书第一章讨论的《皇明诗选》的编辑，即通过模拟（mimic）绘图手卷的逐步展开，呈现了一个个明代社会的典型场景。

② 另一例类似的明代文化参照点的生成，是《唐明皇游月宫》在当时多种体裁和媒介中（绘画、戏曲、诗歌等）的传移。

③ 《张生跳墙》中的自我身份认知问题在闵齐伋前述《逾垣》版画中得到了诗意呈现：图中"张生"真身几乎被太湖石遮住，比较清晰可见的反而是其水中之像。

述，更直接的大概要算明人对自己的帝国气势的想象，特别是对"我大明"与外夷关系的建构之中。本书下一章将集中讨论明人的异域知识，此处作为本章的最后一节，作为讨论雕版印刷文化中材料、意义的生产与再生产过程的章节，我们权且将焦点放在"蕃王来朝"这个界定大明帝国与域外关系的场景上，探讨不同类型的刻本书籍对这个仪式的定规与传播，以及它们对明代不同读者阶层共享知识的塑造和分流。

"蕃王来朝"等朝廷礼仪，以其特定的仪式语言（仪程）来传达、固定着一种等级结构和天人秩序。这些礼仪实践渊源有自，并常以早期文献为依据。换言之，对这些仪程的制定与执行有赖于对传统文献和朝廷礼仪实践传统的完美把握，是王朝礼教的重要组成部分。学习、研究、编纂、演习各种礼仪文字与仪式传统，也就成为朝廷培养官员要吏的重要一环。①

而朝廷礼教实践参与者之外的人群，如外夷或一般民众，则常常会发现仪制中的特定语言让人如坠五里雾中。这在雕版印刷术对有关材料进行广泛传播之前更是如此。元朝睢景臣（约1273—1320）《高祖还乡》套曲中就烘染了一出因朴素乡民无法破译帝王仪仗中的象征语言而产生的闹剧：

见一彪人马到庄门，

匹头里几面旗舒。

一面旗白胡阑套住了个迎霜兔，

一面旗曲连打着个毕月乌，

一面旗鸡学舞，

一面旗狗生翅膀，

一面旗蛇缠葫芦。

……

这些个乔人物，

---

① 与此相关地，我们可以联想到本书第二章提到的李东阳集子中收录的科举试题。该试题表明对史地等知识的掌握只有达到"体诸身"的境界才完美。礼仪制度更是以"体诸身"为宗旨，对仪典的掌握是儒臣、职官传承正统之学的当务之急。

拿着些不曾见的器仗，

穿着些大作怪的衣服。"①

曲中的乡民用自己的日常识见去解释帝王符号，结果是（错）认旗幡上的凤凰为学跳舞的鸡，认飞虎为生了翅膀的狗，且认对方为莫名其妙的"大作怪"——颇有认对方为妖怪来了的架势。或许读者会以为睢景臣的曲子是以讽刺庄家愚昧无知为主题的，其实不然。这组套曲的高潮，是乡人认出了汉高祖的"真实身份"：原来这个堂而皇之的仪仗中的中心人物就是以前同村的村民，那个欠债不还、缺斤少两的无赖村民"刘三"。在认出了新晋皇帝的"真实身份"之后，乡人泼辣问道："只道刘三谁肯把你揪住，白甚么改了姓，更了名，唤做汉高祖？！"在讽刺性的反转中，乡民将帝王称号"汉高祖"有意无意地误读为姓汉名高祖，将一个帝王发家的故事变成了一个改名换姓的无赖生涯。②如果说"行不更名坐不改姓"是好汉的基本品性的话，更名改姓则绝非好汉所为。睢景臣这首套曲对帝王仪式的描写，不仅让读者看到了炫目的景观，更包含着颠覆性的意义，对帝王气象进行了讽刺；而村民对仪仗的误读，正如他对高祖的识破一样，成为对皇权威仪的讽刺。

朝章与仪制：文、图

明初立，即以皇训、制度、礼教为中心，制订颁行了一系列典籍，不仅旨在训导统治圈中的各个阶层和群体，亦在教谕百姓，建立大明气象，其中最有名的大概要算朱元璋《大诰》的"颁行天下，户户有之"，一时朝野内外，家传人诵。③从明初开始的这些制典、颁典工作虽有断续，但延绵不断，渐成规模，其中与域外邦交有关的图书，也在朝廷内外的颁行中

① 隋树森《全元散曲简编》，第214—215页。

② 由误听名字而颠覆释文传统，在汤显祖的《牡丹亭》中也被用到：《诗经》中的"关关雎鸠，在河之洲"的"河之洲"，被红娘误听为"何知州"。见《牡丹亭》第七出《闺塾》。

③ 关于明代制书的编纂出版，参见缪咏禾《明代出版史稿》，第48—57页、第133—148页。

以各种版印方式和渠道得到传播。一方面,朝廷汇纂的文献从儒臣上尊成宪、下博典籍的角度来对仪程进行确立,并直接指导着礼仪实践;另一方面,图书市场上也流行着对相关仪典的通俗化、"白话"化图文。后者既复制了官方文献中的相关记载,也吸纳了更广泛的、不同社会领域的语言语汇,对相关礼仪进行了重塑。这些官颁书与市场流通书均见证了编书者(尤其是通俗读物的编者)在知识形成与流播中的枢纽作用。通俗书的编者不仅致力于传播官颁书中的固有文献,更是在二度编绘中将有关知识、文化形态转化为庶民读者视野中的样态。

我们首先来看官颁书中对礼仪的呈现和录制。《大明会典》和《大明集礼》为明代朝章仪制之圭臬,从明初开始,经数次修纂重印,"国是所存、治化所著",^①成为明代社会重要的自我表述。其中《蕃国礼》,特别是《蕃王来朝仪》等,通过对迎送仪节的细致规范,确立了明王朝与夷国的关系,体现着明代承天运、君天下的宇宙秩序。虽然蕃国诸礼为蕃王及其来使而设,但其作用和意义还在于它们为大明臣民提供了一种政治愿景、以及一种集体认同感。

图Ⅲ-22取自《大明会典》中的《蕃王来朝仪》,仪制表述以外,其版面形式秉承特定书写礼仪,使王朝威仪一目了然(从而再次提醒我们"形式"对阅读的影响):凡关涉天子处(如"御座""皇帝"),均另行抵格书写,行位最高;第二级为宫中建筑(如奉天殿、午门等),均另行低一格写;其余行文均低二格书写。下具文以备详审,格式仿原版:

　　　　(礼部告示侍仪司,以)蕃王及其从官具服于天界寺,习仪三日,
　　　　　择日朝见。前一日,内史监陈设
　　御座香案于
　　　奉天殿。尚宝司设宝案于
　　御座前。侍仪司设蕃王与其从官次于
　　　午门外。蕃王拜位于丹墀中道稍西,及

----

① 《大明会典》正德四年十二月十九日《御制大明会典序》。

蕃王及其從官具服於天界寺習儀三日擇日
朝見前一日內使監陳設
御座香案於
御座前侍儀司設寶案於
奉天殿尚寶司設寶案於
御座之南其從官拜位於蕃王丹墀拜位之後俱北
午門外蕃王拜位於丹墀中道稍西及
向設方物案於丹墀之北中道東西方物狀案
於
《會典卷六十》
御前及丹墀中受方物官位於方物案之東西知班
二人位於蕃王拜位之北引蕃王舍人二人位於蕃王
從官之北俱東西相向餘如朝會儀是日鼓初
嚴禮部陳方物於
午門外舉案者就案次嚴執事官俱入就位接伴
舍人引班舍人引蕃王及其從官立侯於
午門外三嚴文武官具朝服入就侯立位執事者
奉天西門至殿前丹墀西侯立侍從奉迎
皇帝具禮服御輿以出大樂鼓吹振作陞座樂止卷

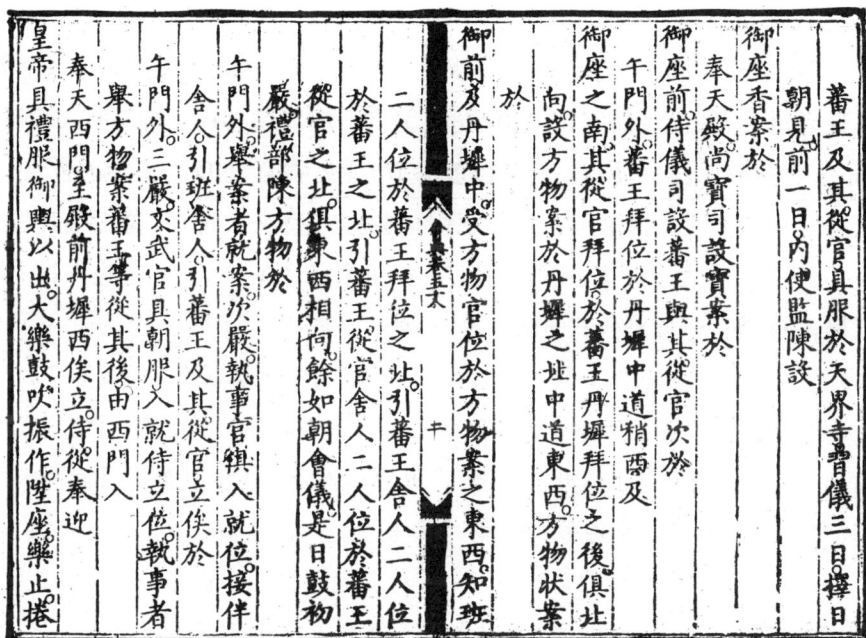

图Ⅲ-22　《大明会典·蕃王来朝仪》。（《大明会典》，台湾学生书局影印）

御座之南。其从官拜位，于蕃王丹墀拜位之后，俱北向。设方物案
　　于丹墀之北中道东西，方物状案于
御前及丹墀中。受方物官位于方物案之东西，知班二人位于蕃王拜
　　位之北。引蕃王舍人二人位于蕃王之北。引蕃王从官舍人二
　　人位于蕃王从官之北。俱东西相向。余如朝会仪。是日鼓初严，
　　礼部陈方物于
　　午门外，举案者就案；次严，执事官俱入就位，接伴舍人、引班舍
　　　人引蕃王及其从官立侯于
　　午门外；三严，文武官具朝服，入就侯立位。执事者举方物案，蕃
　　　王等从其后，由西门入
　　奉天西门，至殿前丹墀西侯立。侍从奉迎
皇帝具礼服御舆以出。大乐鼓吹振作，升座，乐止，卷帘，鸣鞭，报

时讫。①

据礼,蕃王及其从官须于天界寺具服习仪三日方可入朝。择日后,朝见前一日诸司(内史监、尚宝司、侍仪司等)将一应仪仗器用(御座香案、宝案、方物案等)摆放妥当。当日以鼓为节,受方物官、知班、引蕃王舍人、引蕃王从官舍人等执事官各司其职,排列有序,待文武百官、蕃王等就位俟立,天子出,大乐振作,鸣鞭,报时。接下来进入朝拜天子、进贡方物的仪程,兹录如下,以观仪式全貌:

> 蕃王及其从官各就拜位。执事者以方物案置蕃王拜位前。赞拜。乐作。蕃王及其从官皆四拜。乐止。引班导蕃王升殿,宣方物官取方物状从行。俱由西升。乐作,从殿西门入。内赞接引蕃王至御前,乐止,赞拜。蕃王再拜,跪,称兹遇某节,钦诣皇帝陛下称贺。致词讫,宣方物官跪于御前西宣状,承制官跪承制,诣蕃王前立。宣制讫,赞拜,蕃王俯伏,兴,再拜。蕃王及宣方物状官俱由西门出。乐作。复位。乐止。赞拜。乐作。蕃王及其从官皆四拜。乐止。礼毕。鸣鞭。皇帝兴,乐作,至谨身殿,乐止。引班导蕃王及其从官俱出见皇太子……②

总之,皇朝威严从器用到冠服、到音乐的使用,既繁缛又明确,一如典录文字风格。仪典以"设"字提示仪仗用品的摆放;执事官名列出具体所执之事,比如"引班""宣方物官""承制官"等,明确细致。仪式从"午门"到"殿西门"的空间秩序依时有序展开,先是仪式前三日的习仪,再是仪式前一日的各项准备,后是当日鼓初严、二严、三严时各级职官、蕃王的列队、就位,直至以鸣鞭宣布仪式正式开始。整个仪式又以音乐演奏来节制、分段,节奏谨肃。

《大明会典》之外,《大明集礼》亦备载相关议程,且在文字之外,加以图解。《大明会典》和《大明集礼》中的文字,虽有书写格式对等级秩

---

① 《大明会典》,第 1001—1002 页。

② 《大明会典》,第 1002 页。

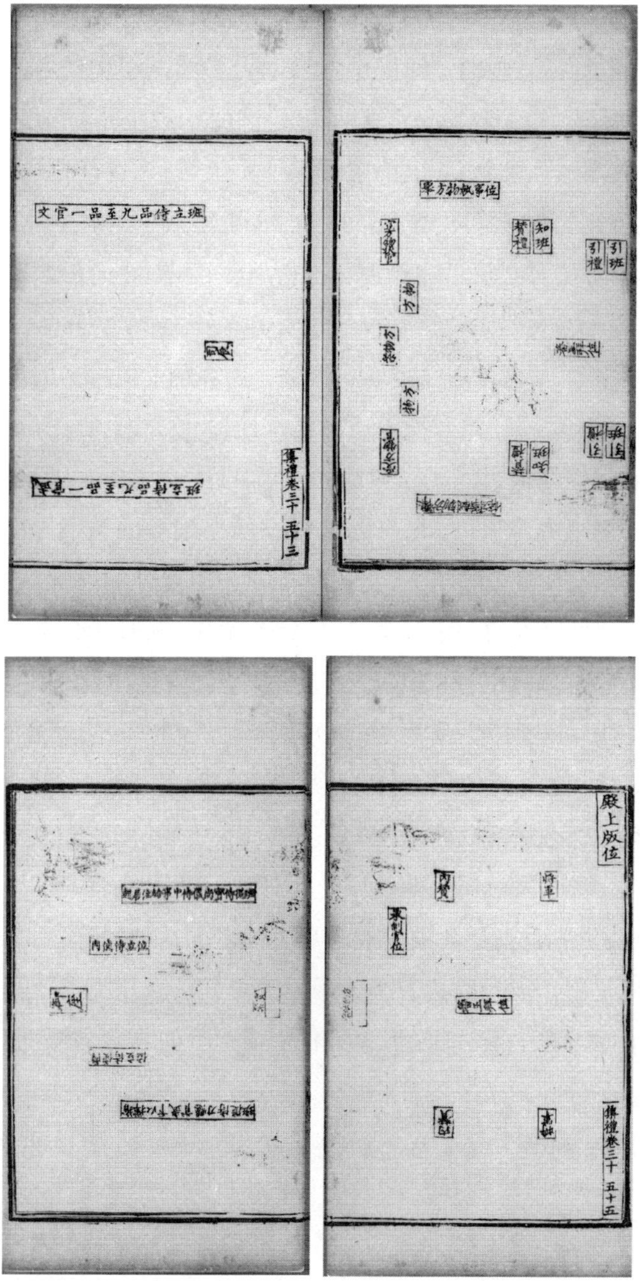

图Ⅲ-23 嘉靖刊本《大明集礼·蕃王礼》中对两个仪式时刻的图示，强调"蕃王拜位"为整个仪式的中心景观。（柏克莱加州大学东亚图书馆藏）

序直接的视觉呈现,但基本是以时间顺序来展开的。《大明集礼》中的图示则对仪式进行了直观的空间展示,使职官、读者对具体的空间陈列和人物站位一目了然(图Ⅲ–23)。《大明集礼》图示中更是特别强调了"蕃王拜位",将其立为整个仪式的中心景观。[1]

《大明会典》与《大明集礼》修成后,朝廷诏令颁示中外,以期"允为万世之法程,子孙之所世守而遵行推衍之"。[2]与许多其他官颁书一样,《大明会典》与《大明集礼》不仅通过官方渠道,"颁赐群臣、传行天下"(《大明会典》序),也在图书市场中流通,[3]客观上使得一般读者亦能有机会一睹国家大典——睢景臣笔下的西汉庄民,如果生活在明代,也许有机缘直接或间接地通过图书了解帝王旌幡的秘密。同时,市场上除了能够见到这些制书本身以外,另有私人或书坊主编纂的类书(比如《三才图会》),亦会收入相关的图文,更使得儒臣阶层之外的读者,可以通过一般类书了解到皇城内的规矩及其符号系统,而帝王朝仪,也渐渐成为社会各阶层人士的共享知识,而不只是起着指导宫廷礼仪的作用;蕃王来朝、蕃使进贡也就从仪典成为读物,作为知识和话题存在于阅读之中。

寻常读物中的蕃进贡:画[4]

如果说读者向来对遥远的皇城及其景观、秘籍、内幕充满天然的好奇心的话,通俗出版物则最大限度地满足了读者的这种好奇心,并将繁重沉冗的仪典改编制作成一般读者喜闻乐见的形式。日用类书就是这类面向一般读者(即士农工商"四民")而非精英读者的寻常书籍,其中的《诸

---

[1] 关于此礼,史家常常论及 1793 年英使乔治·马戛尔尼拒绝向乾隆帝行跪拜礼而引起的争端。有关英文著作参见何伟亚(James L Hevia)《怀柔远人》(*Cherishing Men from Afar*)。

[2] 嘉靖版《大明集礼·御制大明集礼序》,1B。

[3] 祁彪佳于书肆买《大明会典》,见《祁忠敏公日记·涉北程言》,12A。

[4] 明代视觉文化研究中有一个议题是图与画的区别和关联。就这一节的材料来说,《大明集礼》中出现的称"图"比较贴切,不能称"画",《诸夷门》卷首图称"画"比较贴切,但也可称"图"。图与画在功能、体裁和格调上的不同,从中可略见一二。

夷门》（又称《四夷门》）对四夷进行了世俗化、图像化的处理，帮助构建了明代读者对蕃夷来朝景观的流行想象。

《诸夷门》分上下两栏。上栏是一组《山海异物》，下栏收录四方诸夷；以图为主，配以说明文字。这里我们选出两幅《诸夷门》卷首图进行讨论。

作为卷首的视觉标志，这两幅插图均选择"蕃夷来贡"为画题，来引出卷内的异域世界。这两幅画（图Ⅲ-24，图Ⅲ-25）出自晚明两本不同的日用类书，一为《万书渊海》，另一为《万用正宗不求人》。画面均直接将读者带入朝廷内部空间，进入相关仪式中最激动人心的一刻——蕃进贡。画中可见御案后天子升座，方物案上摆放着贡物，蕃使服其国服，跪，等等，可与《大明会典》和《大明集礼》互相参照。"蕃进贡"三字更是直接出现在蕃人所持文簿上（见图Ⅲ-25）。

两幅画有明显的相似处，均设蕃人一，大明朝廷官员三。三人中间落座者，据明代通俗读物插图的语言习惯，可解读为天子。[1] 四人均"具服"，冠服符合场合身份，其中蕃人冠服的奇异夸张与画中明人的衣冠文明对照鲜明。

我们再看一下两幅图画之间的差异。就图的上半部来说，图Ⅲ-25可以说是图Ⅲ-24的精细版：装饰桌案的锦幛在与图Ⅲ-24相同的几笔折痕处理之外，呈现了更为精致的细节和层次感；屏风上的山水画也被更仔细地勾勒出来。就图的下半部来说，图Ⅲ-25与较简单的图Ⅲ-24的不同之处，一是画面处理的清晰、细节化，白描的风格特点更突出；二是对物品的用心安排：除一架绘有山水画的折屏、一张桌案外，还有一辆推车、一张方物案、一本状簿等物品，与人物一起编织出一个特定的文化政治网络，并由人、物在页面上的空间位置表达出来。

画的上半部是明读者心目中"我大明"的空间：大臣与天子身着朝

---

[1] 明代版画插图中对帝王与圣贤的描绘有时与普通朝臣难以区别，人物身份一定程度上依赖配文及其他辅助因素才可判定，故此处对坐者身份的"解读"仍有不确定性。

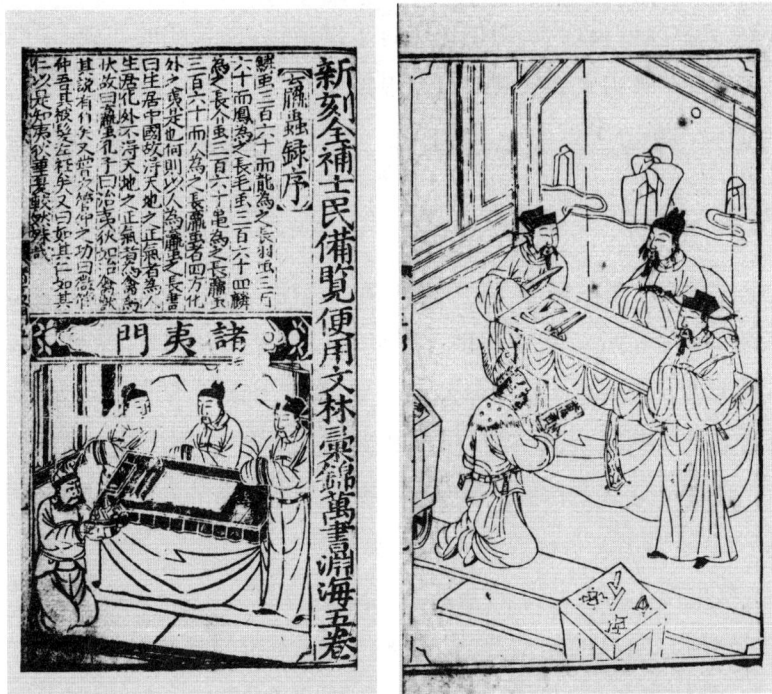

图Ⅲ-24（左）图Ⅲ-25（右）　分别出自《万书渊海》（1610年福建刻本）及《万用正宗不求人》（1609年福建刻本）。（《中国日用类书集成》）

服，仪态从容，互动和谐。天子与左边大臣的对视传递了君臣一心的信息。环拥着他们的是象征大明文化和文明的物体，包括山水画折屏、锦案、锦案上的笔砚以及朝笏。在刻画文明教化的同时，画中的这些人、物组合也吸引着明读者集体认同感的投射。

　　值得注意的是，画面中上述物体并非《大明会典》和《大明集礼》中强调的仪仗器物的形制，笔、砚更是上述仪制未提及的。屏风也好，笔砚也罢，与其说它们是朝拜仪具，不如说它们是明代视觉艺术，特别是版画插图艺术中表现闲雅居家生活或士夫雅集赏鉴活动中的常见物品。绘图者在这里是用一种由刻画闲雅居处而发展出来的视觉白话，去翻译遥不可及的帝王景观，并将神秘的朝廷事务拉入了一般读者的视界。这种绘画语言——以屏风、笔砚代表文化和地位——虽说偏离了朝廷仪式语言风格，但却简单明了地给读者传递了明王朝风教天下的讯号。

画面的下半部分是"他者"的空间。画中唯一的蕃人被配以人们想象中典型的夷人装扮：冠禽衣兽。蕃人装备之简，与画面上部形成对照，其中包括一辆推车（实际上画面显示只是推车的一角），据画意为运输贡品之用，还包括方物案上陈列的珍玩，有珊瑚、犀角等。这个空间着力表现的是异域风情、物玩和蕃人的身单力薄。（上下画面由此生发出创造性的和供消费的、文明的和野蛮的、劳心的和劳力的区别等。）

画面中间站着一位大明官员，正在接受进贡表状。作为上下空间关系的纽带，他保证了蕃使和天子之间的礼仪距离，维护着天子之尊。画面上下空间的关系也同时由不同的视觉修辞表达出来。上半部重象征，以雅具、朝服象征明人的高尚文化、创造力和风教天下的政治秩序；下半部则强调借代修辞：推车的一角代出华夷交通中夷人的不远万里，一台方物案代出天下蕃夷的争相献宝，一个蕃使代出天下诸蕃。这种借代修辞用到极端，转成了方物案上的图案符号，用来代替对宝物的实际写形。

继续看下去，会发现画的上半部实为当时版画对朝廷、公堂的习惯表现手法。我们可以比较一下图Ⅲ–25与图Ⅲ–26，就会发现两图的上半部几乎是彼此的完美翻版。图Ⅲ–25与图Ⅲ–26均出自《万用正宗不求人》，一为第一卷《天文门》卷首插图（图Ⅲ–26），一为第四卷《诸夷门》的卷首插图。后者搬用前者，是明代插图创作中高效率图像生产的制作技巧之一，也是又一例明人造书"拿来主义"的表现。这种搬用既符合减少成本、及时投入市场的商业逻辑，同时也促成了视觉表现程序的传播，间接起到了画谱的作用。

图Ⅲ–26与图Ⅲ–25的区别在于图Ⅲ–25对画面下半部的改动，将《天文门》图中跪着的臣子换成了蕃人，并添加了与蕃人来朝仪式相关的物件。换言之，当画的上半部因循了一种表现程序时，画的下半部承担了将程序"实地化"的任务。绘图者借此翻旧为新，且用俭省的笔触，将画面拉入仪典描述的世界，并进而提供了一个"知情者"的视点——知晓相关礼仪内情、特别是仪典、表状的作用的视点，顺带恭维了识图人（读者）的"知情"地位。

图III-26　《万用正宗不求人·天文门》卷首图。(《中国日用
类书集成》)

"蕃进贡"三字用得省力，也颇得版画插图三昧。首先它既说明了簿状内容，也为画外的读者点明了画面主题。明代版画对物件的一种处理手法，是不仅图其形，而且标其名，有时颇有一种唯恐窗户纸没被捅破的姿态，图Ⅲ-27的"井"字，即为一例。另外，"蕃进贡"虽拿在蕃人手中，但仍是明人口吻，称来者为蕃，顺应了明读者看世界的角度。画中的折屏在画面正中形成了一个摆角，来引导读者视线。与此配合，图中的蕃人跪迎着读者（由右向左翻动书页）的阅读方向，以侧面（三分像或七分像）绘出，见Ⅲ-28所示画像法，形成蕃人、朝廷和读者的三角关系，使得朝廷君臣某种程度上与蕃夷一样，都成为宫廷剧的一部分，成为庶民案头阅读和想象的一部分。（前引睢景臣的套曲也是这种宫廷剧传统中的一例。）

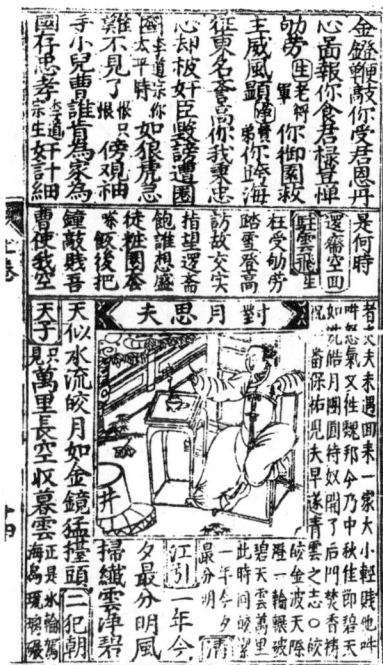

图Ⅲ-27　《玉谷新簧》（万历年间刻本）"对月思夫"图，图中井上标一"井"字。（《善本戏曲丛刊》）

而这个想象空间是由一个序列移动来支撑的：图中将天子之"殿"序列移动为模式化了的、日常生活体验范围之内的体面的"厅"。这个平移倚重于当时流行视觉符号系统的建立。在这个系统中，厅与屏风、与笔砚成为一目了然地表示文明与尊贵的符号。通俗图籍在市场的驱动下，不仅普及了知识，而且发展出了一套自己新的视觉和文字语言，并以之翻译、再造相关知识，以及相关知识表述所依赖的想象的空间。下一章我们将具体讨论复制中的游离与求异是如何成就了明代的畅销书《赢虫录》，又是如何重构了人们当时的舆地情怀的。

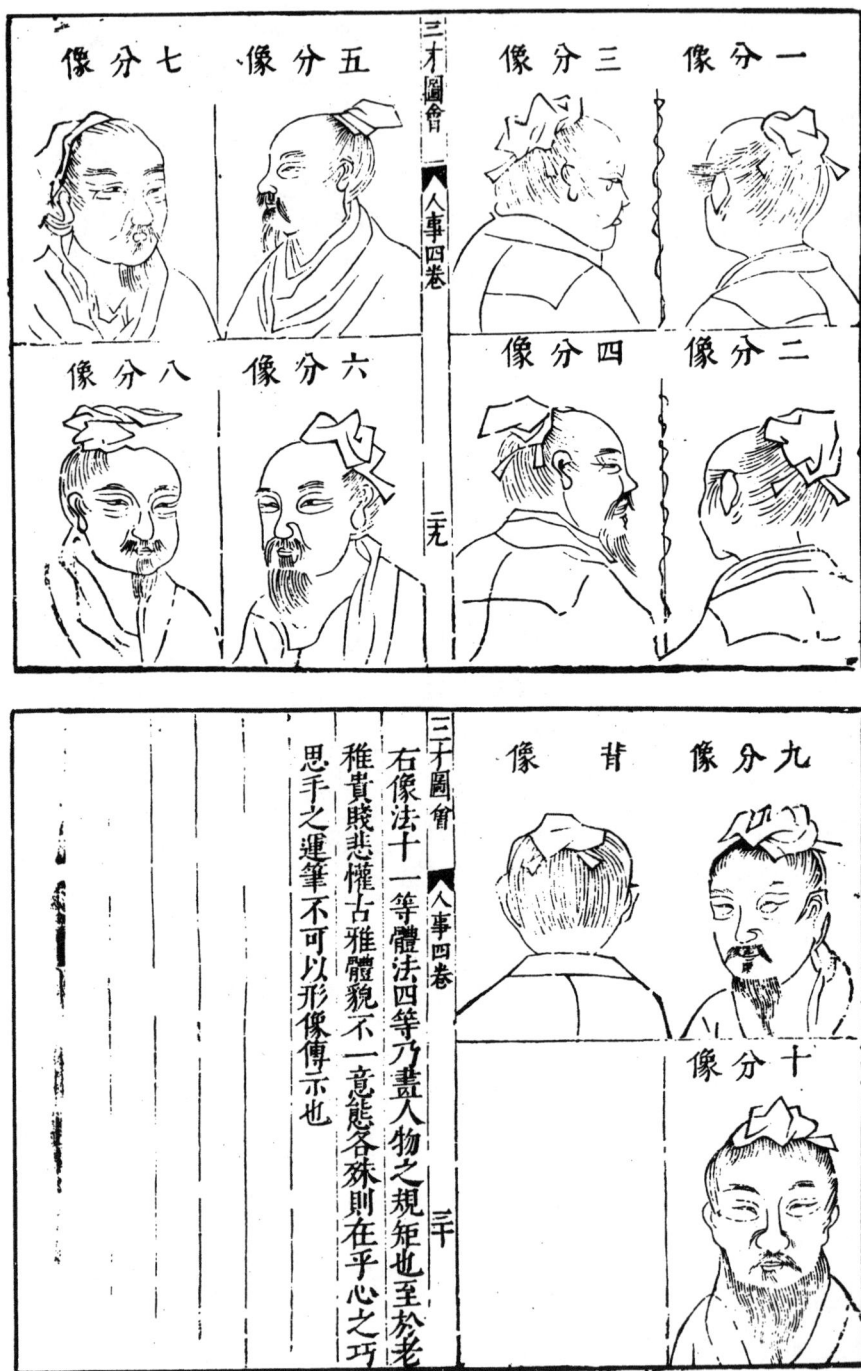

　　图Ⅲ-28　万历年间刊本《三才图会》中的"像法十一等"，表明了当时绘图、读图实践的自觉。（《续修四库全书》）

第四章

书与夷：《嬴虫录》小史

原来这猴似人相，不入人名；

似嬴虫，不居国界……

——［明］《西游记》

在《大义觉迷录》中，清雍正帝（1723—1735在位）论证说汉字的"夷"字与籍贯有关："不知本朝之为满洲，犹中国之有籍贯。舜为东夷之人，文王为西夷之人，曾何损于圣德乎？"并进而告诉臣民无须讳言夷狄二字："且夷狄之名，本朝所不讳。孟子云：'舜东夷之人也，文王西夷之人也。'本其所生而言，犹今人之籍贯耳。"①

与此同时，一些清初刻书者又往往自我审查，避用或挖改"夷狄"这样的字眼，如改"夷"为"彝"，改"狄"为"敌"，表明人们觉得这样的字眼实际上给当朝造成了问题。②否则，《大义觉迷录》中为什么一而再、

① 《大义觉迷录》卷一，2B—3A、43A。
② 《四库全书纂修考》："四库馆未开以前，自康熙以来，君主之意旨，臣民之揣摩，为女真讳，为建州讳，其风已炽。但无设定之禁毁机关，所及者少，如乾隆四十二年谕旨，不满于康熙间所刻《宗泽集》《杨继盛集》，忽改夷为彝，改狄为敌，又忽将此二字挖去存圈，未能一律。当时偶发见于二书，其实清初刻书，似此者不知凡几。且有并非胡虏本义，以虚字用之胡字，亦挖空不露此字者。然所挖适留痕迹，后人可以意得之。至四库馆开而根本删改，禁毁原书，此所以成清代书籍中一大公案也。"郭伯恭《四库全书纂修考》，第233页。

再而三地进行华夷之辨呢？^①

雍正皇帝试图一劳永逸地解决"夷"字的困扰，无论效果如何，这个十八世纪的论辩都邀请我们去考虑雍正就此立言之前的几个世纪里，这个概念具体的使用史，以及相关华夷知识的流传史。这个历史是否造成了清初作者的自我审查？反言之，这个历史是否支持雍正的断言，即夷狄这样的字眼无关辱清？对这些问题的思考，或许可以使我们更好地了解近世中国对异域世界及其居民的描绘、理解、想象和幻想的具体过程。

明代有一部叫作《嬴虫录》的图志（今存本中有胡文焕《格致丛书》本等^②），为我们的探讨提供了契机。其图志的形式，也给了明人放眼"看"世界的机会。

全球贸易和政治宗教网络在十六、十七世纪的扩张，冲击、重构了人们的世界观念。《嬴虫录》风行于这样的历史时刻，在其影响力最盛时，甚至成为明人异域知识的常备参考书，从而为我们提供了一个独特的窗口，可以让我们看到在这样一个特殊的历史时刻流传的明代有关人类世界的一些观念。同样珍贵的是，这部书及其生产流播史也为我们了解明人对相关域外观念的挪用、表述、传播、阅读过程提供了线索。

《嬴虫录》（图Ⅳ-01）以刻本流行，收录百余种"嬴虫"（又称"夷"）的图像和文字，^③基本上以"国"为单位，对政权、国家或政体组织进行图绘和介绍。用今天的地理概念来说，这些"国"度覆盖了亚洲、印度洋地区，中东（如"大食勿斯离"，即今伊拉克北部的摩苏尔），非洲

---

① 关于《大义觉迷录》与十八世纪以来围绕着"夷"字的争议、争端，见刘禾（Lydia Liu）《帝国的话语政治》（*The Clashes of Empires*）第三章，特别是第81—88页。书中第31—107页讨论了1858年《中英天津条约》中有关禁用"夷"字的条款："嗣后各式公文，无论京外，内叙大英国官民，自不得提书夷字。It is agreed that, henceforward, the character 'I' 夷 [barbarian], shall not be applied to the Government or subjects of Her Britannic Majesty in any Chinese official document issued by the Chinese authorities either in the Capital or in the Provinces."

② 胡文焕，生卒年不详，字德甫，一作德父，万历、天启年间设文会堂于杭州，以刻书为业。

③ 不同版本收录的"嬴虫"数目不同。《妙锦万宝全书》（图Ⅳ-01）中收录139种。

图IV-01 《赢虫录》作为日用类书章节的出现;上栏为源自《山海经》的《山海异物》。刘双松安正堂1612年刊《妙锦万宝全书》。(《中国日用类书集成》)

(如"默伽腊",即今摩洛哥)以及欧洲(如"斯伽里野",为今之西西里,图IV-02)地区。[①] 全书以收录"中国"疆域之外的外夷为主,但也包括"中国"疆域之内的内夷,以及《山海经》类的早期文献中记载的传说中的、或内容失考的国家。《山海经》与《赢虫录》在明代经常被拿来类比,甚至一起刻印,两者也都在收录有关殊域人的文字描写的同时,特别重视图绘。[②]

《赢虫录》入清以后渐渐淡出了人们的书籍记忆,近期渐渐得到学者

[①] 《赢虫录》中的地名考订,据陆峻岭校注《异域志》。
[②] 明代书籍市场上流行的《山海经》版本多为绘图本。

猴

蜀鹿

祖陽山有
散狀如馬
自首虎紋
赤尾名曰
鹿蜀其音
如謠人襁

狌哇國中
山多猴不
畏人呼以
賞雲之聲
即出或投
以果實則

行二大猴先至土人謂之候王候夫

八公集群候食廿餘

其皮則宣子孫

怪灵祭人不怀遭荼毒

的剌普剌國

斯伽里野國

叟爆出皆碎五年一次火出其火流傳海邊復
回所遇林木不燒遇石燃如炭

納穴中須
石千百斤
國人扛大
四季出炎
山上有穴
近震眚國

國有城池
民種田地
出明珠異
寶等物至
應天府行

二年零二箇月

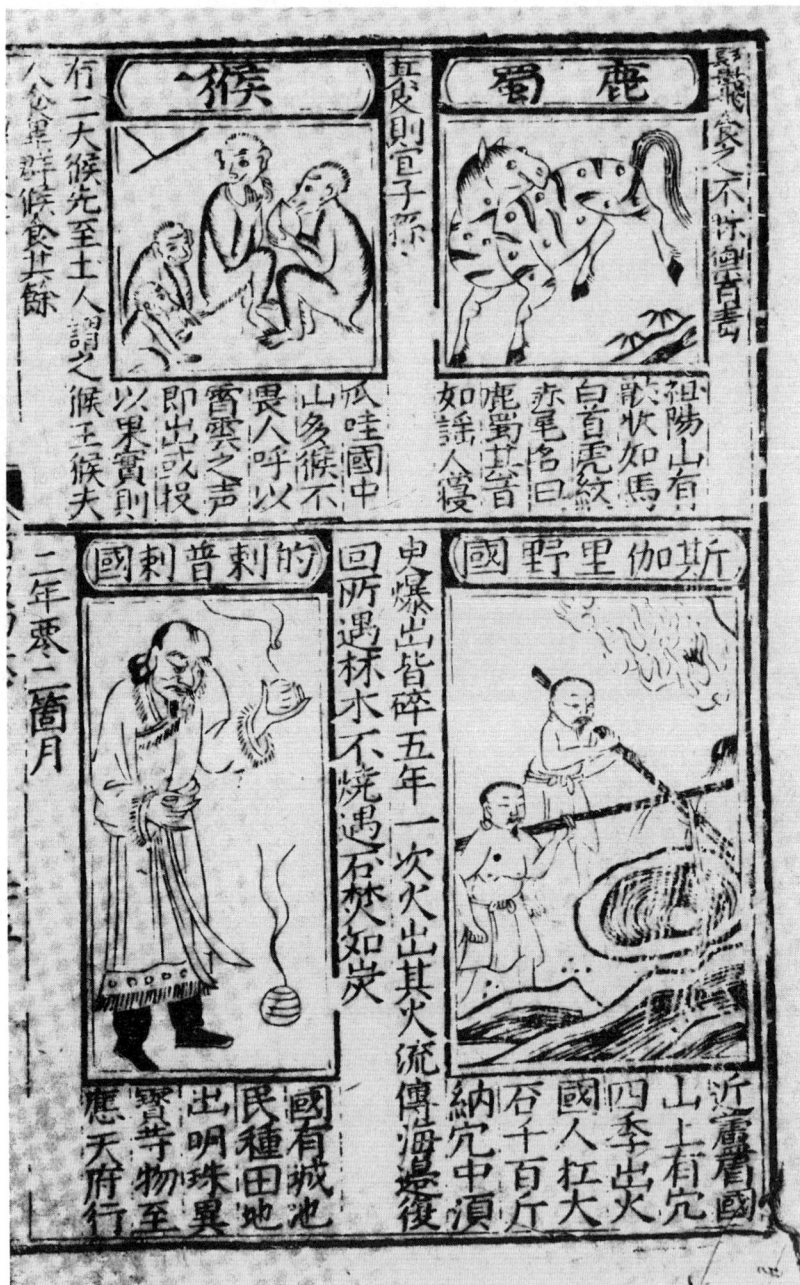

图Ⅳ-02　《赢虫录》中的"斯伽里野国"（右下角，今意大利之西西里岛）。（《妙锦万宝全书》）

注意①，从本章的钩沉中可以看到这部书在明代的辉煌。《嬴虫录》也是明代"稗贩之学"的经典例子，在明代很长一段时间里，这部书都在被不同类型的编刊者不断重刻。其中许多版本刻印不精，对考实、校勘确实表现出了一种比较随意的态度。总的来说，在众多《嬴虫录》版本中，很难指出一种或一组版本可以作为它们之间的"善"本或标准本，我们也将在本章看到，明代的造书者和读者是如何多样化地复制、推出和消费《嬴虫录》的。

明代日益增长的海洋活动为不同地区、不同洲的人们提供了更多的直接接触机会，也刺激了越来越多的异域文献的产生。②《嬴虫录》与当时其他殊域著述相比有一些独特之处。首先，这是一部"画册"，与明代发达的版画业和读者的视觉胃口关系密切。其次，《嬴虫录》以完备为宗旨，囊括了明代所知海上与陆地的众多国家和群体。最后，也是最重要的是，这部书的流传之广、在不同读者中的多样化阅读也是其他书难以相比的。这些特点使得《嬴虫录》的刊播史可以进一步帮助我们了解明代的阅读世界。《嬴虫录》引发的这个阅读世界中包括对精英话语和朝廷政策的作用，也远远超出了精英文化与官学的覆盖范围。通过细读这部著作中的文本与图像，并检讨其流传、推广、使用史，我们将回溯《嬴虫

---

① 学苑出版社 2001 年将《嬴虫录》影印出版。下列著作对《嬴虫录》均有涉及：周心慧《中国古版画通史》，第 179 页；《中国版画史通稿》，第 241 页；白谦慎（Bai Qianshen）《傅山的世界》（*Fu Shan's World*），第 17—18 页；何罗娜（Laura Hostetler）《清代的殖民事业》（*Qing Colonial Enterprise*），第 92—96 页。关于《嬴虫录》的一个特定版本系统，即日用类书中的《诸夷门》，见徐晖林《朝贡的想象》；三浦国雄《〈万宝全书〉诸夷门小论》等。三浦国雄的文章对日用类书中的章节与独立印行的《嬴虫录》的关系也进行了讨论。笔者亦在 2011 年的《亚洲专刊》（*Asia Major*）发表了对《嬴虫录》书籍小史的梳理分析。本书英文版出版后，近有鹿忆鹿《〈嬴虫录〉在明代的流传》一文发表等。

② 明代异域著述的一些例子，可参考中华书局的《中外交通史丛刊》。对明代海外交通的中外研究不胜枚举，英文著作中与本章关系密切的有普塔克（Roderich Ptak）的《中葡与南洋》（*China, The Portuguese, and the Nanyang*）与《中国与亚洲海洋》（*China and the Asian Seas*）等。

录》的明代生命史,讨论其不同的版本、制造者、目标读者,以及它在不同时空条件下的传阅情形。由此我们不仅可以了解这个文本说了什么、是怎么说的,而且可以了解当时读者从中听到了什么。

"赢虫"究为何物?文献记载,它是古代传统动物分类的一个概念。在这个分类系统中,动物被分为五类:鳞虫、羽虫、毛虫、介虫和赢虫("赢",或作"倮"或"裸")。比如《孔子家语》中这样说:

> 羽虫三百有六十而凤为之长,毛虫三百有六十而麟为之长,甲虫三百有六十而龟为之长,鳞虫三百有六十而龙为之长,倮虫三百有六十而人为之长。[1]

人在这个"五虫说"中是"赢虫"的领袖。"五虫说"及其变种也出现在《大戴礼记》《论衡》《关尹子》《管子》《黄帝内经》等文献中,而且明以前一直在流传着,[2] 但明代的书籍市场将"赢虫"这个概念推到了更广泛的读者面前,而且更为尽兴地挖掘了以"赢"和"虫"标榜人类时的幽默潜力。《赢虫录》这样的题目选择,不仅向明代读者重新介绍了一个传统概念,而且逐渐为明代对外夷和蕃狄的流行想象定了个色调。如果说"夷"为正式语,是《大明一统志》或《大明会典》等官颁书中的用语,并最终成为精英阶层文化和外交争端中的重点符号的话,"赢虫"这个词在明代的出现则与一种非官方的表述方式联系在一起,具有游戏效应的潜力。所以尽管"赢虫"有古典根源,它也可以说是明代重铸词(neologism)之一,引发着一种对异域居民的新鲜信息的期待。

明代神魔小说《西游记》为我们了解当时读者对天地万物,特别是域外之物,进行搜集和归类的热情提供了另一个窗口,其中也涉及到了

---

① ［清］陈士珂《孔子家语疏证》,第168页。
② 文献中对"赢虫"的含义时有争论。上古、中古著述常以赢虫指夷狄,但宋代的林希逸认为赢的意思是"浅毛",虎豹之属。见林希逸《考工记解》,2.17B。

"赢虫"。① 《西游记》和《赢虫录》可以说是当时人们异域想象的两个超凡表述：两者都将相关信息集聚为全景呈现，并且给读者提供了一个支配性的框架——就小说来说，就是求经的历程；就《赢虫录》来说，就是画录的形式。

《西游记》中也提到"五虫说"。② 在第三章"四海千山皆拱伏，九幽十类尽除名"中，孙悟空因追求长生不老对地府档案产生了极大的不满。他坚信自己已经"超出三界之外，不在五行之中"，所以当他被两个小鬼勾到"幽冥界"时，大为恼怒。他先"把两个勾死人打为肉酱"，又质问十代冥王"为何着人捉我"，并要求查看《生死簿子》。小说写道：

> 十王即命掌案的判官取出文簿来查。那判官不敢怠慢，便到司房里捧出五六簿文书并十类簿子，逐一查看：赢虫、毛虫、羽虫、昆虫、鳞介之属，俱无他名。又看到猴属之类，原来这猴似人相，不入人名；似赢虫，不居国界；似走兽，不伏麒麟管；似飞禽，不受凤凰辖。另有个簿子，悟空亲自检阅，直到那"魂"字一千三百五十号上，方注着孙悟空名字，乃"天产石猴，该寿三百四十二岁，善终"。悟空道："我也不记寿数几何，且只消了名字便罢。取笔过来。"那判官慌忙捧笔，饱揾浓墨。悟空拿过簿子，把猴属之类，但有名者，一概勾之。掷下簿子道："了帐，了帐，今番不伏你管了。"③

《生死簿子》将各种生灵尽数收录，是万物秩序的档案根据，不仅对物种进行分类，而且连每个生物的寿数，都分毫不差地记录在册。小说在这里还特别点明"赢虫"与"国界"有关，与《赢虫录》以"国"为单位正相契合。这里还有一个《西游记》与《赢虫录》之间的联系，与这两部

---

① 今存《西游记》诸本，日期可考者中最早的版本刻印于1592年。英文中对这部小说的资料和成书的研究，见杜德桥（Glen Dudbridge）《〈西游记〉源流考》（*The Hsi-yu chi: A Study of Antecedents to the Sixteenth-Century Chinese Novel*），以及余国藩的英文译本及论著等。

② 《西游记》中的"五虫说"与《孔子家语》略有不同。

③ ［明］吴承恩著，黄肃秋注释《西游记》，第37—38页。

著作中的人种学热情或曰迷思（fantasies）及纷争有关：小说中的孙悟空对簿子中有关猴属的记录"一概勾之"，勾销了簿子中对他的身份和存在的判言；我们在下文将会看到，《嬴虫录》的接受史中也同样经历了文典权威与对其质疑的声音之间的角力。

"五虫说"在《西游记》第五十八回（"二心搅乱大乾坤，一体难修真寂灭"）真假悟空的故事中再次出现。这一回讲述的是一个妖精，霸占了孙悟空的身份：不仅变成孙悟空的相貌，而且占了他的儿孙，居了他的仙洞，擅作本属于他的威福。比拼真假中，菩萨、众神、唐僧都无可奈何：悟空与他争辩到菩萨处，"其实相貌、言语等俱一般，菩萨也难辨真假"；与他打上天堂，"众神亦果难辨"；又去见悟空的师父唐僧，结果唐僧念紧箍咒时，假悟空与真悟空一般疼痛。最后闹至幽冥，孙悟空要"查看生死簿，看假行者是何出身，快早追他魂魄，免教二心沌乱"。不幸的是，大家在"毛虫"中的查询一无所获，而祸因恰是在前述第三回中埋下的：悟空把所有跟猴属有关的记录都勾销了！小说中这样写道："再看毛虫文簿，那猴子一百三十条，已是孙大圣幼年得道之时，大闹阴司，消死名，一笔勾之。自后来，凡是猴属，尽无名号。"正无可奈何之际，"谛听"出现了，读者也再次看到了"五虫说"：

> 原来那谛听是地藏菩萨经案下伏的一个兽名。他若伏在地下，一霎时，将四大部洲山川社稷，洞天福地之间，嬴虫、鳞虫、毛虫、羽虫、昆虫、天仙、地仙、神仙、人仙、鬼仙，可以照鉴善恶，察听贤愚。

"物种学家"谛听神兽匍匐在地，须臾便有了分辨。但因无力擒妖，谛听和地藏菩萨便没有揭示谜底，而是让二人到如来佛处理论。佛法无边，如来佛祖只将金钵盂撒起去，就将妖精盖在下面。不过在擒妖之前，佛祖先是微笑着给大众（包括四大菩萨、八大金刚、五百阿罗、三千揭谛、比丘尼、比丘僧、优婆塞、优婆夷诸大圣众）做了个宇宙物种的讲座：

> 如来笑道："汝等法力广大，只能普阅周天之事，不能遍识周天之物，亦不能广会周天之种类也。"菩萨又请示周天种类。如来才道："周天之内有五仙：乃天、地、神、人、鬼。有五虫：乃嬴、鳞、毛、

羽、昆……"

在讲座的最后，如来佛揭晓道："与真悟空同像同音者，六耳猕猴也。"并将他压在钵下。大家上前揭起钵盂，果然现了本像，是一只六耳猕猴。但悟空按捺不住，劈头将他打死。小说家在这里跳出情节，告诉凡世读者："至今绝此一种。"凡世读者没见过、没听说过六耳猕猴，是因为"六耳猕猴"这个物种不存在了！小说家在此与读者一起就小说世界与现实世界的关系会心一笑。[①]

《西游记》中的这些片段，不仅指向明代搜罗周天物种的热情，而且为有关身份、知识和权力的思考染上了反讽的色彩，以神魔世界表示出对建立在同异比较之上的物种秩序与周天万物的变化无端之间的矛盾的洞察。这些《西游记》中的情节是古老的"五虫说"（特别是其中最复杂难办的赢虫类）在明代重新进入读者视野的一个侧影。本章对《赢虫录》本身的检讨，也会着重揭示赢虫之说是怎样成为明代读者理解和想象生物、族群、地理、政治身份的一部分的。"赢虫"一词和《赢虫录》一书，在一定程度上指向一种与实录相对的想象（或曰小说）空间，但在一个日渐复杂的中外交通现实面前，这个空间也同时成为展示、疏解读者面对文化或地理他者时的矛盾和焦虑的一个渠道。

《异域图志》与《赢虫录》

《赢虫录》画录曾以《异域图志》之名行世。《四库全书总目》中所著录的书名，也是《异域图志》而非《赢虫录》。《总目》曰：

> 不著撰人名氏。后有明广信府知府金铣序，谓宋亦有应天府，疑是宋书。然书中载明初封元梁王子于耽罗，则为明人所作无疑。其书掇拾诸史及诸小说而成，颇多疏舛。如占城役属于安南，乃云

[①] 《西游记》第五十八回引文，见 [明] 吴承恩著，黄肃秋注释《西游记》，第 748 页、第 750—751 页。

安南为"占城役属",殊不足据。其他叙述,亦太寥寥。①
今存《异域图志》藏于剑桥大学图书馆,是否为金铣(生卒年不详)
1489 年刻本尚存疑。② 将这一存本与《赢虫录》存本(如胡文焕《格致
丛书》本)相比,可确定二者为同一书的不同化身。《异域图志》的书名
相对比较端正平实,有学术风。《赢虫录》之名亦有古风,但在生产过程
中渐渐倾向于突出材料中的夸诈迂怪潜能。就现有资料来看,到了十六
世纪,《赢虫录》这个题目得到了更广的流传、更为明代读者所知。

《异域图志》为四库"存目",未入《四库全书》丛书。《总目》中的
题评(本书《绪言》中亦引)为臧否《异域图志》(《赢虫录》)提供了
几个理由。其中首要的与此书的谱系问题有关:首先这部书没有可查证
的作者("不著撰人名氏"),而且从四库馆臣的角度看,明人在它的谱系
厘订中又扮演着不太光彩的角色——金铣的序言实有误导读者以此书为
古书(宋书)的嫌疑。第二个批评,是说这部书是从不同性质的书中撷
拾而成的,是肤芜之作。这不仅反映在辑录中的随意与疏略,而且抹煞了
正史与小说野谈之间应有的界限,体制不精。还有一个批评,那就是这部
书与史实有差。对我们的研究目的来说,这些批评可以帮助我们提出另
外一些不同的问题:既然《赢虫录》明代高度流行,那么当时的读者对这
部书的阅读和使用,与上述批评中预设的关于书籍的常态和标准相比,角
度有什么不同? 又有着怎样不同的目的?

《赢虫录》画录的缘起比较模糊,明刻本中基本不著撰人。据文献记
载,明初即有《赢虫录》《异域志》《异域图志》等不同书名。③ 撰者或
记为前元知院周致中,在胡惟庸(?—1380)出镇江陵时"持录献于军

---

① 永瑢等《四库全书总目》,第 678 页。
② 慕阿德(A. C. Moule)《〈异域图志〉介绍》("An Introduction to the *I yü t'u chih*")。
金铣,字宗润,号省斋,正统六年(1441)举人。
③ 鹿忆鹿《〈赢虫录〉在明代的流传》对相关材料(包括笔者已梳理过的)考索颇
详,受其发掘的新材料的提醒,笔者将此节英文原小标题"从《异域图志》到《赢
虫录》"改为"《异域图志》与《赢虫录》"。

门"；① 或记为宁献王朱权（1378—1448），② 或以朱权为重编者。③ 各家记载不同，基本的叙述脉络则一：撰者是一个熟知或能接触宫内四夷资料的人，身份特殊，非寻常书贾。记载中虽然各书内容参差，具体形制、是否配图不一，但结合今存实物来看，这些刊本有共同的祖本或相互因袭的关系。换言之，《嬴虫录》的刊刻传播体现了典型的辗转稗贩的书文化生态。

《嬴虫录》作为画录在明代主要以三种版本形式流传。一是以《异域图志》之名行世，剑桥大学图书馆有存本。二是以后来广为明代读者所知的《嬴虫录》之名行世，且在十六、十七世纪成为畅销书。庄汝敬在万历朝重刻《嬴虫录》时所写的序言中提到："《嬴虫》一书，其传已久，剞劂者纷纷，然多差讹舛错，于远览者固无当也。是集大搜诸刻，严为校正，颇是详悉。"从"其传已久，剞劂者纷纷"可以看出明代争相刊行《嬴虫录》的境况。庄汝敬作序的这个本子，为胡文焕"格致丛书"中的一种，今首都图书馆等有存本。④ 另外，有一个刊刻于嘉靖二十九年（1550）

---

① 一个有待继续探讨的问题就是《嬴虫录》作为画录与现存《异域志》这部纯文字著作之间的关系。《异域志》据载为［元代］周致中所作，与画录《嬴虫录》显有共同祖本或传承关系。《四库全书总目》中的《异域志》题评如下："不著撰人名氏。篇首胡惟庸序曰：'《裸虫录》者，予自吴元年丁未，出镇江陵，有处士周致中者，前元之知院也，持是录献于军门。'则此书初名《裸虫录》，为周致中所作。又开济跋曰：'是书吾兄得之于青宫，乃国初之故物。今吾兄重编，更其名曰《异域志》。'则此书名《异域志》乃开济之兄所更定。然考明太祖于元至正二十四年甲辰，建国号曰吴。丁未当称'吴三年'，不得称'元年'。又济跋题'壬午长至'，为惠帝建文四年。其时济被诛已久，不应作跋。疑皆出于依托也。其书中杂论诸国风俗物产土地，语甚简略，颇与金铣所刻《异域图志》相似，无足采录。"

② 《浙江采集遗书总录》中载《异域图志》，曰："考宁献王朱权撰有《异域图志》，当即此。"［清］沈初《浙江采集遗书总录》，第292页。另，参见慕阿德《〈异域图志〉介绍》，第182—183页。

③ 正德二年（1507）梅纯所编《艺海汇函》收《异域志》一卷，有静明子壬午年（1402）序，言"《嬴虫录》者……吾兄得之于青宫……今吾兄重编以更其名曰《异域志》"，"吾兄"指朱权。见鹿忆鹿《〈嬴虫录〉在明代的流传》，第134—135页。

④ 关于胡文焕的"格致丛书"，见王宝平《胡文焕丛书考辨》；杜磊、朱崇志《胡文焕和群音类选》；本杰明·艾尔曼《自我主张》（On Their Own Terms），第34—60页，以及《结集与分类》（"Collecting and Classifying"）等。

的《赢虫录》，由朝鲜传入日本，今存日本成篑堂。^①第三种流传方式，
则是《赢虫录》以晚明日用类书中《诸夷门》一章的形式得到的大量刊
印。今天我们仍能见到大量晚明类书存本，包括著名的《三才图会》和
另外几十部日用类书。总的来说，《赢虫录》不以一个"定本"或权威版
本流行，而是以一系列的有共同祖本、相互模仿的各种异刻本（versions）
行世。值得注意的是，上面提到的今存本中，笔者目见所及，均未注明撰
人，比如胡文焕本，只是注明"明钱唐胡文焕德父校正"，而一些日用类
书则简单地以"京本"相号召，显然在这些刻本的流传中，谁是最初的撰
者并不为人所知、所重。

《赢虫录》的撰集，由大量已有材料组合裁添而成。这些材料包括
《岭外代答》^②、《山海经》《事林广记》^③、《酉阳杂俎》^④、《博物志》^⑤、《元朝
秘史》，以及各代正史等。文字材料以外，为古今已知夷类尽数绘形的理
念，也颇富创意，甚至有些超前。^⑥这样的编辑策划以类似史馆档案搜集
的姿态，从多数读者无法全面接触的资料中整合出了一套关乎内夷及海
外诸国的鲜罕书册，以飨众人。

总结来说，现有资料显示《赢虫录》图录至少在十六世纪已经普遍
流行，且在这一时期经历了两个重要变化：一是无论其起源如何，带着鲜
罕光环的《赢虫录》，像是一个书本形式的"珍奇之橱"，^⑦在此时已经获
得了极大的商业成功，为众多出版商重刻，面向广泛且多样化的读者群发
售。二是在十六世纪晚期，《赢虫录》被整个端入日用类书中的《诸夷门》

---

① 苏峰先生古稀祝贺纪念刊行会编纂《成篑堂善本书目》，第334页。
② 周去非（隆兴元年进士）著。此书有德文译本。
③ ［宋］陈元靓编。今存本有元、明或域外刻本。
④ 段成式（九世纪）著。
⑤ 三世纪著作，传为博物学家张华所著。
⑥ 《赢虫录》或为明代全面搜罗夷人图像的第一个刻本书籍，其中至少有些形象是其
　来有自的。比如"穿胸国"在早期石刻像中即已存在，见马昌仪《全像山海经图
　比较》，第1036—1038页。
⑦ "珍奇之橱"，见《绪言》。

（又称《四夷门》，下不赘）中。[①]日用类书选用《赢虫录》来充当其《四夷门》的主要内容与两个因素有关：一是其比较全面，综合涵盖了明人所知的异域世界；二是其对图画的突出。换句话说，使得《赢虫录》可以被不断再包装、再销售的是它作为便携式"博物馆"的特点。当然，到了十六世纪晚期，《赢虫录》已经积累了长期的声誉，这也对出版商和读者起到了吸引作用。通过日用类书，《赢虫录》得以巩固了它在明代通行知识体系（或用葛兆光的话说，就是"一般知识"）中的地位。

编纂过程：《高丽国》《日本国》以及《匈奴》

《赢虫录》中具体条目的内容及书写方式，为我们了解其编纂过程提供了线索。从很多方面来讲，这部书都是一部杂糅之作，比如糅合了古文与白话、图与文、正史与小说等。这种文本的异质性，是《赢虫录》也是诸多明代流行读物的特点。在明代的阅读世界中，这不仅不是一种"殊不足据"的失败，更是一种磁力。这里我们检看这种异质性在三个具体条目中的呈现。先讨论其以"国"为单位对地理、人种学信息的罗织过程，然后查看其中不同书写风格和语体的混杂。关于第一点，我们以《高丽国》（图Ⅳ–03）为例：

> 高丽国
>
> 商名鲜卑，周名朝鲜，武王封箕子于其国。中国之礼乐诗书医药卜筮皆流于此。衙门官制悉体中国，衣冠随中国各朝制度。俗尚儒，人（仁）柔恶杀，[②]刑无残酷。王之族人皆称君。化外四夷之国，独高丽为最。但礼貌与中国有差。如见王亲贵戚，则扯嗦跪

---

① 这里我们可以看到"赢虫"（《赢虫录》）与"夷"（《诸夷门》）之间的互换，当然，各自仍有不同的含义和修辞色调。

② 据胡文焕 1593 年刊本，这里的"人"为"仁"的同音混用。

膝在地；[①] 如小见大，则蹲身俛首为礼，如中国人见贼寇不敢仰视
之类。此夷狄之风俗，习以为常焉。地不产良马。白石可作灯具；
黑麻可织夏布。其国君皆是以强抑弱，而王国治东西二千里，南北
千五百里。王居开州，号曰开城府。依山为宫，名其山曰神窝。[②]
民居多茅茨，少陶瓦。以乐浪为东京，百济金州为西京，[③] 西京最盛。
有郡百十八，县镇三百九十，洲岛三千。郡邑小者，或止百家。西
北接契丹，以鸭绿江为固。江广三百步。海水至高丽极清，入登州，
经千里沙即浊。东南望明州，数日水皆绝碧，至洋中则黑，海人谓
此无底之谷也。[④]

这一条目将高丽国历史追溯到武王封箕子之事，并表明其国家建设和社
会信仰乃基于儒家礼教以及中国的医药卜筮技术等。条目中还介绍了高
丽土产、建筑以及基本地理信息。从条目中的几个方面（比如语体特征、
体裁形式及所设内容）来看，《高丽国》都与正史的书写形式相契合。
事实上，这个条目很大程度上是摘自《宋史》中的相关记载。

很多《赢虫录》版本均由《高丽国》始，《高丽国》也因此成为读
者进入殊域世界的入口。这样安排的理由在词条中也有交代："化外四夷
之国，独高丽为最。"不过，读者也被告知，高丽也有迥异于中国的风俗。
这样，整个词条在整体描述上保持着一种制度上的中国化（"悉体中国"）
与习俗上的当地化（"夷狄之风俗"）的平衡。

对十五世纪以降的读者来说，这个条目有过时之处。当时朝鲜时代
（1392—1910）已经代替了高丽时代（918—1392），其首都也迁到了汉
城。尽管《赢虫录》诸多版本没有做这样的即时更新，它们却表现出了

---

① "扯嗦"据晚明日用类书《万书渊海》为"扯起下衣"，意义比较明了。见《万书
渊海》，第1册，第187页。

② 《宋史》载为"神嵩"，非"神窝"。见脱脱等著《宋史》，40:487.14053。

③ 此处文本错乱，与《宋史》中的对应段落明显不同。见脱脱等著《宋史》，
40:487.14053。

④ 《异域图志》第一条。

图IV–03　《异域图志》中的"高丽国"配图。（剑桥大学图书馆藏书）

对另一种"更新"的兴致，那就是回到早期记录来挖掘、添加信息。除了上面提到的《宋史》之外，被这种"更新"过程用到的还包括《北史》和《后汉书》。比如日用类书《五车万宝全书》中的这一条目中，就加上了分别基于《北史》和《后汉书》的句子："取死者生时服玩车马置墓侧，会葬者争取而去"；[①] "喜饮酒歌舞…… 无淫盗……以柔谨为风"。[②] 在这里，编辑精力集中在一种文本考古的挖掘中，条目也因而成为一种占位符（place holder），用来累积、重现传统说法。不同的编者变动条目内容的动机或许不同，但这些新加内容无不给人深刻的印象。比如《妙锦万宝全书》中有这样的新加内容："国多游女，夜则群居为戏。"[③] 对于富有想象力的读者（或者说，对于明代文化品鉴家口中的"好事者"）来说，这样的描述有可能将一个大体上以正史为话语方式的词条，转向描写神奇诱人女子的传奇场域。这些传奇传统中的女子有时并非人类，或只是半人类（比如狐仙鬼魅），其性爱诱惑亦常常让人猝不及防。"游女"的形象，为这个条目中增添了这样的异域甚至是异界气息。

我们来看第二个例子，《日本国》：

> 日本国
>
> 即倭国。在新罗国东南大海中。依山岛居九百余里，专一沿海盗寇为生。（中）国呼为倭寇。[④]

这个短小条目的复杂性，主要表现在它对东亚三个地理政体（中国、朝鲜及日本）的指涉。新罗（前57—935）是朝鲜三国时期的一国，[⑤] 到了明代早已是古史。条目中由此也带出了一个中古的地缘政治参考系。在这个参考系中，新罗在地域交通上占有着重要地位，不仅在东亚跨国政务中

---

① 李延寿《北史》，10:94.3116。

② 范晔《后汉书·东夷传》，10:85.2818, 10:85.2822—2823。

③ 李延寿《北史》，10:94.3116。

④ 《异域图志》第三条。后起版本此条中多用"中国"而非"国"。

⑤ 新罗于公元前57年建国之说乃基于神话，见 迈克尔·赛思（Michael Seth）《简明朝鲜史》（A Concise History of Korea），第 37 页。

影响巨大，并成为中日文化交流的桥梁，新罗商人和船队还一度统领了东亚三国之间的商贸活动，①而这一时期也被称为"朝鲜历史上最伟大的海洋活动时期"。②

　　这个条目的文本来源是什么？通览史料我们会发现，以朝鲜半岛上的一个地点来提注日本（早期文献中称为"倭"）是早期中国史著中常见的程式化书写，③而这种书写方式在十世纪的《旧唐书》中有了根本性改变。《旧唐书》中仍对"倭国"进行了记载，但也同时介绍了"日本"这个替代名称。也正是在《旧唐书》中我们看到了与《嬴虫录》完全一致的语言："倭国者…… 在新罗东南大海中。依山岛而居。"④《嬴虫录·日本国》一条来自《旧唐书》这一点，也可进一步从下面的材料中得到侧面证实：《新唐书》中的语言已与《旧唐书》不同，而《宋史》则完全放弃了以朝鲜半岛上的一个地方来注明日本位置的书写习惯。⑤

　　《嬴虫录·日本国》的编撰选择了一个中古框架（新罗），体现出历史上日本在中原王朝的版图想象中被远置、被设置为边缘的边缘。值得注意的是，得益于曾征战于朝鲜半岛的唐朝大将薛仁贵（614—683）的传说在明代的流传，新罗在明代拥有着较高的辨识度，这也是《嬴虫录·日本国》这段记载明代传播的文化背景。摘录《旧唐书》之后，此条目闪回到明代的边境危机——海寇之祸。

　　在这个词条对东亚三角政局的版图绘制中，"日本倭国""新罗"和"中国"带出了不同的空间、编年以及文化含义。"新罗"连带着一个过往

---

① 孔华润（Warren Cohen）《以东亚为中心》（*East Asia at the Center*），第 98 页。

② 迈克尔·赛思《简明朝鲜史》（英），第 65 页。

③ 比如三世纪的《三国志》即载明"倭人在带方东南大海之中"，这成为后世史著中的程式化表述，只是"带方"因朝鲜半岛的行政地理沿革而被更新为新的地点，例如《宋书》即说"倭国，在高骊东南大海中"。"带方"为三世纪中原王朝在朝鲜半岛设置的地方治所。见陈寿《三国志》，第 854 页；沈约《宋书》，8:97.2394。

④ 刘昫《旧唐书》，16:199.5330。

⑤ 关于中日关系，特别是汉籍中对日本的记录，参见傅佛（Joshua Fogel）《汉文字圈》（*Articulating the Sinosphere*）中的精彩评述，特别是其中的第 7—50 页。

世界的秩序，"中国"代表着一个超越时间的政治文明中心，"倭国"则将"日本"寄存到一种似乎永远的天生的局限性里。明代东南海岸的海盗之祸在这些指称的色调背景中被凸显出来，而且对十六世纪中晚期的读者来说，在不远的历史地平线上，丰臣秀吉发动的东亚之战即将浮现。

如《高丽国》《日本国》所示，这些词条由摘录或参考已有文献而成，但同时也会向当时的读者世界示意。成形之后，这些词条在其后至少长达两个世纪的流行中基本保持稳定。不过，不同的编者也会对某个词条进行改动，而这些改动也往往释放出文本接受和流传中的关键信息。以《日本国》为例，其对中古历史记录和当代边境危机的缝合，蕴含了一种文本张力：一方面视日本为边缘之国，表示出它的无足轻重；另一方面又不能无视日本所造成的武力威胁，而且这种威胁在条目中被写成是日本存在的唯一使命："专一沿海盗寇为生"。

这种优越与焦虑、文明中心的自我认知与边境危机意识之间的张力，在这一条目中更为明显地反映在对日本国的图绘中。现存十五世纪的《异域图志》及一些后续翻版将日本国人描绘为慈眉善目、衣着和仪表都很得体的样子，似为日本学问僧形象（图Ⅳ-04），[1]但另有一个版本则描画了一个半裸的盗寇形象，穿着"裈"（一种日本传统的男性内裤），扛着出鞘之剑，可以随时出击（图Ⅳ-05）。将《日本国》一文辅以盗寇之图时，更为这个条目增添了时事评述的成分。事实上，这一图像可以被视为是明代图绘抗倭运动的一部分（图Ⅳ-06）。[2]明代沿海的海盗成分复杂，来自多个区域（包括大明），并不限于或以日本为主。所以这个条目也让我们看到了明代视觉宣传的一例，将边境危机设定为外夷之祸，将海盗之难设定为完全由外力造成。同时，在1590年代，由丰臣秀吉发动的

---

[1]　此似为日本学问僧形象，见鹿忆鹿《〈蠃虫录〉在明代的流传》，第148页。

[2]　明代有关抗倭的绘画作品，参见须田牧子著、黄荣光译《〈倭寇图卷〉研究的现状》；《中国国家博物馆馆刊》2011年第2期的专题讨论收录了陈履生、须田牧子及朱敏的三篇文章；英文论著参见柯律格《大明帝国》（*Empire of Great Brightness*），第174—175页。

日本國

即倭國在新羅國東南大海中依山島居九百餘里專一海盜尾為生國呼為倭寇

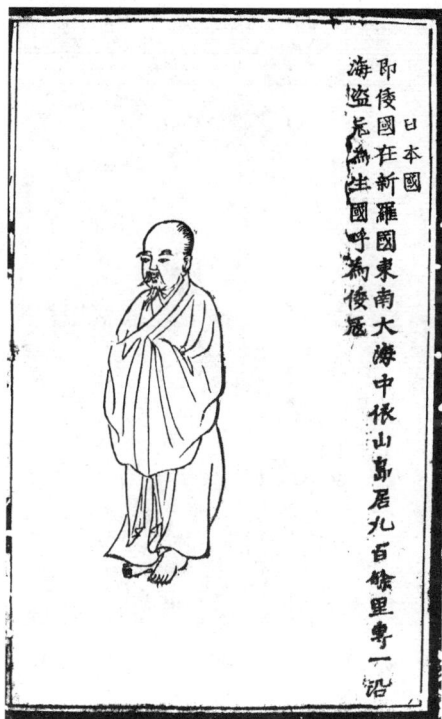

图Ⅳ-04 《异域图志》中的"日本国"。（剑桥大学图书馆藏书）

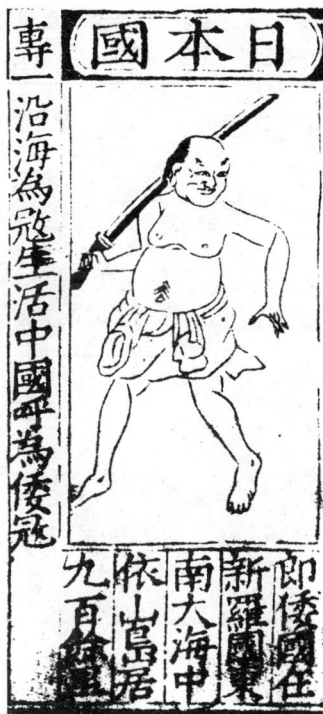

日本國 專

沿海為寇生活中國呼為倭寇

即倭國在 新羅國東 南大海中 依山島居 九百餘里

图Ⅳ-05《妙锦万宝全书》中的"日本国"。（《中国日用类书集成》）

日本、朝鲜、大明之间的战争不断威胁着明朝安危，被史学家称为"十六世纪最大的世界冲突"，[①] 对当时的明代读者来说，图Ⅳ-05 这样的图画尤为切中要害。

前例展示出了《嬴虫录》条目的一些结构特点。各条的题目起着占位符的作用，带出下面对该国的文字和图像描述，这些描述主要抄撮前贤记录，但也会关注到近期事务。后续版本的编者会依己意对词条稍加改动，而这些改动往往能够反射出当时明人对外夷的态度和情绪的光谱。

《嬴虫录》在其异域叙述和图画中也创造出了独特的语言和视觉风

---

① 石康（Kenneth M. Swope）《龙头蛇尾》（*A Dragon's Head and a Serpent's Tail*），第 3 页。

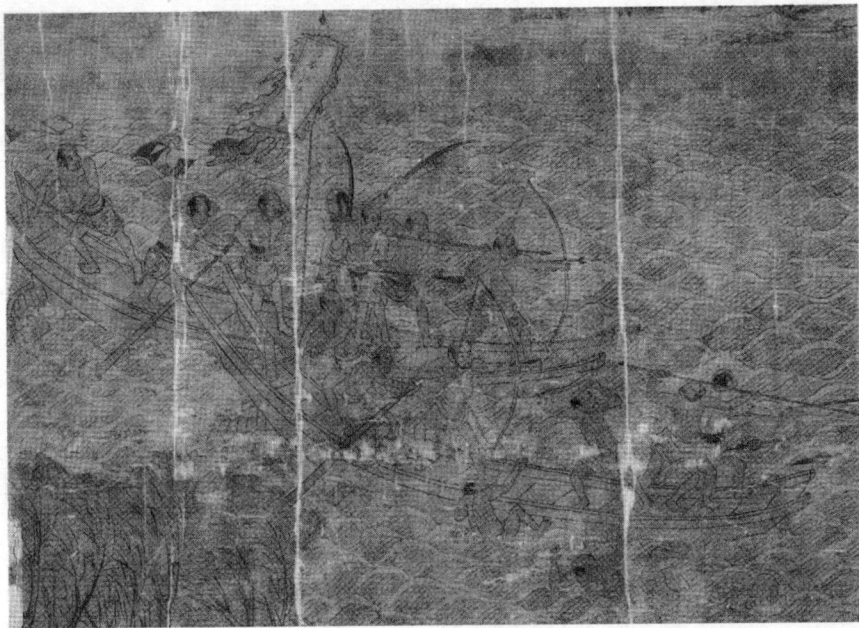

图Ⅳ-06 ［明］《倭寇图卷》（局部）：与明军交战中的倭寇。（《中国国家博物馆馆刊》2011年，第2期）

格，就此我们来看另一个例子，《匈奴》（图Ⅳ-07）：

匈奴

其种有五色。一种黄毛者，乃山鬼与牸牛所生。一种短项矮胖者，乃玃猴与野猪所生。一种黑发白身者，乃汉李陵兵遗种也。一种名突厥，其先乃射摩，舌利海神女与金角白鹿交感而生。[1]射

---

[1] 此传说见《酉阳杂俎》（及《太平广记》）。"女"字《异域图志》缺，据《酉阳杂俎》补。这个传说在此《匈奴》条中眉目变得模糊，《酉阳杂俎》中则比较清晰："突厥之先曰射摩舍利海神，神在阿史德窟西。射摩有神异，又海神女每日暮，以白鹿迎射摩入海，至明送出。经数十年。后部落将大猎，至夜中，海神谓射摩曰：'明日猎时，尔上代所生之窟当有金角白鹿出，尔若射中此鹿，毕形与吾来往。或射不中，即缘绝矣。'至明入围，果所生窟中有金角白鹿起，射摩遣其左右固其围。将跳出围，遂杀之。射摩怒，遂手斩呵咄首领，仍誓之曰：'自杀此之后，须人祭天。'即取呵咄部落子孙斩之以祭也。至今突厥以人祭纛，常取呵咄部落用之。射摩既斩呵咄，至暮还，海神女报射摩曰：'尔手斩人，血气腥秽，因缘绝矣。'"段成式著，方南生点校《酉阳杂俎》，第44—45页。

图Ⅳ-07 《异域图志》中的匈奴国配图。（剑桥大学图书馆藏书）

摩因手斩阿咏首领,金以人祭纛。① 俗尚射杀,事妖神,② 无祠庙,
刻甋为形,盛于毛袋,行动之处以脂酥涂之。③ 或系竿上,四时祀
之。一种乃塔巴赤罕之祖。《元朝秘史》云:苍白狼与惨白鹿所
生。二十五世生帖木真,是称大蒙古部长,僭号皇帝。世居沙漠东
北六千里。后居山阴。号鞑靼。地产羊马,无城池房舍,随水草所
居。俗尚射猎,食羊马野鹿。衣皮革。帖木真四世孙忽必烈僭居中
国称帝。④

这一条目所述历史时间跨度大,从一个年代不详的神话时代一直到蒙古
帝国的建立与崩塌,对文献中有关北方族群的记载进行了几乎是简单粗
暴的抽样类说,并以"种"(所指包括种类、物种、人种等)的概念支撑起
了全文。条目中顺序列出五"种",除了第三种汉遗种以外,均为非人类
(多为动物或准动物)杂交而生。⑤ 其所采用的资料,从语言风格与文献
来源来看,均具野史(既指一种文献类型,也指一种叙事方式)特点。

这段文字以断然的"其种有五色"作话头,掷地有声。全文接着自
圆其说,列出"五色"匈奴,"证据"确凿。其实我们只要看一下王国维
的《鞑靼考》,⑥ 就知道匈奴和鞑靼书写在史籍中的复杂性,这种"其种
有五色"的说法,不但是正史中不会有的,也是正史作者不敢妄言的。作
为《嬴虫录》的一家之言,这种说法增加了《嬴虫录》作为"未见"和
"稀有"之书的(市场和阅读)价值。对这段文字进行解密,或将有助于
我们了解此类话语的一些路数。

---

① "金"为"今"之音同字。
② "妖"为"祆"之误。
③ 关于"刻甋为形,盛于毛袋"所指为祆神形象,特别是其在唐三彩中的反映,见姜
　伯勤《中国祆教艺术史研究》,第227—231页。
④ 《异域图志》第十条。
⑤ 将一个族群的起源追溯到人与动物的交配是中外祖先神话常见的原型叙述,与图
　腾崇拜有关,比如《搜神记》中即载有五色犬盘瓠与少女生子的传说。见干宝著,
　汪绍楹校注《搜神记》,第168—169页。
⑥ 王国维(1877—1927)《鞑靼考》,见《王国维集》,第4册,第237—262页。

　　首先我们注意到，这段文字本身明确表示它引用了《元朝秘史》（又称《蒙古秘史》）。作为元朝畏兀尔体的蒙文文献，《元朝秘史》在明初成为培养译员的重要书籍，洪武朝在编写《华夷译语》时即参考了此书，而且明初也组织人员对它进行了翻译，[①] 形成明初汉文的《元朝秘史》，其后《元朝秘史》也以官刻和手抄两种形式插架儒臣私宅，[②] 但对一般民众来说，它仍是一部"秘史"。这样当《赢虫录》将《元朝秘史》这一题目提示给读者时，就具有了广告效应：告诉读者在其他地方看不到或不容易看到的，在这里可以窥见一斑，而且也可使得读者成为掌握了稀缺知识的知识圈中的一员。所以它给读者的许诺和诱惑，不仅是对读者知识的改变和增强，更重要的，是对读者的知识圈的改变，也就是对读者的虚拟社会地位的改变。

　　同时，这个条目也启动了改朝换代之际读者群的改变对文本意义的影响这个机关，原本蒙古王室神秘的起源现在可以被作为他们野蛮根源的自我认证。条目最后称忽必烈称帝为"僭居中国"，明显不再是《元朝秘史》的讲述声音，而是明代叙述者对"正统"政权更替的申明。

　　值得一提的是，明初对《元朝秘史》进行汉译的过程中，采用了"硬译"的译法，在将蒙文译成汉语的同时，还保留了原文的一些语言风格（比如句子结构等），出现了文中"苍白狼与惨白鹿所生"这样的句子，构成了一种翻译体的白话风格。[③]

[①] 关于《元朝秘史》在明代的翻译、雕印及传承，参见白·特木尔巴根《明代史乘著录〈元朝秘史〉考略》《清代藏书家著录〈元朝秘史〉考略》《〈元朝秘史〉写作过程考略》；斯仁《〈蒙古秘史〉伦理思想研究》；洪业（William Hung）《〈蒙古秘史〉传承史》（"The Transmission of the Book Known as *The Secret History of the Mongols*"），等。

[②] 《元朝秘史》在洪武朝时有朝廷刊本，永乐朝编《永乐大典》时也收入此书，"明代初期除了官刻的《元朝秘史》外，尚有手抄本出现，以两种形式插架儒臣私宅……"但有明二百多年间未能出现如清代钱大昕、李文田、王国维那样为《元朝秘史》研究做出极大贡献的学者。见白·特木尔巴根《明代史乘著录〈元朝秘史〉考略》，第59页、第56页。

[③] 通拉嘎、吴利群《蒙元硬译体对〈蒙古秘史〉翻译的影响》。

《匈奴》除采录《元朝秘史》来交代"其种有五色"的最后一种外，前面的四种"匈奴"亦有所本，那就是唐朝段成式的《酉阳杂俎》（或采录《酉阳杂俎》的后代文献），① 只不过这个材料来源未被《嬴虫录》的编写者明确点出。其中对第四种（"突厥"）的叙述与《酉阳杂俎》的记载基本上完全吻合，前三种则对相关记载进行了加工。先看其中的第三"种"（汉遗种）对《酉阳杂俎》的改动：

> 其髭髯俱黑者，汉将李陵及其兵众之胤也。②（《酉阳杂俎》）

> 一种黑发白身者，乃汉李陵兵遗种也。（《嬴虫录》）

首要的改变是从"其"到"一种"，目的是将这段话锲进"五种"的整体叙述。

《匈奴》条对第一与第二"种"的描述拉大了与《酉阳杂俎》的距离，但仍露出文本关联的痕迹。比如对第二"种"的描述：

> （帝女子泽，性妒，有从婢散逐四山⋯）北通玃猏，③ 所育为伧。④（《酉阳杂俎》）

> 一种短项矮胖者，乃玃猏与野猪所生。（《嬴虫录》）

二者的一致之处首先是此"种"诞生的方位都是北方。再者，都以"玃猏"这个罕见物种为主角。下面再看第一"种"：

> （坚昆部落非狼种。其先所生之窟在曲漫山北。自谓上代）有神与牸牛交于此窟。其人发黄目绿赤髭髯。⑤（《酉阳杂俎》）

> 一种黄毛者，乃山鬼与牸牛所生。（《嬴虫录》）

---

① 《酉阳杂俎》中的相关段落也被收入《太平广记》。

② 段成式著，方南生点校《酉阳杂俎》，第44页。

③ "玃"在传统字书中的定义是"母猴"（《说文解字》）或"大猿"（《龙龛手镜》）。猏，一为猭，意为"豕"（《广韵》）或"牡豕"（《说文解字》）。张华《博物志》有关于"猭猭（亦作玃猏）"的记载："蜀山南高山上，有物如猕猴，长七尺，能人行健走，名曰猴玃，一名化，或曰猭猭。同行道妇女有好者，辄盗之以去，人不得知⋯⋯"张华撰，范宁校正《博物志校正》，第36页。

④ 段成式著，方南生点校《酉阳杂俎》，第44页。

⑤ 同上，第45页。

二者共享的细节包括山灵与牸牛相交及其后代的发色（黄色）。综合来看，《嬴虫录·匈奴》中的第一和第二"种"类对《酉阳杂俎》中的记载进行了明显的创作加工。即使《酉阳杂俎》本身并非《嬴虫录》的直接来源，它们之间对应的段落也为我们了解《嬴虫录》的语调与语体提供了一个对比系统，从中可以看到明人改写前贤文本时的手法。下面是两者之间的直接比对：

《酉阳杂俎》	《嬴虫录·匈奴》
胤	遗种
发黄	黄毛
髭髯俱黑	黑发白身
（山）神	山鬼
	短项
	矮胖

以上可以看出，从《酉阳杂俎》到《嬴虫录·匈奴》的再加工，关键是白话化。从"胤"到"遗种"，既是从单音节变多音节的口语化，更是紧扣了《匈奴》开场白对"种"的强调；从"发黄"到"黄毛"，原来的直白叙述被进一步形象化，更加通俗生动；从"髭髯俱黑"到"黑发白身"，前者文言分类词汇的讲究（髭指"口上毛也"，髯指"颊须也"）被转化为后者鲜明的黑白对照，既赋予文字以色彩和流动感，又点明了"白"和"身"这两个中国人种书写中的常见话题；从"（山）神"到"山鬼"，话语方式则从图腾神话转向了小说传统中的故事性叙述；而"短项"和"矮胖"这两个白话词汇，则是截至《嬴虫录》刊行时正史中从未用过的词语。①

通过上述语言操纵，《匈奴》游离于正史和文言的话语方式之外，进入了说话和讲史的场域。匈奴"五种"说的大胆放言，颇有说书者演义

① 据台湾"中央研究院"历史语言研究所汉籍电子文献资料库。

时"辨性情、考方俗、形容万类"的气度,尤其是一种"肆"的气势。①

《嬴虫录》有其独特的语言和视觉风格。从语言层面总结来看,《匈奴》一条至少包含了三类白话:翻译体白话;词汇和句式上的白话化;以及模拟说话人语气的白话风。白话化过程与图绘过程一起,成为创造新的阅读空间的有力工具,支撑起游离于正统史传传统的"史""诞"交集、"实""奇"共存的想象空间。

有一些《嬴虫录》版本为这一条冠上了一个新的题目——"匈奴鞑靼国",一个杜撰出的国名。这个新造词("匈奴鞑靼国")将文献中两个不同历史时期的北方族群捏合成一个国名,但从与读者对话的角度来说,这个捏合又颇有实效:在元朝因视"鞑靼"为蔑称而控制其使用之后,明代又重新启用了这个名称,"鞑靼"由之而给条目带来了一种时代感。而"匈奴"一词又与历史上著名的文化、地理扩张时期(特别是西汉时期)相关。"匈奴鞑靼国"这样的国名,发明了一种北方疆域的历史持续性,通过创造一种历史神话而使复杂的北方疆域史(至少在文本层面上)更易掌控。这也说明"国"在《嬴虫录》中是一个极为松散的概念,常指独特的文化或族群形制,而不单指实存的古代或当时的政治地理实体。

《嬴虫录》在对细节和历史视野的重写和发明中,混合了谨肃的正史书写方式和大胆的语词、叙述想象力。四库馆臣对《异域图志》的不以为然,指向的正是这种杂糅各种材料、模糊小说与史书界限的现象。但也正是这种文本交织,加以图文并茂,使得《嬴虫录》成为独此一家的阅读物。

不过"匈奴鞑靼国"对历史的发明成了后世读者棘手的问题。上文提到《嬴虫录》被收入了1609年刊行的著名类书《三才图会》中。多年以后,历史应当已经进入清朝,当1609年的雕版被用来再次刷印时,新

---

① 吴伟业(1609—1672)《柳敬亭传》中柳敬亭师莫后光谈演义时语。莫氏之语全文如下:"夫演义虽小技,其以辨性情、考方俗、形容万类,不与儒者异道。故取之欲其肆,中之欲其微,促而赴之欲其迅,舒而释之欲其安,进而止之欲其留,整而归之欲其洁,非天下至精者,孰与于斯矣。"[清]张潮《历代笔记小说大观 虞初新志》卷二,第19页。

的印行者决定剜改个别板块。其中之一就是将《匈奴》整篇文字从版上
铲去。这样，伴随着"匈奴"一图的就只剩下一面无字的空纸。但这面
空纸上仍可清楚看到铲剜痕迹（图Ⅳ-08）。[①] 清朝儒臣可以很方便地鄙
视明学、明书的草率不经，而当涉及明人对北方夷人的不恭描述时，更会
加倍地不予容忍。在对《匈奴》一文的铲除中，我们看到了类似清代文
人和刻书家讳用"夷"字的焦虑和自我审查。

图Ⅳ-08 《三才图会》修版痕迹：匈奴国文字被挖铲。（柏克莱加州大学东亚图
书馆藏）

① 今存柏克莱加州大学东亚图书馆及哈佛大学东亚图书馆的《三才图会》本中均可
见到此页。

《蠃虫录》接受史

　　《蠃虫录》在明代是如何被阅读传播的？在这一节，我们回溯其流传编年史中的重要几幕，以及它在不同读者圈中的影响，并进一步讨论这部书与同时代其他书籍的关系。

早期接受

　　《蠃虫录》甫成书，即得到有效传播。《朝鲜王朝实录》有此书十五世纪在朝鲜的流传记录，《嘉靖建阳县志》中也有刻印《蠃虫录》的记载，① 而《端溪问答》一书，更是记录了嘉靖（1522—1566）时王崇庆（1484—1565，字德征，号端溪）与当时学界领袖之一吕柟（1479—1542，字仲木，别号泾野）之间的一段对话，见证了《蠃虫录》在十六世纪阅读文化中的位置：

> 问《倮虫录》不如《山海经》；《山海经》不如《博物志》；《博物志》不如《尔雅》；《尔雅》不如《诗》。故曰："小子何莫学夫诗。"曰："《诗》非止优于《尔雅》《博物》《山海》《倮虫》也；《尔雅》等书止明物，《诗》则即物以明人耳。"②

这次对话大约发生在1524年到1527年间，由吕柟的学生辑入《端溪问答》一书。时吕柟在山西创办解梁书院，聚众讲学，歌诗习礼。问者王崇庆亦为当时有影响力的儒臣，著述颇多，在经学及地方志领域的建树尤为突出。两人同为正德三年（1508）进士，且吕柟为当科状元。到了这段学术问答发生之时，两人均已成为官场与学界翘楚。吕柟尤致力于讲学，从者甚多，为关学之集大成者，黄宗羲（1610—1696）《明儒学案》称："朝鲜国闻先生名，奏谓其文为式国中"，"一时笃行自好之士，多出先生

---

① 《朝鲜王朝实录》和《嘉靖建阳县志》中的《蠃虫录》记载，见鹿忆鹿《〈蠃虫录〉在明代的流传》，第141页、第143—144页。
② 吕柟《端溪问答》，第34页。

之门",其一生建树几与王阳明中分其盛。①

这段问答中透露出,《赢虫录》已经引起了士人和士子的相当兴趣。王端溪将《赢虫录》与经典文献、特别是历史上的博物学著作放在一起讨论,表明明代儒学领袖如吕、王对这一著作的一种基本归类:博物学(或者说是广义的名物学)。进一步来看,王端溪所提起的话头的落脚点,是孔子的"小子何莫学夫诗",表示他提出的是学生应读书本的问题。吕、王在此将《赢虫录》与同类著作相比,依照重要程度顺序列出相关著作,强调早期经学典籍为理想的学习对象;《赢虫录》作为博物学的最新延展,位列末尾,并没有得到完全认可。不过,《赢虫录》在这里被纳入博物学典籍,却也透露出它的影响已不可忽视,需要大儒的讨论来以正视听。

《赢虫录》与明代外交

上面的对话中,《赢虫录》在明人的博物学("即物以明人")阅读物中虽脱颖而出,被拿来与早期经典比较,但吕柟与王崇庆是将其列为其书单之末的。事实上,这部书中的"殊不足据"因其广泛传播造成的问题,也给嘉靖朝的官员、行人带来了困扰。明代著名学者、军事家、地图地志学家郑若曾(1503—1570,号开阳)在其《琉球图说》中如是说:

> 嘉靖十一年,尚真卒,子尚清请嗣,遣科臣陈侃、行人高澄吊祭,封清嗣王,赐王及妃冠服锦绮。使臣至其国,尚清拜曰:天朝诏敕,藏金匮者八叶于兹矣。请留为镇国之宝。比还,遣其王亲宁吉长史蔡瀚奉表入谢,②并言:《一统志》中,载琉球有落漈,③

① 黄宗羲《明儒学案》之《师说》及卷八,中华书局《四部备要》本第5、第53页。
② 宁吉据严从简(活跃于嘉靖到万历朝)为宁古。严从简《殊域周咨录》,第138页。
③ 关于"落漈",1895年金璋(L. C. Hopkins, 1854—1952)在一封信中谈到落漈是当地语言中"沟"的书面语,见其《致施古德先生函》("Letter of Mr. L. C. Hopkins to Mr. G. Schlegel")。

王居壁下聚骸骼，非实事。《杜氏通典》[①]、《集事渊海》[②]、《嬴虫录》《星槎胜览》所述，[③] 亦皆传闻之妄。乞下史馆。从之。盖海外荒服，钦承王化，渐革故习，君臣父子间彬彬有礼，文物之盛，迥殊他邦矣。[④]

这里郑若曾提到的是明朝与琉球关系史中的一幕。在郑若曾这段话里，《嬴虫录》与《大明一统志》《杜氏通典》《群书集事渊海》《星槎胜览》一起，成为史馆需要更新更正的异域资料。这段话也表明了琉球使臣对《嬴虫录》等明代典籍的熟悉。[⑤] 而此次出使琉球的使臣陈侃（嘉靖五年进士），也有感于明代记录悖妄之多，在出使琉球之后纂修的《使琉球录》（有1534年序）中专辟《群书质异》一节，对下列典籍中的琉球记载进行了纠正：《大明一统志》《嬴虫录》《星槎胜览》《集事渊海》《杜氏通典》《使职要务》《大明会典》。《嬴虫录》在嘉靖朝与琉球往来中之所以引起明、琉使臣的"质异"，在于其沿袭旧录，实据不足，不堪为朝廷使务所用。[⑥] 虽然如此，《嬴虫录》在这里被列入讨论对象，也再次见证了它的影响力。而这次被纳入的书籍之列，则是职方类（或曰地理类）书籍。

不过，陈侃与郑若曾的历史角度不同：陈侃以国务为重，力求记录的

① ［唐］杜佑（735—812）撰。
② 即《群书集事渊海》。明书，有弘治（1488—1505）和正德（1506—1521）刻本。参见《柏克莱加州大学东亚图书馆中文古籍善本书志》，第219—220页。
③ 《星槎胜览》，明书，其著者费信为郑和（1371—1433）西洋船队一员。
④ 郑若曾《琉球图说》，见《郑开阳杂著》，第556—557页。
⑤ 四库本《明史》考证（卷三二三）亦有类似记载：《琉球传》，十一年世子以国中臣民状来上。（臣）章宗瀛按：十一年尚清上言《一统志》载琉球有落漈，王居壁下聚骸骼事非实，及《杜氏通典》《星槎胜览》诸书皆妄，乞付史馆。诏从之。见《吾学编》，谨附考。"据台湾"中央研究院"历史语言研究所汉籍电子文献资料库。
⑥ 使臣之间有共识并不奇怪，且琉球使臣中亦有移居琉球的明人，为明、琉使臣之间形成共识提供了便利。明人移居琉球史，参见方宝川的研究，如《明代闽人移居琉球史实考辨》。关于琉球表奏，参见丁春梅《琉球国给中国表奏文书的特点》。关于琉球使臣中的明移民这一命题，笔者受教于一位《亚洲专刊》（Asia Major）的匿名评审。

真实可靠，郑若曾则视琉球上言为其进化（"渐革故习"）的表现。换言之，对郑若曾来说，琉球国的正误要求所反映的，是琉球国钦承王化（成为明代藩属国）之后的文物之盛。

陈侃之后的明琉球使臣依例撰写重修《使琉球录》时，除保留陈侃的《群书质异》外，也会加入撰者自己的评述。[①]《群书质异》作为琉球史档书写的规定动作，影响到了清代徐葆光（？—1723）著名的《中山传信录》的书写。《中山传信录》作于1718—1720年间，徐葆光在其序中特别提到："琉球见自《隋书》，其传甚略；《北史》《唐书》、宋、元诸史因之。正史而外，如《杜氏通典》《集事渊海》《星槎胜览》《嬴虫录》等书所载山川风俗物产，皆多舛漏。"[②]嘉靖琉球使务近两百年后，徐葆光在著述中依然回应着明代外交史上的书籍议题。

私家笔记

从上面这些史料来看，当关系到学统和朝务时，《嬴虫录》在相关儒臣眼中是重要但有瑕疵的书籍。不过在士人笔记中，它常常被作为不可替代的、异闻书写传统的一个体现，其吸引力正来自于它对殊域怪象的载绘。郎瑛（1487—1566）《七修类稿》中记曰：

> 元诗人陈孚，出使安南，有纪事之诗曰："鼻饮如瓴甋，头飞似辘轳。"盖言土人能鼻饮者，有头能夜飞于海食鱼，晓复归身者。予见《嬴虫集》中所载："老挝国人，鼻饮水浆，头飞食鱼。"近汪海云亦能鼻饮。头飞则怪也。昨见《星槎胜览》亦言："占城国人，有头飞者，乃妇人也。夜飞食人粪尖。知而固封其项。或移其身，

---

① 郭汝霖（嘉靖三十二年进士）与李际春（约1536—1583）于1561年出使琉球，封琉球国王，撰《重编使琉球录》（有1561年序）。其《录》中保留陈侃《群书质异》，并加入新的评述。《群书质异》在夏子阳（万历十七年进士）和王士祯的《使琉球录》中仍存，其《录》中加入了夏子阳的新评。

② 赖正维、黄珊《徐葆光与〈中山传信录〉考述》。

则死矣。"① 作书者自云目击其事。予又考占城正接安南之南，而老
挝正接安南西北。信陈诗之不诬也。②

郎瑛看《嬴虫录》与吕柟和陈侃的角度不同。在郎瑛笔下，《嬴虫录》
成为他从新获或新阅书籍中寻找佐证，对前朝纪事诗中的异闻进行考证
的新资料。这则记载被郎瑛列为《七修类稿》中的"奇谑"类，表示出
《嬴虫录》与明人尚奇风尚的密切关联。

郎瑛是一位弘览之人，他的这段文字也是以阅读始、以阅读终的，读
元诗给了他一个契机，去追索《嬴虫录》的记载，并在近日（"昨"）浏览
《星槎胜览》时有所触动。在阅读的穿梭积累中，郎瑛最终做结论说："信
陈诗之不诬也。"阅读者郎瑛在这段文字里，沉浸在对奇闻和实存地缘政
治边界的探索中，其私人阅读的兴致益然与朝廷档案书写和政务讨论意
趣迥异。而郎瑛所实践的尚奇之风，其中蕴含的文人意趣，在徐应秋（万
历四十四年进士）的《玉芝堂谈荟》中更为明显：

> 飞头蛮
>
> 桓谭《新论》："荆州有鼻饮之蛮，南城有头飞之夷。"《搜神
> 记》："晋朱桓一婢，其头夜飞。或从天窗出入，以耳为翼，将晓
> 复还……"《北户录》："岭南溪洞中，往往有飞头者……"③《星
> 槎胜览》："占城国妇人有头飞者，人知而封固其项，及移其身，则
> 死。"《嬴虫集》："老挝国，鼻饮水浆，头飞食鱼。"《瀛州胜览》：
> "占城有尸头蛮，但眼无瞳……"《拾遗记》④："汉武时因墠国言：南
> 方有解形之民，能使头飞南海……"⑤

对徐应秋而言，《嬴虫录》是可资广罗域外人种信息的古今书籍之一。
在对"飞头蛮"这一"人种"的钩沉中，徐应秋"备引诸书"的背后，是

---

① 马欢《星槎胜览》。马欢为明代通事（翻译官），郑和西洋船队一员。
② 郎瑛《七修类稿》，第713页。
③ ［唐］段公路撰《北户录》。此处引文实际出自《酉阳杂俎》而非《北户录》。
④ ［东晋］王嘉撰《拾遗记》。
⑤ 《笔记小说大观续编》，第5册，第2756—2757页。

晚明阅读文化对奇书异文的追逐。这一点，徐应秋在其《序》中也明确谈到，说自己是"无他嗜好，喜读未见之书；雅慕博综，乐称稀有之事"，[①]体现了晚明"嗜博爱奇"的阅读习尚。同时，《嬴虫录》在徐应秋笔下，也又一次被纳入诸书，而这一次被拉出的书单，则多为小说杂记类。[②]

徐应秋是晚明弘览文化的代表。对他来说，人们之所以会感到许多奇幻记录"似诞而疑污"，是因为人们"少见而多怪"，阅读太少的缘故。[③]他提醒大家说："举寻常意想之所未经，多古今载籍之所已备。"对他来说，"六合幻化，莫可端倪"，问题的关键不在于这些记录可信不可信，而在于读者是否有足够的眼界去理解造物之恣。一个合格的阅读者，应该是"弘览之通人"，[④]在广览稀有之事的基础上，理解"理之必有"。[⑤]

从上述由嘉靖到万历年间的事例来看，不同读者从不同的角度出发，对《嬴虫录》的评价和使用也各自不同。但这些例子都表明《嬴虫录》在当时已经成为相关讨论必然提到的书籍，可见其影响力之大。同时也可以看出，《嬴虫录》之所以能够流行，原因之一正是它在书籍类型方面的变通性——既是博物学著作，也是地理学著作，同时也是小说杂记类著作。

流行与影响

《嬴虫录》开风气之先，也引发了新的著述，其中一例就是广东左布政司史蔡汝贤（隆庆二年进士）1586年编著的《东夷图说》。[⑥]蔡书中有二十幅图像，有些秉承了《嬴虫录》的绘图传统，也有些是新添的，其中一幅新添的"佛郎机"图（图Ⅳ-09），被誉为是"中国现存最早的欧

---

① 同前页注⑤，第2639页。

② 关于晚明文人对小说类别的重视和思考，参见胡应麟《少室山房笔丛》中的《九流绪论下》。

③ "少见多怪"一词，早期出现在葛洪（283—363）的《抱朴子》中。论及难知之事可信不可信的问题时，葛洪说道："夫所见少，则所怪多，世之常也。"

④ 《笔记小说大观续编》，第5册，第2639页。

⑤ "理之必有"，语出《石头记》甲戌本批语。

⑥ 《东夷图说》，又名《东南夷图说》，有图像与图说两部分。

洲人形象资料"。^①

　　广东为明朝海事和国际贸易的重要地区，而蔡汝贤的官职也给他提供了观察、接触海外商贸者的绝好机会。蔡汝贤在书中强调"实"，重视当时实际的政治商贸情形。在这一点上，他与嘉靖朝的使臣们（比如陈侃）的异域书写的立场一致。与陈侃不同的是，蔡汝贤对流行记录如《赢虫录》的价值有更多的肯定。他在序文中说：

　　　　或曰："……东南夷该此乎？"曰："未也。杂见于《杜氏通典》《集事渊海》《星槎胜览》《赢虫录》《吾学编》诸书，蕃乎火矣。存而弗论可也。"^②

蔡序中列出的书籍，如《杜氏通典》《集事渊海》《星槎胜览》以及《赢

图Ⅳ-09　《东夷图说》中的两幅图："佛郎机"及"爪哇"。（《四库存目丛书》）

————————————

① 汤开建《中国现存最早的欧洲人形象资料——〈东夷图像〉》。
② 蔡汝贤《东夷图说》，第 410 页。

虫录》等，都出现在《群书质异》中，① 但蔡汝贤认可它们存在的合理性，故曰："存而弗论可也。"流行图籍和实录档案之间的关系，对似乎有一种开明眼光的蔡汝贤并不是问题。他接着说：

> （或曰：）"……所图状貌习尚审乎？"曰："千里殊风，百里
> 异俗，中国且然，矧夷乎？彼此互见，论而弗胶可也。"②

这里蔡汝贤以"彼此互见"的观点，打破了明—夷壁垒的绝对性，并进一步提出记录、议论不宜过于胶着拘泥，与徐应秋"弘览之通人"的阅读倡导异曲同工。

《嬴虫录》在晚明达到新的流行度，这一点尤其得益于它以日用类书章节形式的传播。吴蕙芳在其研究中统计出的晚明日用类书达 35 种。这也就是说，《嬴虫录》通过日用类书的形式就有至少 35 种版本的传播。③ 1607 年刊行的佛教书籍《法界安立图》以《嬴虫录》为当时俗界对于人类生存世界南赡部洲的典型想象，其中提到："俗书《嬴虫录》载诸国人形各异，或是海中诸小洲也。"④ 同时，《嬴虫录》也进入了藏书家的视野，藏书录如嘉靖朝成书的《晁氏宝文堂书目》，万历朝成书的《澹生堂书目》以及清初的《千顷堂书目》都载录了《嬴虫录》。⑤

从上述对《嬴虫录》影响接受史中重要几幕的重构中，我们可以看到其刊本流播所及已远远不限于某个社会阶层（士人、官员抑或庶民）而成为士庶共享的读物。在《嬴虫录》长达两个多世纪的流传中，其编者、刊行者以及读者群涉及到明代诸多社会群体，包括藩王（朱权）、行人、地方官员、大儒、释氏、⑥ 文人墨客、山人庶民等，并卷入了域外读者

---

① 蔡汝贤另外加入了郑晓（1499—1566，嘉靖二年进士）的《吾学编》。现知最早的《吾学编》为 1567 年刊本 。

② 蔡汝贤《东夷图说》，第 410 页。

③ 吴蕙芳《明清时期的民间生活实录》。

④ 仁潮《法界安立图》，《续藏经》，第 150 册，第 913 页。

⑤ 明代书录《万卷楼书目》中记录有一本陈清的《瀛虫录》，不知与《嬴虫录》是否有关。

⑥ 比如《法界安立图》对《嬴虫录》的引用。

（如琉球、朝鲜、日本），当然也包括版刻家和出版家（商）。它成为最突出的（如果不是唯一的）全面总括明人殊域人物知识的图志，享受了塑造着一代文化的资料书和参考书的地位，而刊行者对《赢虫录》的具体包装策略（或曰副文本的设立）也进一步为我们了解它与明代社会秩序的关系提供了一个窗口。

包装《赢虫录》：序、图、日用类书

将《赢虫录》转化为日用类书中的一卷，给书商们提供了又一个机会，来对《赢虫录》进行宣传定位，并对读者的阅读进行引导和激发。这个转化过程中产生了精彩的副文本，我们这里检视其中的两种：序与卷首图。

如图Ⅳ-01所示，日用类书的《诸夷门》一卷将《赢虫录》收入下栏，与上栏的《山海异物》（化自图绘《山海经》）并置。两节版是晚明日用类书版面常态，这里更是被用来加强了《山海经》与《赢虫录》之间的互生关系。[①] 这些日用类书中常给《诸夷门》一卷冠上一篇《赢虫录序》，来解释"赢虫"一词的渊源，以及上栏中的神异动物与下栏中的夷人之间的关系：

> 赢虫录序
>
> 鳞虫三百六十而龙为之长，羽虫三百六十而凤为之长，毛虫三百六十而麟为之长，介虫三百六十而龟为之长，赢虫三百六十而人为之长。赢虫者，四方化外之夷是也。何则以人为赢虫之长？书曰：生居中国，故得天地之正气者为人；生居化外，不得天地之正气者为禽兽。故曰"赢虫"。孔子曰："治夷狄如治禽兽。"其说有自矣。原其无伦理纲常。尚战斗，轻生乐死，虎狼之性也；贪货利，好淫僻，

---

① 庄汝敬在其《山海经图序》（1593年胡文焕"格致丛书"本）中，也谈到二书之间的互生关系："故《山海》一图中多勾深索远，出耳目睹记之外，未敢深信。及取《赢虫》一书并观，然后知穷陬僻壤之外，千态万状，难以形貌拘之。"《山海经图》，第5—6页。

麀鹿之行也，故与人之性情实辽矣。①

这篇序言有两大形式特点。第一，采用了士子们科举和文章训练中熟悉的起承转合结构；第二，突出了引文的分量。

具体地说，《赢虫录序》以引文"起"，所引为《孔子家语》等早期文献中的"五虫说"；然后，"承"以对"赢虫"的具体定义。尽管此前有文士认为赢虫指的是虎豹等"浅毛"类动物，②但这种词源学探讨并不是序言的佚名作者所关心的；序言作者只是坚定直白地断言，赢虫就是"四方化外之夷"。序文接着以设问而"转"："何则以人为赢虫之长？"并再次用引文作答。但这次的引文来自无名之"书"："书曰：生居中国，故得天地之正气者为人；生居化外，不得天地之正气者为禽兽。"这样对序文作者而言，夷人就是那些生性不是完全的"人"的赢虫。最后，作者以全文的第三次引文开始收尾。而这次所引，则是权威之权威孔子："孔子曰：'治夷狄如治禽兽。'"接着作者以快节奏对夷人禽兽特征的数落作结："原其无伦理纲常。尚战斗，轻生乐死，虎狼之性也；贪货利，好淫僻，麀鹿之行也，故与人之性情实辽矣。"在这篇序言中，"夷"被各种引文解释为、证明为类同禽兽的亚人类物种。③不难想象，这样的文字会加剧夷人对"夷"字的敏感和忌讳。

与《赢虫录》的其他序文及评论（比如胡文焕《赢虫录》序）相比，这篇文字所不为的，是对明夷关系的理论分析或历史辨析。它所为的，则是连缀引文。其引文来自读者最熟悉、最权威的熟语和熟论，首先是物种学上的"五虫说"（来自经典如《孔子家语》），接着是笼统的"书云"，最后是最权威的孔子。不过，文中所谓的孔子所言其实是对早期文

---

① 《妙锦万宝全书》，第 209 页。此序在其他一些日用类书中出现时，时有微异。

② ［宋］林希逸《考工记解》，2.17B。

③ 在人种意识自我中心的背后，这种言论也反映出《四书》对"人"的定义，即人性需要时常的道德修进才能真正实现。比如《孟子》曰："人之所以异于禽兽者几希。庶民去之，君子存之。"作者在《赢虫录序》中是否对"生居中国"之人有道德鞭策，我们不得而知，但可以注意到的是，这篇序言对《四书》的呼应使其对科举制度下的广大读者来说，有一种阅读上的"似曾相识燕归来"的感觉。

献（如《汉书》《国语》）中常见观点的复述，在传世孔子著作中并不存在。所以，"孔子"在这里是被作为权威性智慧的标签提出的，而不是作为一个特定文本的作者而存在的。

整体结构上给读者的熟悉度以及对常识言论的依赖，使得这篇序文成为很好的慰藉读物。[1] 确切地说，这篇序言是一些最常见的套话和观念的拼合。这些套话中最突出的大概就是夷人与动物的拟比，而这个拟比也被上下栏中动物与夷人的并置推进着。明代读者或许并不会都把这种拟比（或这篇序言）当真，不过难以否定的是，《嬴虫录》的流播在拓展了读者的世界意识的同时，也传播、巩固了某些对他者的偏见。但需要说明的是，文本自身不能完成意义的达成；意义只能由读者兑现，[2] 而且如前一节所示，读者们在对《嬴虫录》的阅读中是采用了不同方式的。偏见与启蒙可以出自同一个文本，市场传播了知识，而知识可以被不同甚至是对立的方法来阅读和运用。

序言之外，一些类书的编刊者也花了心思来设计卷首图。本书第三章讨论了其中的两幅，这里再从另外两部日用类书中捡出两幅，来看一下它们视觉语言上的异同。这两幅图均植根于职贡图传统。职贡图是历史悠久的宫

图Ⅳ-10 《妙锦万宝全书·诸夷门》卷首图。（《中国日用类书集成》）

---

[1] "慰藉读物"（comfort reading）一词，笔者化自英文"慰藉食物"（comfort food）。"慰藉食物"顾名思义，指的是人们所习惯的某种食物对人的精神和身体上的抚慰作用，能使人感到一种良好的状态。

[2] 用明人谭元春的话说，就是"其佳妙者原不能定为何处，在后人各以心目合之"。谭元春《答袁述之书》，收入《谭元春集》。

廷绘画种类，传世之作中有一幅传为梁元帝（552—555在位）所绘，为画史经典。历史上朝廷机构（比如宋朝时的主客司）会绘制有关夷人的图像作为档案留存，而朝廷之外的画家也成为这一绘画传统的一支力量，比如活跃于明中期的仇英（约1502—1552）即被传绘制了一幅为人赞誉的《职贡图》。

图IV-11 《五车万宝全书》中的《西夷门》。"西"为"四"字之误。（《中国日用类书集成》）

《妙锦万宝全书》的《诸夷门》卷首图（图IV-10）与仇英的《职贡图》类似，将职贡者绘制为群体而非个体，并借用了一些既成的视觉标签，比如"夷人执鸟"这样的构图。这幅画呈现出热闹的总体色调，与梁元帝（传）《职贡图》的静穆不同，为读者描绘出了一群兴高采烈、叽叽喳喳、节庆一般地穿着异类服装的人物，正走在通向中朝的路上。

《五车万宝全书·四夷门》的卷首图（图IV-11）将"四夷"误刻为"西夷"，为刻本不精一例，其图像制作似乎也很粗糙。但其手法亦有独到的经济实用之处，即强调重要的形态（或称"行书画"）而非精确的细节（或称"真书画"）。[1] 这些形态包括（御前）高直的台阶以及宫殿之上环绕的祥云，它们作为视觉线索均有效地表达了明代作为"天国"或"上国"的尊威。

《赢虫录》从十五世纪到明末的流通、考评史表明，尽管人们时或质疑其记录是否可考可据，但这部书的高度流行终使得它成为阅读公众的

---

[1] 这里我借用了［日］葛饰北斋的分析语言。在其1816年的著作《三体画谱》中，他讨论了三种绘画方式：草书画强调轮廓和形式，行书画强调重要形态，真书画强调细节和模式。见罗杰·凯斯（Roger S. keyes）《绘本》（Ehon），第32—33页。

一个共享参考，并以此构建了读者的（超越明帝国的）地区和世界视野。日用类书的卷首画面，强调读者在接受和使用这本著作时职贡想象的重要性。同时，这些卷首图与第三章讨论的"蕃进贡"图景一样，让我们看到尽管真正的皇家（外交）仪式与读者的日常经验非常遥远，但皇家景观在读者了解自己与殊域他者的关系中承担着关键角色，而对异族的好奇与想象更是成为明人自我身份表达、自我教化的精彩场所。

《赢虫录》与全球交通

通过市场流播，而非通过政府或正统学说的肯定，《赢虫录》获得了稳固的声誉和权威性，其中一个标志，就是《康熙字典》（1716 年完成）对它的引用。《康熙字典》在界定"虵"字时说："虵鲁，国名。至江南，马行七月。见《赢虫录》。"① 由康熙帝（1662—1722 在位）和三皇子胤祉（1677—1732）主持、陈梦雷（1650—1741）编辑的皇家图书工程《古今图书集成》中对诸夷的图文说明，最终的依据也可追溯到《赢虫录》，可见《赢虫录》在清初仍有着持续的（但或许较为隐含的）影响力，② 直到四库馆臣将《赢虫录》（《异域图志》）搁置，言其"殊不足据"。《赢虫录》这个书名，也渐渐从人们的书籍意识中淡出了。③

但《赢虫录》并没有完全消失。首先，明代刊本仍在流通，人们仍可读到这些本子。再者，清代日用类书仍保持着《诸夷门》一章，有些甚至保留了那篇《赢虫录序》。前面提到这篇序中说："孔子曰：'治夷狄如治

---

① 见《康熙字典·补遗》中《申集》，《虫字部》。

② 《古今图书集成》标示《三才图会》为其依据，而《三才图会》中的外夷图说实据《赢虫录》。

③ 《赢虫录》（或《异域图志》）十八世纪以来的式微，其他因素还包括清廷自己编纂了大型的《皇清职贡图》，取代了此前流行的异域图册。另外，《赢虫录》在流传中也渐渐进入潜伏状态，脱离了《赢虫录》这个题目；比如当它被著名类书《三才图会》及其后的 [清]《古今图书集成》收录时，则以类书章节存在而与《赢虫录》（或其他资料来源）的题目没有关联了。

禽兽.'"可见这样的言论在清代依然流传着。也就是说,尽管雍正皇帝强调"夷"即"籍贯",强调"夷"并非是对清人的侮辱性字眼,但在通俗读物中,"夷"字依然被赋予了贬义。这似乎表明通俗读物可以安身于朝廷纲领和士大夫自我审查之外,对敏感词不加深讳。流行、大众话语和朝廷、精英话语并不一致甚至相互矛盾——或许这更加剧了朝廷和官方学者的紧张。

在中国之外,《嬴虫录》也有着精彩的生命史。朝鲜、琉球国以外(见上),在日本江户时代(1600—1868)早期,它被当时的流行叙事绘本形式"奈良绘本"采用,制成《异国物语》一书,着色精美。不出所料的是,《异国物语》中有一个重要改动,那就是对日本的图说。伴随着一篇以《大日本》为题的文字,我们看到的是一幅精美的室内图,人物衣饰隆重(图Ⅳ-12),与《嬴虫录》中的日本图绘(图Ⅳ-03、图Ⅳ-04)大相径庭。①《异国物语》在日本的传播一方面表明当时的共享文本和图像形成了一个东亚"世界"观,②另一方面也让我们看到在当时"大日本"身份的形成中,对汉籍以及汉籍中的知识系统的改写是重要的、有争议的一环。③

《嬴虫录》也流传到了其他国家。除单本流传外,收录了《嬴虫录》的类书也传到了朝鲜、日本以及欧洲,将《嬴虫录》带入书籍和思想的全球流通中。④比如,朝鲜时代后期学者韩致奫(1765—1814)编写的著名的朝鲜通史——《海东绎史》中,即可看到《嬴虫录》(以及其他众多汉

---

① 《异国物语》,第10页。

② 手绘本之外,《异国物语》也在江户时期以刻本的形式流传。此外,收录了《嬴虫录》的《三才图会》也在日本流传。

③ 参见玛西亚·优奈茂特(Marcia Yonemoto)《绘制近世日本版图》(*Mapping Early Modern Japan*)。

④ 见[法]伯希和、[日]高田时雄《梵蒂冈图书馆所藏汉籍目录》,第16页、第96页、第118页;[韩]全寅初《韩国所藏中国汉籍总目》,第681—683页。

图Ⅳ-12　《异国物语》（又名《唐物语》）中的大日本国配图。（《异国物语》）

籍）的影子。[①]

结　语

《嬴虫录》在辗转稗贩中，以各种版本、衍生版本得到广泛传播。它对明人及明代书籍流通所及区域的读者们的异域和人类意识的塑造，不仅在于其选题如此，更在于它作为"书"的成功，即它在选择材料、打动读者，并以特定的书籍形式或书籍章节形式来实现其社会影响力的过程的有效性。它所影响的读者范围之广，以及它在近世外交、阅读活动和书文化中的角色，都是其他地理著述无法取代的。最终，正是"殊域人"这个主题与书籍的创造使用过程的结合，使得《嬴虫录》成为近世中国历史的一个独特的窗口。

---

① 参见韩致奫《海东绎史》卷二，第 3 页。韩标明其依据来自《三才图会》，而《三才图会》相关章节为《嬴虫录》的一个变相。

结语

家园与天下：对"皇明"的编写

　　图 V-01 是一幅典型的日用类书中的卷首图：它以生动的画面设计来吸引读者，并通过对特定视觉语言及其符号传统的运用而呈现出一种卷内文本的流通和使用空间。画面的中心人物是一位卖扇货郎。他是明代文化中间人阶层（或曰中介人）的一员，而文化中介人正是本书（《家园与天下》）的主人公。

　　这位货郎正在向三位女性售卖诗扇。他一只手握持毛笔，刚刚收笔或准备再次起笔。画面设计告诉我们，他在书写诗句，也正在回应着一位女性顾客的具体需求。这位女顾客则以戏剧化的姿势指点着，表达着她的意愿。另外两位女性，每人都拿着一把刚题了诗的扇子，正在阅读、讨论她们的诗和扇：一把是团扇，一把是折扇。这是正在进行中的文化物品的生产与消费的一幕。

　　"距离"是画中的一个关键母题。画面的基本视觉布局类似于山水画中的平远，视线从高处的一个前景，延展至远处的山影。[①] 这个构图表现的是远离都市喧闹的世界。以文房四宝——笔墨纸砚——为工具，货郎将文化产品带到了这个远离闹市而又不乏风雅的地方。风雅气息由山中风光、竹丛以及简洁的小亭透露出来，货郎自己更是为此时此地的文化精进做着贡献：他不仅带来了书写，而且带来了一种有文化特质的物品，那就是扇子。在这个远离喧闹的世界，他的顾客也拥有着另一层的远离

---

① 　关于"平远"的经典定义，见［宋］郭熙（1000 后—约 1090）、郭思《林泉高致》。英文翻译见卜寿珊（Susan Bush）、时学颜（Hsio-yen Shih）编《早期中国画论》（*Early Chinese Texts on Painting*），第 168—169 页。

新极增補天下便用文林妙錦萬寶全書卷之廿八

○萬家詩集

○太祖高皇帝曉行詩

忙着征衣執鞭，轉頭月掛柳梢邊，兩三靈露不為雨，七八個星尚在天，京店鷄鳴父謔路，竹籬犬吠客敲眠，等閒攏出扶桑日，徒叫胡兒拜馬前

○又詠新月

誰將玉瓜掛長空，萬里山河一絲同，映水有鉤鉤不起，卯山無影影分明，吞光卡旋霎霄外，素彩分遙宇宙中，輪滿待逢三五夜，九州四海照無窮

○正德皇帝遊府詩

離了龍樓并象床，三鞭千里馬飛霜，綱常高上天應大，酒色中間略更女

詩對門

图V-01　《妙锦万宝全书·诗对门》卷首图。（《中国日用类书集成》）

身份：女性及其与政治、经济、文化中心的距离。但同时，女性形象亦象征着新的艺术和雕版印刷品的消费阶层。就这一点来说，距离也象征着"新"，特别是新的正在争取文化风尚一席之地的市场力量。李渔的戏曲作品《意中缘》中，就塑造了这样一位在十七世纪文化市场中长袖善舞的女性：剧中风尘女子林天素画了一柄扇子，伪称是陈眉公真迹，并以一两银子寄卖。① 画中的货郎，作为文化商品传承、变异网络的最后一环，对商品进行着最后的加工改变，来满足不断扩大的读者—消费者群的需要和兴致。我们可以清楚地看到，他的篮子里还有更多的货品。② 而卖扇货郎的形象，在另一幅明代绘画中，也有着生动的表现（图V-02）。③

　　正是卖扇货郎和其他类似的文化中介，包括本书讨论的刊行者、刻工、编者、文本和图画的作（绘）者等，主持并助推了文本和图像在多种社会圈子中的流传。④ 他们与各种读者群体（比如画中的女性）一起，使用并阐释着一系列的文化样态，诸如古文、诗歌、戏曲、地理等，并将其挪为己有，纳入自己的生活中。这些文化中介人，正如画中的货郎以题扇来回应顾客的个性化需求一样，发展出了一系列市场技巧，用来对那些享有声誉的文化样态进行裁剪，以适合他们特定的消费者的需要。同时，这一系列样态本身，也因中介人的编辑、干预而被重塑着。正像画中所示，卖

———————

① 李渔《意中缘》，见《李渔全集》，第 4 册，第 331—333 页。

② 美国弗瑞尔美术馆藏有一幅明代无名氏的《画郎村售图》（*Village Painters Showing his Wares*），中心人物也是一位游方货郎。《画郎村售图》与这里的卷首图在货郎与顾客的互动、货郎售卖货物的地点等方面都可做进一步的比较。对这幅画的分析，见柯律格《早期现代中国的图像与视觉性》（英）彩色插图 69，第 120 页。在柯律格近著《中国绘画与观者》（*Chinese Painting and its Audiences*）中，这幅画被重题为《驱鬼图》（*Expelling Demons from the House*），见柯著第 66 页。

③ 关于货郎图传统，参见扬之水《"妆得肩头一担春"》，文中讨论了一幅明代无款《冬景货郎图》，构图上与此处的诗扇图有相通之处，且货郎售卖物中也有纨扇。扬文指出，"《货郎图》在明代臻于极盛，构图和情景乃至人物的动作和神态也都渐趋程式化"，可以帮助我们了解诗扇图的制作背景。

④ 关于这一点，高彦颐认为明清书商是"都市文化的设计师"，极为精当。见高彦颐《闺塾师》（英），第 41 页。

图 V–02　[明]无名氏《货郎图》（局部）：卖扇。（美国圣路易斯艺术博物馆藏）

扇货郎的编辑、创造还在进行中。

这些挪用、适变的过程留存至今的，就是这些文化中介功业的物质痕迹——图中的扇子，本书中的雕版、书页和书。图中的围栏和当地居民的女性性别，将这个题扇之处突出呈现为连接家与天下的场所。在这幅图中定格的时刻，都市和帝国的时尚文化物品正被转化为个人所有物，供人们居家使用。顾客与文化中介人一起，都参与到了流通物的再创造中，并最终创造出了新的文化样态。在图中诗歌的居家分销中，或图外更广泛的书籍商业活动中，"使用"这个维度——文本如何与读者相关，物品如何与其拥有者相关——最为关键。

在这个围绕着使用、再使用展开的文本世界里，明代编者们（特别是书坊主们）擅长以既有文本裁制读物，使其成为好的案头物品、家用品，且常常无意于保证作者身份的真确或捍卫文本谱系的纯洁。他们被后世学者轻蔑地称为"稗贩"的编辑实践，则是以自己的方式、基于适应市场再生产与标新立异的双重要求而发展出的一套编辑策略，而正是这种市场要求为新的风气和文化样态的产生提供了动力。雕版、书页、文本、图像，都成为再使用和编改的对象，对既有模式的些微改动就可以便捷地去服务新的目的，表达新的意义，打动新的观众，创造新的视觉符号。通过一系列新的组合策略，以及相应的读者解读技巧，书商们创造了崭新的阅读世界，正如一本书籍的题目所言，读者看到的是"万象新"。

《诗对门》一画也揭示出，扇子（诗句的物质媒体）和诗句是同等重要的文化产品部件。消费者当然在意诗句的选择、书写，但也须懂得扇子。这样，诗扇提醒我们注意"懂书"（或者说，不限于识字的"识书"）在明代书文化中的呈现，包括对书页形式意义的体验，对书类（好书、坏书，高等书、官方书、四民书等）的意识，对编者目的之体察，以及对（阅读或拥有）特定书籍作为社会身份标志的洞悉等。对"识书"的关注可以帮助我们打破形式与内容的二分法，并为搁置一些我们研究中的常见分工（比如文本研究与图像研究的分工、戏曲研究与诗歌研究的分工）提供契机，从而让我们能够跟随明代的"稗贩之学"，保持对文类、书类与语体的互渗的欣赏。无论关涉文本、图像，还是书册、雕版，本书的讨论，都不是从既有领域的学科（比如文学、艺术史研究）范畴出发，而是围绕着编者、读者对这些材料的使用展开。

编写明代中国

　　本书涉及的书籍，很多刻印于晚明。晚明以其独特的社会风尚，快速的商业发展，以及都市情怀和品味为史家称道。就书史而言，这一时期刻本的生产与流行达到了前所未有的繁荣。通过对具体例子的细读和分析，本书试图去理解这些书总体上来说在当时文化生活中的位置，以及当时人们一些具体的阅读趋尚。同时，通过追溯这些晚明书籍的"前史"（比如《博笑珠玑》与宋元间成书的《古文真宝》的关联），并交代它们在皇明之外（如日本、韩国）和之后的"后史"，本书也试图说明晚明书史只是悠久历史的一部分、更大的流播空间的一部分。就明朝历史本身来说，这些晚明图籍在挪用、积累过往资料过程中，也形成了对明代中国进行自我编辑、自我重现的渠道。

　　我们重新回到《妙锦万宝全书·诗对门》的卷首图。既然这幅图在书中的目的是引出卷内文本，那么或许我们可以看一下这些文本的具体呈现，特别是这本书的编者是如何通过对已有材料的加工、编辑来对材料进行"本土化"，从而创造出新环境下的"当地"（或曰"当下"）文本的。

　　《诗对门》由上下两栏构成：上栏收录了一个诗集，下栏采集了适用于各种场合和场所的对联。上栏中的诗集明显地与本书第一章中讨论的《皇明诗选》有"稗贩"互借的关系，不但所收诗篇重叠，而且顺序也多一致：它们都以太祖诗开篇，以正德诗紧随。[①] 不过《妙锦万宝全书》给了这个诗集一个新的题目：《万家诗集》，似乎在与《千家诗》叫板；同

---

① 　相较《皇明诗选》，《妙锦万宝全书》在《太祖晓行》和《正德游宣府》中间加了一首题为太祖的《咏新月》。

时"万家"一词也表示说，集内采录的作品具有代表性和概括性。

就《皇明诗选》和《万家诗集》的结集来说，它们多多少少可以被视为是一个开放性诗集的两个版本、两种呈现，或者说是两个变相。我们不知道二者谁借鉴了谁，实际上它们也可能有共同的祖本，或者参考了相关的不同本子。

这二者之间的一个突出区别，在于它们对韩雍的处理。在第一章里，我们讨论了《皇明诗选》从江西"凡鸡"（平凡诗人）的角度，在反讽诗篇《韩都题莺（自喻）》一诗中报了韩雍蔑视"凡鸡"的修辞之仇。《万家诗集》中完全没有这首诗的影子，相反，我们见到了至少三首新的与韩雍有关的诗：《韩都出征偶兴》《上韩都堂》以及《韩都讥众官员》。[①] 诗中韩雍不但未受讥讽，反而成为讥讽"众官员"之人，为帝国栋梁韩雍与一众"凡鸡"之间的讥讽修辞之战增添了波澜。这三首新增诗与《韩都题莺》在语气上对照鲜明。比如第一首，《韩都出征偶兴》，颇类舞台上大将出征的唱词：

韩都出征偶兴

殿阁云南草寇兴，

皇恩差我出巡征。

殿前亲赐三杯酒，

马上忙登十里程。

斩草除根诸鬼伏，

推山塞海一般平。

安民待诏回头日，

一统乾坤属大明。

与《韩都题莺》一样，《韩都出征偶兴》捕捉的也是韩雍出征的一幕，不过这里的韩雍良谨威武，诗末更是以响亮的口号作结："一统乾坤

---

① 另有一首和这些韩雍诗一起出现的《都堂游仙境》，其中的"都堂"从上下文看亦应指韩雍。

属大明！"另两首诗中的韩雍也同样是正气正义的化身，在一群平庸腐败、欺压百姓的酷吏中一枝独秀。下为《韩都讥众官员》：

> 韩都讥众官员
>
> 衮衮诸公着锦袍，
>
> 体行政事没纤毫。
>
> 笑斟美酒黎民血，
>
> 细切羊肥百姓膏。
>
> 烛泪落时人泪落，
>
> 歌声高处怨声高。
>
> 此时若不行方便，
>
> 空向江西走一遭。

诗中最后一句，韩雍表达了整治江西吏治的决心。《皇明诗选》地方之声中自负自大的韩雍形象，在这里被反转，从而在诗集中渲染了贤臣良将廉正卫国的景象。

　　再进一步看，对《万家诗集》的编者来说，明夷关系（特别是日本在区域政治中的角色）因集中体现了明代的军事和社会危机，而成为"万家"作品内容不可或缺的部分。集中有两首诗与"倭"有关，一首是《贺大巡征倭得胜》，一首是《吴巡抚伤倭乱》。前者庆贺朝臣征倭大胜，重建了正常的天地君臣秩序："闽浙春回黎庶乐，君臣道合天地间。"后者呈现出了倭乱下的凄惨景象："腥汗不论宫墙草，野哭遥闻海岸村。"对倭乱的关注也使得诗集关注地点有所改变，"闽浙"维度得到了强调。而"闽"（福建）不仅深受海寇之祸，也是这部日用类书的刊行之地。这样，在倭乱背景下，新的诗集给出了新的家园与天下的组合可能。个人家宅之外，读者对家园的认同感和天下视野得以在福建、皇明及其周边势力之间展开。①

　　明王朝在区域地理中的位置是日用类书编者共同关注的问题。比如

---

① 而《皇明诗选》中的"家园与天下"则是以个人居家、江西、皇明的组合形态展开的。

另一部类书《五车拔锦》中的《诗对门》就收录了下面这首诗，似乎可以安慰读者对倭乱的焦虑：

日本使者答圣上问风俗

国本中原国，

人如上国人。

衣冠唐制度，

礼乐汉君臣。

银甓漉新酒，

金刀剖细鳞。

年年二三月，

桃李一般春。

　　就明—日关系这个维度而言，该诗剪辑掉了前述两首诗中对日本或日本海寇的焦虑、义愤，换以简单的叠句来强调日本对"上国"的模仿和复制：无论从源起、习俗、礼仪或是制度来说，日本都是中原国一样的国家。诗歌本身句式简单，"好事者"甚至可以把这种形式特点当作日本使者认真作汉诗的表现。前述吴巡抚诗中的"腥汗"，被此诗的"新酒"代替。"新酒"是庆贺活动或好客的象征（与侵盗行为正好相反），而诗中的"刀"，也并不是武器，而是美食器具。《贺大巡征倭得胜》中需要以武力才获得的"春回黎庶乐"，在这里则是永恒（"一般春"）的自然存在（"年年"）。诗集的编辑考量（选哪首诗入集、诗歌的顺序安排、题目的选择等）可以创造出截然不同的想象空间，回应读者群中不同的情绪和关注点。①

　　本书第四章中谈到，明编者在《臝虫录》中对内外夷的舆地和人种学绘写，以及由此建立的明人"生居中国"（以中国为居所、为家）的身份感，进入了日益全球化的文化商品的流通市场。《臝虫录》在日本被改

---

① 这首诗（《日本使者答圣上问风俗》）在明清文集中广泛流传，包括吴伯宗（活跃于洪武朝）的《荣进集》、严从简（嘉靖三十八年进士）的《殊域周咨录》以及朱彝尊（1629—1709）的《明诗综》等。这些诗文集中对这首诗的作者有不同的题属。

编为手绘本《异国物语》，并以刻本的形式流传，且在其后的几个世纪里引发了一系列的衍生读物，其中的《异国一览》里，有一幅题为《大日本国书铺之图》的插图（图V-03），图中赫然可见两本正在售卖的书，包括《异国一览》（这是版画家为自己的书做广告）和《西（？）游记》（"西"字被画面题字隐去）。[①]从这幅图中，读者可以感受到图书、思想流通市场的活跃与顺畅，但一个新的殖民时代即将到来，这些书籍中的夷人观也即将受到内外挑战（比如雍正帝的"夷"为籍贯说），并将引发外交争端（比如1858年《中英天津条约》对"夷"字的禁用）。明代流行读物中的各种"家园与天下"视界，也将继续在传播与改写中成为读者参与时代生活的工具。[②]

扇子的修辞意义

《诗对门》一图拿来渲染的物品——扇子，就这个大的文化流播史来说，也有其重要的地位。扇子在明代成为文化时尚及其展现的一个中心标志。尽管折扇（又名折叠扇、聚头扇、褶子扇或倭扇）从日本和朝鲜半岛的输入可以至少追溯到宋代，明人自己则常以永乐时期折叠扇从日本的输入作为它在明代盛行的发端，而折扇作为日本和朝鲜贡品的一种，也

---

① 春光园花九述，冈田玉山（1737—1812）画《画本异国一览》。

② 这里笔者想再次强调，这些明书在清代及域外继续为读者所用。关于汉籍在全球文化市场中的流通，参见张伯伟等学者的研究。近期英文著作中，玛西娅·里德（Marcia Reed）和戴蓓岚（Paola Demattè）合编的《纸上中国》（China on Paper），琳恩·亨特（Lynn Hunt）、玛格丽·特雅各伯（Margaret Jacob）、韦内得·敏哈特（Wijnand Mijnhardt）合著的《改变了欧洲的一部书》（The Book that Changed Europe）等也从不同角度对这一命题进行了探索。耶稣会士在华活动是汉籍世界流传史的重要部分，有关的资料搜集印制活动，近有楼宇烈顾问、郑安德编辑的《明末清初耶稣会思想文献汇编》等；钟鸣旦（Nicolas Standaert）的《〈进呈书像〉史》（An Illustrated Life of Christ Presented to the Chinese Emperor）也是这一领域近期令人瞩目的成果。

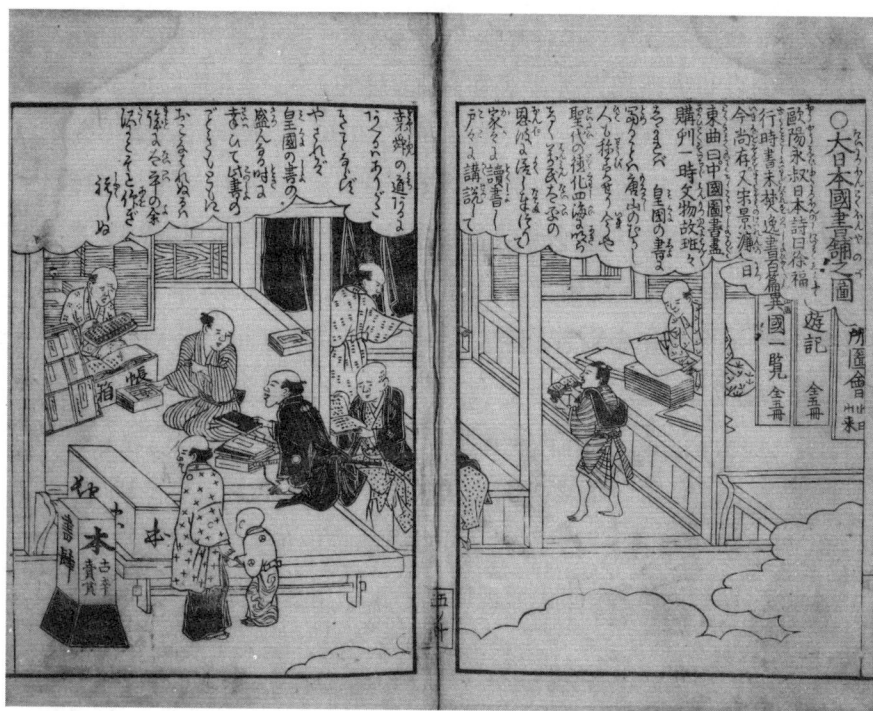

图 V-03 《异国一览》中的"大日本国书铺之图"。（日本早稻田大学图书馆藏）

促成了它在明代社会的雅具地位。[1] 明朝自己生产的折扇也很快在市场上流行，甚至流传到了日本，继而传到欧洲，成为国际时尚形成中的一环。[2]

这样，当我们的货郎将折扇带到这个远离尘嚣的地方时，他带去的是一种有特定社会资本的文化商品。尤为重要的是，他不仅带去了折扇，还带去了"团扇"。中晚明又称团扇为"古扇"，且据明代的文化观察家们记载，在折扇风行的背景下，团扇式微，只有在江南还能看到女子用团扇：

> 宋元以前，中国未有折扇之制。元初，东南夷使者持聚头扇，当时讥笑之。我朝永乐初，始有持者，然特仆隶下人用以便事人焉耳。至倭国以充贡，朝廷以遍赐群臣，内府又仿其制以供赐予，于是

---

[1] 参见方以智（1611—1671）《物理小识》，8.18B。

[2] 王勇指出，明代制作的扇子在约十六世纪的时候通过印度流传到了欧洲，成为欧洲流行扇品的祖型。见王勇《日本折扇的起源及在中国的流播》，第129页。

天下遂遍用之。而古团扇则惟江南妇人犹存其旧，今持者亦鲜矣。①
这样，当我们的货郎携两类扇子而来时，他也在调动着他的消费者们选择的自主性：或选源自中国的、有古韵的团扇，或选源自贡品（有殊域风）、天下遍用的时尚折扇，或两者兼取。进而言之，正如刘元卿（1544—1609）和《三才图会》中所说，过去是南方女性用团扇，只有妓女才用折扇，近来良家女子也开始用折扇了："南方女人皆用团扇，惟妓女用撒扇。近来良家女妇亦有用撒扇者，此亦可见风俗日趋于薄也。"②就此而言，货郎作为一个风尚推动者，也使得一个社会群体（妓家）的风尚被另一个社会群体（良家）仿效。提供两种扇类是合理的市场行为（就像谜令中将古文与俗语结合在一起一样），更为给用户提供了展示文化品味的机会。

作为扇上诗句的书写者或作者，我们的货郎加入了一个复制、模仿、变异的文化产销网络中。明代涌现出了一批制扇名工，名家（诗人、画家、书法家）绘题的扇子更是成为人们的追逐之物。③无论是著名士人还是名工，都是历史上留下名字的人。但是，正是（代表着诸多无名或寻常文化中间人的）我们的无名货郎，使得高雅阶层那些尊贵的品味、昂贵的风尚在更广泛的受众中流传，并因而塑造着一种普遍性文化（或曰共享文化）。如此，文化精英与无名货郎成为商业和文化网络中的合作者。正如《诗对门》一图所示，无名货郎推动着连系了都市文化中心与远方的山居人家的文化场域的形成，通过重塑他所掌握的文化样态，响应着也引导着他的读者（即消费者）的日常品味和需求。在这个过程中，他帮助他的读者—消费者将那些或遍行天下、或为世罕见的文化样态与风格加工为她们自己的居家物品。

① ［明］陈霆（活跃于弘治朝）《两山墨谈》卷一八，王勇引。笔者受益于王勇《日本折扇的起源及在中国的流播》一文中的资料梳理和分析洞见甚多，特志。
② 王颋《折迭扇的输入与仿制》，第66页引；《三才图会》，第470页。
③ 见文震亨（1585—1645）《长物志》，第291页。周启荣指出，在晚明"0.1两银子或许可以在南京买到最便宜、质量尚可的扇子。著名书法家所题之扇，售价则在1到5两银子之间。一把好扇可以当出0.2到0.3两银子的价钱。"见周著《近世中国的出版、文化与权力》（英），第47页。感谢陈慧颖（Huiying Chen）提醒我注意周著的这段话。

附录一

戏曲杂书制作者作品举隅 ①

余绍崖（《乐府玉树英》绣梓者）刊行书籍：

《通鉴纂要抄狐白》，1573 年。

《史记萃宝评林》，1590 年。

《锲南华真经三注大全》，1593 年。

《新锲评释吕东莱先生左氏博议》，1593 年。

《续刻温陵四太史评选古今名文珠玑》，1595 年。

《刻注释论学臧耳》，1598 年。

《续文章轨范百家批评注释》，1599 年。

《鼎镌金陵三元合选评注史记狐白》，1600 年。

《新镌张状元遴辑评林秦汉狐白》，1605 年。

《鼎镌金陵汤会元评释汉书狐白》，1608 年。

《精选举业切要书史粹言分类评林诸子狐白》，1614 年。

《鼎镌黄状元批选眉山三苏文狐白》，万历版。

《管晏春秋百家评林》，万历版。

《精选举业切要诸子粹言分类评林文源宗海》，年代不详。

《合刻李杜二家钞评》，年代不详。

刘次泉（《玉谷新簧》绣梓者）木刻插图作品：

《刻新板增补天下便用文林妙锦万宝全书》，安正堂，1612 年。

---

① 据各书记载、笔者目见及中华书局《中华古籍书目数据库》。此附录旨在提示相关人物书籍刊刻活动，非包罗无遗。

《汤海若先生批评琵琶记》，万历版。[1]

《鼎镌西厢记》，师俭堂，万历版。

《红拂记》，师俭堂，万历版。

《新镌全相南海观世音菩萨出身修行传》，建阳焕文堂，万历版。

《新刻音释旁训评林演义三国志传》，建邑书林，年代不详。

《唐诗画谱》，集雅斋本，1620 年代。

《刻全像五显灵官大帝华光天王传》，建阳昌远堂本，1631 年。

刘次泉刊行书籍：

《刻精选百家锦绣联》，崇祯版。

四知馆（《时调青昆》绣梓书坊）刊行书籍：[2]

《增补初学捷法医林统要大全》，1609 年。

《丹溪心法附余》，嘉靖版。

《苏文忠公集选》，万历版。

《三刻太医院补注妇人良方大全》，万历版。

《武经通鉴》，万历版。

《婴童百问》，万历版。

《揭子战书》，万历版。

《兵经百篇》，万历版。

《行军积善录》，万历版。

《新镌京版工师雕斫正式鲁班经匠家镜》，万历版。

《醒睡编》，万历版。

《新镌神峰张先生通考辟谬命理正宗大全》，万历版。

---

[1] 侯白朋《琵琶记资料汇编》，第 463 页记为刘次泉刻本。

[2] 下列书籍虽均为"四知馆"所刊，但明末以四知馆为馆号的不只一人，《时调青昆》为哪个四知馆所刊不详，特志。明末四知馆，见根山彻（根ヶ山微）《〈新选南北乐府时调青昆〉版本浅说》，第 192—193 页。

《周钝轩先生文集》，万历版。

《钟伯敬先生批评水浒忠义传》，天启版。

《三教源流搜神大全》，年代不详。

陈聘洲（《词林一枝》插图刻工）木刻插图作品：

《陈眉公先生批评丹桂记》，宝珠堂，天启版。①

《环翠堂乐府西厢记》，环翠堂，万历版。

《鼎镌陈眉公先生批评西厢记》，师俭堂，万历版。

《绣襦记》，师俭堂，万历版。

《新刻洒洒篇》，建阳萃庆堂，天启版。

朱鼎臣（字冲怀，《大明春》选家）编、订、校书籍：

《徐氏针灸全书 铜人针灸全书》，三槐王祐刊本，1584 年。

《新锲鳌头复明眼方外科神验全书》，龚廷贤撰，书林王祐刊本，1591 年。

《新刻邺架新裁万宝全书》，建阳熊对山刊，1614 年序本。

《博览全书》，潭邑熊氏刊，万历版。

《新镌全像南海观世音菩萨出身修行传》，焕文堂，年代不详。

《新刻音释旁训评林演义三国志传》，建邑书坊，年代不详。

《鼎锲全相唐三藏西游传》，书林刘永茂（莲台）刊行，年代不详。

《鼎锲龙头一览学海不求人》，潭邑熊氏刊，年代不详。

《新锲阁老台山叶先生订释龙头切韵海篇星镜》，叶向高撰，年代不详。

---

① 年代据郭英德、王丽娟《〈词林一枝〉〈八能奏锦〉编纂年代考》。

附录二

风月迷思与城市书写

　　明代的日用类书（图Ⅵ-01）中常常收录一套青楼指南文字，题为"风月机关""青楼规范"等（见第二章），模仿经文加注语的注经传统，逐条列出一系列的寻芳须知。晚明另有《青楼韵语》（朱元亮辑注校证、张梦征汇选摹绘）一书，亦以这些指南为框架，并以之为基础进一步汇集了历代名妓诗词曲作品五百余首。①

　　青楼指南作为晚明流行的一种文类和书类，在编绘述评者手中不断得到创新、发展。这些文字不仅为我们了解当时的社会生活提供了资料，而且为我们探讨晚明的城市书写提供了机会，可以让我们进一步了解城市书写中的"导游"（对新的游世经验进行指导）热点、以及流行文类与儒家经典的关系。这里就此检视一部叫作《嫖赌机关》的明刻本，对其中的相关文字做简要介绍和讨论。（《博笑珠玑》五卷本的第五卷，即以这套文字为主要内容。）与晚明日用类书等书中收录的寻芳指南相比，这部《嫖赌机关》不仅有一套新的"经"文和注语（收入卷尾的《机关条目一百八》一节），还在前面多出了约三四倍的内容，对风月场中的社会文化现象叙述更为全面。还有一点与众不同的是，这部书不仅为"子弟"、也为"姊妹"提供指点，表现出对女性的强烈关注。

①　1616年刻本，收入《中国古代版画丛刊二编》第四辑。此本收十二幅精美插图，成为明书讲究图文共赏的又一个很好的例子。张梦征在其《青楼韵语凡例》中指出，当时流行的这套青楼指南以"嫖经"为人所知。《青楼韵语》前有自称是"腐儒"的玄度子所作的《韵语小引》一篇，说："故吾儒经有十三注疏，道家经有三十六部，佛氏经有五千余函，大都正言十之一，寓言十之九。古之注嫖经者，如大禹铸九鼎，以图神奸，使民不逢不若，此正与道学相发明，安得谓其有异耶？"

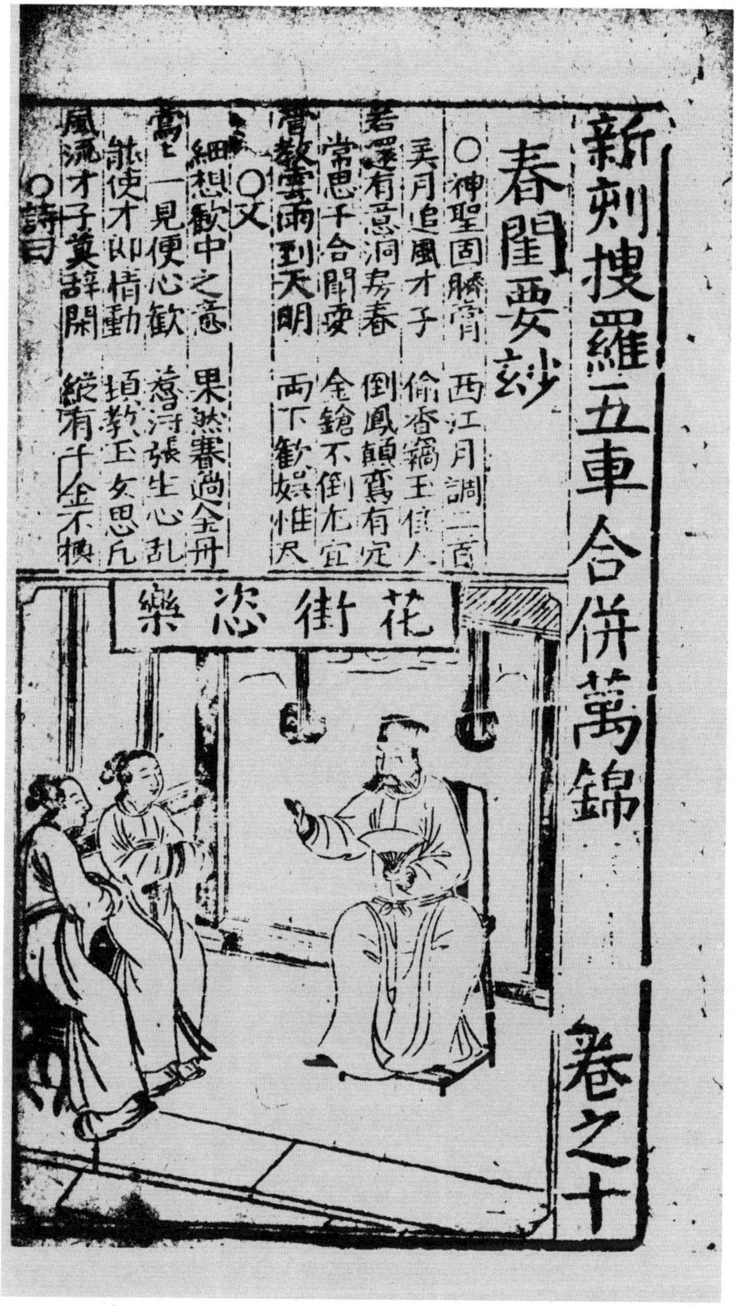

图 VI–01　晚明日用类书《五车万宝全书》卷一〇《风月门》，内收《风月机关》；上栏为各式春药。(《中国日用类书集成》)

　　总体上来说，该书对语言、特别是语言的翻新表现出强烈兴趣，注重修辞（特别是戏仿）效果，并且对经典文本及其价值和所代表的尊卑观进行了明显的挪用和颠覆。在明代城市书写中，特别是其中对青楼、金钱、和感官沉醉的书写中，《嫖赌机关》及其代表的青楼指南在（浪漫化的）"情"和（可疑但又实在的）财色交易之间，占据着独特的话语位置。①

风月迷思

　　《嫖赌机关》，明刻本。书题页题属江湖散人辑，德聚堂梓；上卷首页题"昭阳元甫沈弘宇述"。上卷为《嫖论》，下卷为《赌论》。《嫖论》以《西江月》一首发端：

　　　　论人该嫖

　　　　世事浑如春梦、韶光真似浮云、人生聚散有何凭、瞬息青年可

　　敬、若论赏心乐事、无过月夕花晨、从来柳陌胜蓬瀛、自古高人亲近。

诗句流畅地滑过对世事、时间、人生、青年的冥思，停驻在"心"之喜乐和对"月夕花晨"的钟爱上。"月"和"花"是浪漫情怀和感官愉悦的习见象征。而花月情怀的满足之处，据作者而言，是"柳陌"花巷（即妓院），而不是神仙福地（"蓬瀛"）。这首词汇总了一套不同的角度——空间、时间、人生、青春、心、历史智慧（"自古高人"），且都指向最终的结论，那就是青楼是人的实现的最高场所。青楼不单是身体和欲望的场所，在快速变化的都市文化中，要活动在这样一个布满圈套的、复杂的商业和情感世界里，人们还需要一定的技巧和特殊知识。

　　《嫖赌机关》的作者（或用书中的标签——"述"者）沈弘宇，字元甫，生平不详。余怀（1616—1696）《板桥杂记》中有一段话说："曲中狎客，则有张卯官笛，张魁官箫，管五官管子，吴章甫弦索，钱仲文打十番

---

① 据小川阳一，东京大学有《嫖赌机关》写本一部，台湾"中研院"有刻本一部。本附录中《嫖赌机关》引文来自芝加哥大学图书馆所藏《嫖赌机关》缩微胶卷，不再一一作注。关于明代青楼指南，参见小川阳一《风月機關与明清文学》《明代の遊郭事情 風月機關》；潘敏德《〈嫖经〉校点并序》等。

鼓，丁继之、张燕筑、沈元甫、王公远、朱维章串戏，柳敬亭说书。或集于二李家，或集于眉楼，每集必费百金，此亦销金之窟也。"[①] 其中的沈元甫是否为此书的述者，不得而知。但此书所录沈弘宇的序中谈到自己时说，"余淮扬兴化人也。暂寄跡秦邮。清闲无事，偶尔忆嫖赌一节，稔知迷人多矣……概举余所知，编为荒谬之句章……非为博名，实出有感"，倒也符合秦淮"曲中狎客"的经历。

书中的青楼指南牵涉到如何处置身体、钱财、社会、文化等问题，谆谆之言针对的不仅是狎客，也包括女妓，从中可以感受到强烈的时代气息，特别是它对十六、十七世纪城市中的时尚男女所必需的性、经济和社会资本管理上的技能和智慧的强调。

沈弘宇当然不是晚明唯一的青楼导师，他的作品以及他人的类似书籍，也不是为了只在密友之间传阅。恰恰相反，这些图籍由书坊刻印，售卖与人数日益增长的阅读公众。这些青楼秘诀随之成为时代公共知识的一部分，[②] 告诉读者建立在商业交易之上的人际关系作为社会组织形式的有效存在。在这一社会形态中，市井交易的喧闹和乱象造成了人们的焦虑，并引发了人们对规则、保护、和指南的需要。

似乎是呼应着这种需求，沈弘宇在书中对青楼事类条分缕析，将有关事项以数目列出，如数家珍。明代日常知识中有俗语如"开门七件事"（柴米油盐酱醋茶）等，表现出一种社会共识。[③] 沈著中也有很多类似的表达，比如"嫖有五要三不可"：

> 嫖有五要三不可
>
> 一要温存，二要念作，三要功夫，四要本事，五要用钱。不可跳槽、不可讪脸、不可扬风。

对于上述各条，沈著又给予了进一步的解释，比如：

---

① 余怀《板桥杂记》，见《板桥杂记 续板桥杂记 板桥杂记补》，第23—24页。

② 晚明小说《三宝太监西洋记通俗演义》第十三回中，一位陈侍郎取笑说："今日的和尚，到是个熟读嫖经的。"说明了当时读者如陈侍郎对此类青楼指南的了解。

③ 明代日常生活，参见陈宝良《明代社会生活史》。

　　三要有功夫

　　朝相见，暮相接，忙里偷闲来温热；殷勤日久自然亲，一曝十寒情不浃。

文字颇为直白。探访青楼绝非易事，要想成功，子弟们不仅需要学习准备，而且需要天分——沈弘宇在"论子弟有七俏"中如此详细阐明：

　　论子弟有七俏

　　一风度俏、二学问俏、三谈吐俏、四曲艺俏、五服饰俏、六饮食俏、七乖狡俏

　　风度俏：人飘逸、性温柔、磊落春风、绝无寒气、姊妹爱之。

　　学问俏：多问学、广音韵、诗词歌赋、无不通晓、姊妹敬之。

　　谈吐俏：长应对、善说词、谈吐诙谐、悉皆中节、姊妹听之。

　　曲艺俏：能壶马、谙丝竹、风尘六艺、件件精通、姊妹奇之。

　　服饰俏：冠履精、裳服洁、一尘不染、精致潇然、姊妹重之。

　　饮食俏：不茹荤、不饮酒、烧香品茶、苏气逼人、姊妹亲之。

　　乖狡俏：会讨好、惯弄乖、聪明伶俐、圆融小巧、姊妹喜之。

一言以蔽之，子弟"只"需有风度、才艺、魅力、学问，再加谈吐幽默就可以了——这比科举考试似乎只有更难。沈不只一次提醒子弟们要掂量自己相貌如何、有无本事、社会地位怎样、囊中是否充盈、文才有几分、是否善解风情等，从而对自己在青楼世界的遭际与前途有一个清醒的认识。

　　沈著不仅对子弟们如何在风月场中行事加以指导，告诉他们其中的厉害、温柔以及复杂的交易过程，而且针对姊妹们如何立足、取得成功这个问题，进行了讲解：

　　观姊妹之十全

　　一文雅、二脱俗、三翰墨、四技艺、五歌唱、六丝竹、七泾渭、八风情、九停当、十苏样

这些方面的具体要求是什么呢？比如怎样才算是有"翰墨"之才呢？沈说：

　　三翰墨

　　朱楼内诗词难得，曲栏中写画为高。翰墨流香，芳名远著。文

人墨士，莫不驰马骤来。愚夫俗子，不过仰望丰采。纵家寒貌丑，
此亦不足以限之。

据此，"翰墨"之才的意思，就是不仅要能诗善词，而且要能绘画——晚
明金陵名妓马守真（1548—1604）即以画兰闻名，赢得"湘兰"之号。[1]
翰墨流芳可吸引高雅文士，令蠢俗之人却步，且能遮家寒或貌丑之不足。
换言之，可以弥补先天后天之缺憾。

　　"风情"自是青楼要务，但所指究为何物？沈著说：

　　八风情

　　　　姊妹要稳重、又要飘扬；要沉潜、又要活泼。槁木瓠瓜，人都恶
　　其死石。若枕席间、被窝中，此正欢娱之际，尤当操弄风骚，勾引
　　子弟迷恋。不然，一宿再宿而已，依依不舍能几何？

男女之私以外，沈弘宇还特别强调经济头脑和管理能力的重要性：

　　九停当

　　　　处得意时，遵节而不奢华；当落剥日，勉强而不狼狈。广结要
　　路，以备雀鼠；买好巨室，以防匮乏。用意周密，做人停分。家业自
　　是峥嵘，气象昂然光彩。

青楼乃是"家业"，要想"气象昂然"，必要心思缜密，熟知为人技巧，学
习用钱、用情之道。社会人情上要懂得结交买好要路巨室，以防鼠辈算计，
以备不时之需，如此这般，才能确保长久平安。

　　青楼中更是都市时尚流行之处，男女均要"苏样"，即有苏州风尚。
所谓"苏样"，"从生活方式到行为方式，举凡服饰穿着、器物使用、饮食
起居、书画欣赏、古玩珍藏、戏曲表演、语言表达，无所不包"，自明后期
至清中期绵延了近三个世纪之久，"不仅仅是一种炫耀性的风尚，而且还
是品位和身份、意蕴和境界、风雅和脱俗的象征"。[2] 那么青楼中苏样的

---

①　关于女性绘画史，[清]汤漱玉辑《玉台画史》一书，以女性画家为辑录对象，在中
　　国绘画史写作中有着特殊的地位。
②　范金民《"苏样"、"苏意"：明清苏州领潮流》。范文并对近年"苏样"研究成果加
　　以注明。

精髓是什么呢？沈著如是说：

> 十苏样
>
> 　房中茸理精致，几上陈列完好。多蓄异香，广贮细茶。遇清客，
> 一炉烟 、一壶茶；坐谈笑语 ，穷日彻夜；并不以鄙事萦心，亦不以
> 俗话出口。这段高雅风味、不啻桃源形境。

沈弘宇告诉人们，风月境地，如遇如此苏样，则与陶渊明笔下不受历史时
间约束的理想世界——桃花源——毫无二致。如此雅境，夫复何求？

　　沈弘宇论嫖的最后部分，是一百零八条对狎客的指导和告诫。下面
摘选若干，以见其面目：

> 　会饮酒留量，能讴不可先。
>
> 　寝未安处求云雨，不亦急乎？事方毕复求再合，失于俗矣。
>
> 　情正浓而遽别，后会如故。意寝衰而后离，复见如仇。
>
> 　衾被重薰，今夜断然清客。门窗早闭，此宵定是村夫。
>
> 　凡观枕上之欢愠，遂知心中之爱恶。
>
> 　广席上就位附耳，殊欠冠冕；稠人中视有若无，才为雅致。
>
> 　无情强苦捄，槃桓而非高怀；得趣便抽身，纵乖狡而亦薄倖。
>
> 　见名妓而不流畅，定受禁持；遇俗侪而不尊重，反遭讥讪。
>
> 　之乎也者，省此；乡谈土语，少说。
>
> 　好话儿只说一遍，趣事儿只干一遭。

沈著多次提醒读者，真情假情难辨，能够掌握如何用情、何时用钱、怎样
在情钱交易中得心应手非常不易。在"姊妹二十四娄法"中，沈氏列出
二十四种青楼女子媚客时惯用的软款情深之词，用来引动子弟的情、钱投
入，并点出这些仅为动人言辞而已，与实情并无相干。比如其中一套情深
之词为："妾与人好，自未认真，见君高雅，实系我心，几番别却，复又牵
萦，这场冤孽，甚日完成？"

　　"子弟"与"姊妹"之间流动着诸多让人渴望的东西：财、色、感情
上或艺术上的相知，乃至从良的机会。钱和礼物于是变得难办，因为它们
既可以是真情的表记，也可能只是花钱买笑、逢场作戏而已。这种两难的

境地被称为："频允物，担雪填井；不使钱，掩耳盗铃。"①尽管真情似为风月最佳之事，但钱和性却至为关键，使得青楼成为最难辨识真假的地方。这不仅于子弟如此，于姊妹也是同样。比如在下面这段话中，沈弘宇就提醒青楼女子，遭遇情感上的抛闪是她们营生中不可避免的一部分：

> 子弟有二丢闪
>
> 一才好就丢，二正好就闪

关于"才好就丢"，沈解释说：

> 一才好就丢
>
> 　　子弟与姊妹初会，百般念作，万种谋为，说我两个生死相靠，半步不离。妇人水性，信以为实。枕席欢情，俱已承奉；风月趣事，靡不尽为。你图他山高水远，他做了日出露稀。方才到手，血心就昧；并无缱绻之情，亦无留恋之意。为姊妹安能敲之使来？怎得缚之不去？追悔何及？闷坐长吁。天、丢得他，思一回、怨一回、暗地垂泪。

　　青楼成为陷阱最深的市场之一，是因为其售卖物（性与风情）的特殊。在那里创家立业不仅要有对自己身体的可用性和可获取性、以及对金钱的管理技巧，而且更基本的是，要有对人间冷暖感受的管理技能。

城市书写

　　沈著是一本指南，但如果说读者的阅读目的就是以此为实践指导，当然未必，很多读者倒很有可能是将其作为奇文新语来阅读的。沈弘宇在序文中说自己是"道听途说"，除了有可能是自谦之外，也暗示书中有着都市密语的世界，以此来吸引读者的好奇心。

　　青楼指南是晚明书文化的一个证候（symptom）。图书业重塑了人们的社会期待，包括一个人应该读什么书，买什么书，让人看到自己读什么书等。而这些青楼指南也像其他市场上的书籍一样，是可获取、消费、展示的文字商品。购获这样的文字商品，不必一定是为了狎妓而恶补相关

---

① 潘敏德《〈嫖经〉校点并序》，第138页。

知识,更基本的,是可以使人获得一种资格,在自己心目中,或在他人眼中,获得一种脱离"田舍郎"标签的都市成员身份。晚明城市写作中流行白话风,作为一个复杂的语言表现场域,白话写作整合了说话、译文、方言等历史悠久的实践活动。与其说这种白话与相对低俗的社会身份对应,倒不如说它给了都市中的品味、式样、价值以声音。这套都市品味在沈著中最醒目的表现,就是苏州地区所代表的商业、文化成就所织就的繁华与魅力。

诸如沈弘宇一样的作者、述者、编者,在图书业中参与创造了各种有活力的、可获利的文本系统,将新词、新文类、新的说话方式通过图书流通市场送达读者的案头手边,与传统著作在市场上一争高下。文言教育是蒙学的基本功,白话则非,所以对作者来说,白话写作未必比文言写作轻松容易。图书市场推进着白话写作成为文人(受到相当文字训练的人)在文言之外的一个选择。沈弘宇的写作中即有这种强烈的白话风格,其文字的新鲜与其内容的异样情调相映成趣。

就沈著来说,其写作风格的一个突出特点是戏仿:对成熟文类的挪用和讽戏。其戏仿的对象之一为家礼类书籍,比如六世纪的《颜氏家训》、南宋的《朱子家礼》等,[①]后者更是在明代成为伦理教育的核心材料。另外一点值得注意的,就是沈著对经学释文传统的戏仿,特别是书中一百零八条规戒对经文行间注文形式的演习。比如,在"之乎也者,省些;乡谈土语,少说"之后,紧接着就是释文:"邪语太多,他说你不脱俗;之乎重叠,他笑你欠斯文。"

一定程度上,这几句规劝也反映出沈著的语言追求。沈著摒弃"之乎也者"所代表的庙堂写作,同时也不拘泥于"乡谈俗语"。其理想的表达方式,是既要超越狭隘的地方乡土气但又不能坠入迂腐的旧文传统。沈著的语言风格,不拘泥于一时一地或一个社会群体的声音,而是在不同语体的表达方式中寻得一种独特的平衡,既有书面文雅之辞,也有口语行

---

① 关于《朱子家礼》及其研究,参见周鑫《〈朱子家礼〉研究回顾与展望》。

话之类。在糅合不同表达方式的基础上，沈著成就了自己的风格。正如他在序言中所说："举余所知，编为荒谬之句章，奉献士女，以备暇豫之□□。儒俗参差，词华不敢雕琢。识见庸凡，格调深惭浅陋。"这段话透露出沈弘宇对自己文本实验的自觉意识。在自谦的"荒谬之句章"背后，是他"儒俗参差"的文体追求，和对"词华""格调"的自觉，这些也是他希望在时代书写中留下的个人印记。而这个个人印记，他称之为"庸凡"。所谓"庸凡"，我们或可视为一种对当时正在形成的另类"一般知识"的表述。

本书（《家园与天下》）中的其他例子也表明，新文本、新图籍存在于与儒学传统和廊庙写作互异相生、对传统进行再利用的张力中。就这一点来说，沈弘宇在序言结尾处对孔子修《春秋》的影射，就显得格外的意味深长。

《孟子》录孔子言修《春秋》之事曰："知我者其惟春秋乎！罪我者其惟春秋乎！"在沈弘宇的序文结语中我们听到了孔子"知我罪我"的回响，听到了隐含的述风月与修《春秋》之间的颠覆性拟比：

"知余罪余，听之而已。高明者以为何如？"（沈弘宇《嫖赌机关序》）

参考文献

丛书

《中国日用类书集成》，东京：汲古书院，1999—2004。

《善本戏曲丛刊》，台北：台湾学生书局，1984（1—3辑），1987（4—6辑）。

《影印文渊阁四库全书》，台北：台湾商务印书馆，1983—1986。

《续修四库全书》，上海：上海古籍出版社，1994—2002。

《四库全书存目丛书》，济南：齐鲁书社，1995—1997。

《四库禁毁书丛刊》，北京：北京出版社，1998—2000。

古籍数字化资料库

迪志文化出版有限公司《文渊阁四库全书电子版》

台湾"中央研究院"历史语言研究所《汉籍电子文献资料库》

中华书局《中华古籍书目数据库》

Aleni, Giulio（艾儒略）:《三山论学》，楼宇烈顾问，郑安德编辑：《明末清初耶稣会思想文献汇编》，第 7 册，北京：北京大学宗教研究所，2000 年。

Bai, Qianshen（白谦慎）:《傅山的世界——十七世纪中国书法的嬗变》(*Fu Shan's World: The Transformation of Chinese Calligraphy in the Seventeenth Century*)，麻州剑桥：哈佛大学亚洲中心（Cambridge, MA: Harvard University Asian Center），2003 年。

白·特木尔巴根：《明代史乘著录〈元朝秘史〉考略》，《内蒙古师大学报（哲学社会科学版）》，1990（3）：第 56—63 页。

———.《清代藏书家著录〈元朝秘史〉考略》，《内蒙古师大学报（哲学社会科学版）》，1992（3）：第 83—90 页。

———.《〈元朝秘史〉写作过程考略》，《内蒙古师大学报（哲学社会科学版）》，

2001（3）：第 30—26 页。

坂出祥伸：《解说—明代日用類書について》，《五车拔锦》，第 7—30 页。

班友书：《两头蛮辨析》，《中华戏曲》，2001（25）：第 78—83 页。

———.《青阳滚调源起新论》，《戏曲研究》，1993（47）：第 96—112 页。

Berg, Daria（达里娅·伯格）：《中国的狂欢：〈醒世姻缘传〉解读》（*Carnival in China: A Reading of the Xingshi Yinyuan Zhuan*），莱顿：博睿学术出版社（Leiden: Brill），2002 年。

Berliner, Nancy（白铃安）：《汪廷讷与徽州插图本出版》（*Wang Tingna and Illustrated Book Publishing in Huizhou*），《东方艺术品》（*Orientations*），1994（25.1）：第 67—75 页。

兵界勇：《论〈唐文萃〉古文类的文体性质与其代表意义》，《中国文学研究》，2000（14）：第 1—22 页。

柏克莱加州大学东亚图书馆编：《柏克莱加州大学东亚图书馆中文古籍善本书志》，上海：上海古籍出版社，2005 年。

［法］伯希和编，［日］高田时雄校订、补编：《梵蒂冈图书馆所藏汉籍目录》，北京：中华书局，2006 年。

《博笑珠玑》，嘉靖朝或其后，文德堂、种德堂刊本。

Bol, Peter K.（包弼德）：《历史上的理学》（*Neo-Confucianism in History*），麻州剑桥：哈佛大学亚洲中心（Cambridge, MA: Harvard University Asia Center），2008年。

Bourdieu, Pierre（皮耶·布迪厄）：《实践的意义》（*The Logic of Practice*），Richard Nice（理查德·尼斯）英译，斯坦福：斯坦福大学出版社（Stanford: Stanford University），1990 年。

Brokaw, Cynthia J.（包筠雅）：《现代之前的中国书史：学科动态 I》（"Book History in Premodern China: The State of the Discipline I"），《书史》（*Book History*），2007（10）：第 253—290 页。

———.《文化贸易：清代至民国时期四堡的书籍交易》（*Commerce in Culture: The Sibao Book Trade in the Qing and Republican Periods*），麻州剑桥：哈佛大学亚洲中心（Cambridge, MA: Harvard University Asia Center），2007 年。

———.《帝制中国晚期的坊刻出版：福建四堡邹氏、马氏刻书》（"Commercial Publishing in Late Imperial China: The Zou and Ma Family Businesses of Sibao, Fujian"），*Late Imperial China*（《清史问题》），1996（17.1）：第 49—92 页。

Brokaw, Cynthia J.（包筠雅）、Kai-wing Chow（周启荣）合编：《帝制中国晚期的印刷与书文化》（*Printing and Book Culture in Late Imperial China*），柏克莱：加州

大学出版社（Berkeley: University of California Press），2005 年。

Brook, Timothy（卜正民）:《纵乐的困惑：明代的商业与文化》（*The Confusions of Pleasure: Commerce and Culture in Ming China*），柏克莱：加州大学出版社（Berkeley: University of California Press），1998 年。

———.《正学：明朝学校藏书》（"Edifying Knowledge: The Building of School Libraries in Ming China"），《清史问题》（*Late Imperial China*），1996（17.1）：第 93—119 页。

———.《明清史中的地理资料》（*Geographical Sources of Ming-Qing History*），安娜堡：密歇根大学中国研究中心（Ann Arbor: Center for Chinese Studies, University of Michigan），1988 年。

Bush, Susan（卜寿珊）、Hsio-yen Shih（时学颜）编:《早期中国画论》（*Early Chinese Texts on Painting*），麻州剑桥：哈佛大学哈佛 - 燕京学社（Cambridge, MA: The Harvard-Yenching Institute by Harvard University Press），1985 年。

Bussotti, Michela（米盖拉）:《徽派版画：16 世纪末至 17 世纪中叶中国插图本研究》（*Gravures de Hui: Étude du livre illustré chinois de la fin du XVIe siècle à la première moitié du XVIIe siècle*），巴黎：法国远东学院（Paris: Ecole française d'Extrême-Orient），2001 年。

Cahill, James et al.（高居翰等）:《揭开的美：清代中国绘画中的女性形象》（*Beauty Revealed: Images of Women in Qing Dynasty Chinese Painting*），柏克莱：加州大学出版社（Berkeley: University of California Press），2013 年。

［明］蔡汝贤:《东夷图说》,《四库全书存目丛书》,史部,第 255 册。

［唐］曹邺:《曹祠部集》,《影印文渊阁四库全书》。

Carlitz, Katherine（柯丽德）:《作为表演的印刷：晚明的文人剧家兼出版家》（"Printing as Performance: Literati Playwright-Publishers of the Late Ming"）,《帝制中国晚期的印刷与书文化》（英），第 267–303 页。

Cerquiglini, Bernard（B. 切尔圭尼亚）:《异文颂：文献学批判史》（*Eloge de la Variante: Histoire Critique de la Philologie*），巴黎：瑟伊出版社（Paris: Éditions du Seuil），1989 年。

长泽规矩也编:《明清俗语辞书集成》,东京：汲古书院，1974 年。

Chartier, Roger（罗杰·夏蒂埃）:《形式与意义：从书册到电脑的文本,表演与受众》（*Forms and Meanings: Texts, Performances, and Audiences from Codex to Computer*），费城：宾夕法尼亚大学出版社（Philadelphia: University of Pennsylvania Press），1995 年。

———.《书的秩序》(*The Order of Books*), Lydia Cochrane（莉迪亚·科克伦）英译，斯坦福：斯坦福大学出版社（Stanford: Stanford University Press），1994 年。

陈宝良：《明代社会生活史》，北京：中国社会科学出版社，2004 年。

陈铎：《关于建本与建安版画研究中几个地名的误解》，《武夷学院学报》，2008（1）：第 90-92 页。

———.《论建安版画与金陵版画的关系及影响》，《南京艺术学院学报（美术与设计版）》，2007（3）：第 68—69 页，第 98 页。

陈多、叶长海注释：《王骥德曲律》，长沙：湖南人民出版社，1983 年。

陈庆浩、王秋桂主编：《思无邪汇宝》，台北：台湾大英百科股份有限公司，1994年。

［清］陈士珂：《孔子家语疏证》，长沙：商务印书馆，1939 年。

［晋］陈寿：《三国志》，北京：中华书局，1959 年。

陈书录：《明代前后七子研究》，南昌：江西人民出版社，1994 年。

陈重远：《琉璃厂史话》，北京：北京出版社，2015 年。

陈得芝：《元文宗在建康》，《西部蒙古论坛》，2012（3 期）：第 10—16 页。

陈五云：《从新视角看汉字：俗文字学》，郑州：河南人民出版社，2000 年。

陈学文：《明清时期商业书及商人书之研究》，台北：洪叶文化事业有限公司，1997 年。

［宋］陈元靓：《事林广记》，北京：中华书局，1999 年。

陈增杰校注：《李孝光集校注（增订本）》，杭州：浙江古籍出版社，2016 年。

陈正宏、朱邦薇：《明诗总集编刊史略——明代篇（上）》，朱立元、裴高主编：《中西学术（一）》，上海：学林出版社，1995 年，第 106—127 页。

陈植校注、杨超伯校订：《长物志校注》，南京：江苏科学技术出版社，1984 年。

程千帆、徐有富：《校雠广义》，济南：齐鲁书社，1991 年。

［明］程万里、［明］朱鼎臣：《大明春》，万历刊本，《善本戏曲丛刊》第 1 辑，第 6 册。

Chia, Lucille（贾晋珠）：《三山街：明朝南京的书坊》("Of Three Mountain Street: The Commercial Publishers of Ming Nanjing")，《帝制中国晚期的印刷与书文化》（英），包筠雅、周启荣合编，第 107—151 页。

———.《为利而印：11—17 世纪的福建建阳书坊》(*Printing for Profit: The Commercial Publishers of Jianyang, Fujian ［11th-17th Centuries］*)，麻州剑桥：哈佛大学亚洲中心（Cambridge, MA: Harvard University Asia Center），2002 年。

———.《语境中的文与图：阅读中国刻本书籍中的插图页》("Text and Tu in

Context: Reading the Illustrated Page in Chinese Blockprinted Books"），《法国远东学院杂志》（*Bulletin de l'Ecole Francaise d'Extreme-Orient*），2002（89）：第241—276页。

　　《重刻元本题评音释西厢记》，刘龙田乔山堂版，万历刊本，古本戏曲丛刊编辑委员会：《古本戏曲丛刊初集》，第3—4册。

　　Chow, Kai-wing（周启荣）：《近世中国的出版、文化、及权力》（*Publishing, Culture, and Power in Early Modern China*），斯坦福：斯坦福大学出版社（Stanford: Stanford University Press），2004年。

　　———.《帝制中国晚期儒家礼教主义的兴起：伦理、经典与宗族话语》（*The Rise of Confucian Ritualism in Late Imperial China: Ethics, Classics, and Lineage Discourse*），斯坦福：斯坦福大学出版社（Stanford: Stanford University Press），1994年。

　　Clunas, Craig（柯律格）：《大明帝国：明代中国的视觉和物质文化》（*Empire of Great Brightness: Visual and Material Culture of Ming China, 1368–1644*），檀香山：夏威夷大学出版社（Honolulu: University of Hawai'i Press），2007年。

　　———.《早期现代中国的图像与视觉性》（*Pictures and Visuality in Early Modern China*），伦敦：睿创出版公司（London: Reaktion Books Ltd.），1996年。

　　———.《长物：早期现代中国的物质文化与社会状况》（*Superfluous Things: Material Culture and Social Status in Early Modern China*），檀香山：夏威夷大学出版社（Honolulu: University of Hawai'i Press），2004年。

　　———.《中国绘画与观者》（*Chinese Painting and its Audiences*），普林斯顿：普林斯顿大学出版社（Princeton: Princeton University Press），2017年。

　　Cohen, Warren（孔华润）：《以东亚为中心：四千年与世界的交通史》（*East Asia at the Center: Four Thousand Years of Engagement with the World*），纽约：哥伦比亚大学出版社（New York: Columbia University Press），2000年。

　　崔来廷：《海国孤生：明代首辅叶向高与海洋社会》，南昌：江西高校出版社，2005年。

　　[明]《大明会典》，万历十五年（1587）司礼监刊本，台北：东南书报社影印，1963年。

　　[明]《大明集礼》，嘉靖本，日本：早稻田大学藏本。

　　[明]《大明律集解附例》，台北：台湾学生书局，1970年。

　　[明]《大明天下春》，收入《海外孤本晚明戏剧选集三种》。

　　[明]《大明一统志》，积秀堂本，柏克莱加州大学东亚图书馆藏。

　　Darnton, Robert（罗伯特·达恩顿）：《什么是书史？》("What Is the History of Books")，《书史读本》（*The Book History Reader*），伦敦：罗德里奇出版公司（London:

Routledge），2002 年，第 9—25 页。

　　de Bary, Wm. Theodore（狄培理）编:《明代思想中的自我与社会》(*Self and Society in Ming Thought*)，纽约：哥伦比亚大学出版社（New York: Columbia University Press），1970 年。

　　de Magalhães, Gabriel（安文思）:《中国新志, 包括此大帝国尤堪注目之处》(*A New History of China, Containing a Description of the Most Considerable Particulars of That Vast Empire*)，伦敦：托马斯·纽伯勒印制, 圣保罗教堂金厅（London: Printed for Thomas Newborough, at the Golden Ball, in S. Paul's Church-Yard），1688 年。

　　丁春梅:《琉球国给中国表奏文书的特点》，《档案学研究》，2007（3）：第 11-13 页。

　　邓广铭:《论〈四库全书存目丛书〉不宜印行》，《光明日报》，1994 年 7 月 29 日。

　　邓玮、邓翔云:《再论"两头蛮"》，《戏曲研究》，2006（1）：第 267—278 页。

　　董捷:《明清刊〈西厢记〉版画考析》，石家庄：河北美术出版社，2006 年。

　　Drège, Jean-Pierre（戴仁）:《上古和中古汉文写本的物质性与文本组织》(*Materiality and Text Organization in Early and Medieval Chinese Manuscripts*)，芝加哥大学 2012 年"文本中国（*Texting China*)"会议论文。

　　杜磊、朱崇志:《胡文焕和〈群音类选〉》，《古籍整理研究学刊》，2004（3）：第 78—82 页，第 89 页。

　　杜信孚纂辑, 周光培、蒋孝达参校:《明代版刻综录》，扬州：江苏广陵古籍刻印社，1983 年。

　　杜信孚、杜同书:《全明分省分县刻书考》，北京：线装书局，2001 年。

　　[唐] 段成式原著, 方南生校注:《酉阳杂俎》，北京：中华书局，1981 年。

　　段江丽:《〈醒世姻缘传〉研究》，长沙：岳麓书社，2003 年。

　　Dudbridge, Glen（杜德桥）:《书、小说与白话文化：中国论文选集》(*Books, Tales and Vernacular Culture: Selected Papers on China*)，莱顿：博睿学术出版社（Leiden: Brill），2005 年。

　　———.《〈西游记〉源流考》(The His-yu chi: *A Study of Antecedents to the Sixteenth-Century Chinese Novel*)，剑桥：剑桥大学出版社（Cambridge: Cambridge University Press），1970 年。

　　Elman, Benjamin A.（本杰明·艾尔曼）:《结集与分类：明代丛书及类书》("Collecting and Classifying: Ming Dynasty Compendia and Encyclopedias [*Leishu*]")，《远东, 远西》(*Extrême-Orient, Extrême-Occident, hors série*，2007（特刊），第 131—157 页。

———.《从理学到朴学：帝制中国晚期的思想与社会变化面面观》(*From Philosophy to Philology: Intellectual and Social Aspects of Change in Late Imperial China*)，麻州剑桥：哈佛大学亚洲中心（Cambridge, MA: Harvard University Asia Center），1984 年。

———.《自我主张：中国的科学，1550—1900》(*On Their Own Terms: Science in China, 1550-1900*)，麻州剑桥：哈佛大学出版社（Cambridge, MA: Harvard University Press），2005 年。

Epstein, Maram（艾梅兰）:《竞争的话语：明清小说中的正统、本真与意义生成》(*Competing Discourses: Orthodoxy, Authenticity, and Engendered Meanings in Late Imperial Chinese Fiction*)，麻州剑桥：哈佛大学亚洲中心（Cambridge, MA: Harvard University Asia Center），2001 年。

范金民：《"苏样"、"苏意"：明清苏州领潮流》，《南京大学学报（哲学·人文科学·社会科学）》，2013（4）：第 123—141 页。

樊树志：《晚明史》，上海：复旦大学出版社，2003 年。

［南朝宋］范晔：《后汉书》，北京：中华书局，1965 年。

方宝川：《明代闽人移居琉球史实考辨》，《福建师范大学学报（哲学社会科学版）》，1988（3）：第 119—123 页。

方彦寿：《宋代"建本"地名考释》，《福建史志》，1987（6）：第 36—39 页。

方志远：《明代城市与市民文学》，北京：中华书局，2004 年。

———.《"冠带荣身"与明代国家动员——以正统至天顺年间赈灾助饷为中心》，《中国社会科学》，2013（12）：第 136—157 页。

Finkelstein, David（大卫·芬克尔斯坦）、Alistair McCleery（阿利斯泰尔·麦克利里）合编：《书史读本》(*The Book History Reader*)，伦敦：罗德里奇出版公司（London: Routledge），2002 年。

Fogel, Joshua A.（傅佛）:《汉文字圈：时空中的中日关系》(*Articulating the Sinosphere: Sino-Japanese Relations in Space and Time*)，麻州剑桥：哈佛大学出版社（Cambridge, MA: Harvard University Press），2009 年。

付贵久：《津门读史杂记》，天津：天津社会科学出版社，2015 年。

傅衣凌：《明代江南市民经济试探》，上海：上海人民出版社，1957 年。

傅芸子：《白川集》，东京：文求堂，1937 年。

［东晋］干宝原著，汪绍楹校注：《搜神记》，北京：中华书局，1979 年。

［明］《高皇帝御制文集二十卷》，万历刊本，哈佛大学燕京图书馆藏本。

［元］高明原著，钱南扬校注：《元本琵琶记》，上海：上海古籍出版社，1980 年。

Gaskell, Philip（菲利普·盖斯凯尔）:《从作者到读者：编纂法研究》(*From Writer to Reader: Studies in Editorial Method*)，牛津：克拉伦登出版社（Oxford: Clarendon Press），1978 年。

［晋］葛洪:《西京杂记》，见《燕丹子·西京杂记》，北京：中华书局，1985 年。

葛兆光:《思想史的写法：中国思想史导论》，上海：复旦大学出版社，2004 年。

根ヶ山彻（根山彻）:《〈新选南北乐府时调青昆〉版本浅说》，《戏曲学报》，2010（7）：第 185–206 页。http://dx.doi.org/10.7020/JTCT.201006.0185

Gesterkamp, Lennert（葛思康）:（《皇家品味与明代绘画》)（"Royal Taste and Ming Painting"），见 Jeremy Fan Zhang（张帆）编:《皇家品味：中国十五世纪的藩王与艺术》(*Royal Taste: The Art of Princely Courts in Fifteenth-Century China*)，纽约：斯卡拉艺术出版社（New York: Scala Arts Publishers），2015 年，第 55—61 页。

顾颉刚:《古史辨》，《民国丛书》第四编第 65—71 册，上海：上海书店，1992 年。

［明］顾起元:《客座赘语》，《庚巳编　客座赘语》，北京：中华书局，1987 年。

［明末清初］顾炎武:《日知录》，上海：商务印书馆，1935 年。

《古本戏曲丛刊》编辑委员会辑录:《古本戏曲丛刊初集》，124 册，上海：商务印书馆，1954 年。

郭伯恭:《四库全书纂修考》，北平研究院史学研究会，1937 年。

郭嘉辉:《略论〈大明太祖皇帝御制集〉及其史料价值》，《中国文化研究所学报》，2015 年 7 月第 61 期，第 171—189 页。

［明］郭汝霖、［清］徐葆光等撰，王菡选编:《国家图书馆藏琉球资料三编》，北京：北京图书馆出版社，2006 年。

郭英德、王丽娟:《〈词林一枝〉〈八能奏锦〉编纂年代考》，《文艺研究》，2006（8）：第 55–62 页。

故宫博物院编纂委员会编:《故宫名画》，台北：故宫博物院，1966—1968 年。

台湾大学历史学系编:《史学：传承与变迁学术研讨会论文集》，台北：台湾大学，1998 年。

［明］《古文真宝》，司礼监版，1583 年。

Guy, Kent（盖博坚）:《四库全书：乾隆晚期的学者与国家》(*The Emperor's Four Treasuries: Scholars and State in the Late Ch'ien-lung Era*)，麻州剑桥：哈佛大学亚洲中心（Cambridge, MA : Harvard University Asia Center），1987 年。

Hall, John W.（约翰·霍尔）、Toyoda Takeshi（丰田武）合编:《室町时代的日本》(*Japan in the Muromachi Age*)，纽约州伊萨卡：康奈尔大学东亚中心（Ithaca, NY: East Asian Program, Cornell University），2001 年。

韩致奫：《海东绎史》，京城：朝鲜光文会，1912—1913 年。

韩大成：《明代城市研究》，北京：中国人民大学出版社，1991 年。

［明］韩雍、韩阳、李奎编：《皇明西江诗选》，胡思敬编《豫章丛书》，南昌，1915—1920 年。

Harper, Donald（夏德安）：《〈论语〉玉烛：唐代饮酒习俗中的经典》（"The Analects Jade Candle: A Classic of T'ang Drinking Custom"），《唐研究》（T'ang Studies），1986（4）：第 69—89 页。

———.《知识的文本形式：古代及中古写本中的数术，公元前四世纪到公元十世纪》（"The Textual Form of Knowledge: Occult Miscellanies in Ancient and Medieval Chinese Manuscripts, Fourth Century B.C. to Tenth Century A.D."），《波士顿科学哲学研究》（Boston Studies in the Pilosophy of Science），2010（265）：第 37—80 页。

［明］何良俊：《四友斋丛说》，北京：中华书局，1997 年。

何龄修、朱宪、赵放编：《四库禁毁书研究》，北京：北京出版社，1999 年。

何予明：《明朝的书与夷及其余绪：〈赢虫录〉》（"The Book and the Barbarian in Ming China and Beyond: The Luo chong lu, or 'Record of Naked Creatures"），《亚洲专刊》（Asia Major），2011（24.1）：第 43—85 页。

———.《多产的空间：晚明的表演文本》（"Productive Space: Performance Texts in the Late Ming"），柏克莱加州大学 2003 年博士论文。

何宗美、张晓芝：《〈四库全书总目〉的官学约束与学术缺失》，北京：人民文学出版社，2017 年。

Hegel, Robert E.（何谷理）：《帝国晚期小说的利基市场》（"Niche Marketing for Late Imperial Fiction"），《帝制中国晚期的印刷与书文化》（英），第 235—266 页。

———.《阅读帝制中国晚期插图本小说》（Reading Illustrated Fiction in Late Imperial China），斯坦福：斯坦福大学出版社（Stanford: Stanford University Press），1998 年。

——— .《中国的狂欢》书评，《哈佛亚洲研究学刊》（Harvard Journal of Asiatic Studies），2003（63.2）：第 450—457 页。

Heijdra, Martin（何义壮）：《明清史中的地理资料》（英）书评，《明史研究》（Ming Studies），1990（29）：第 66—68 页。

Hershatter, Gail（贺萧）：《危险的愉悦：二十世纪上海的娼妓问题与现代性》（Dangerous Pleasures: Prostitution and Modernity in Twentieth-Century Shanghai），柏克莱：加州大学出版社（Berkeley: University of California Press），1997 年。

Hevia, James L.（何伟亚）：《怀柔远人：马嘎尔尼使华的中英礼仪冲突》

（*Cherishing Men from Afar: Qing Guest Ritual and the Macartney Embassy of 1793*），达勒姆：杜克大学出版社（Durham: Duke University Press），1995 年。

Hopkins, L. C.（金璋）：《致施古德先生函》（"Letter of Mr. L. C. Hopkins to Mr. G. Schlegel"），《通报》（*T'oung pao*），1895（6）：第 529—530 页。

Hostetler, Laura（何罗娜）：《清代的殖民事业：近世中国的人种志与图像学》（*Qing Colonial Enterprise: Ethnography and Cartography in Early Modern China*），芝加哥：芝加哥大学出版社（Chicago: University of Chicago Press），2001 年。

侯百朋：《〈琵琶记〉资料汇编》，北京：书目文献出版社，1989 年。

侯荣川：《明朝朱之蕃、朱孟震、潘之恒生卒年考》，《玉林师范学院学报》，2012（1）：第 121—124 页。

Hsiao, Li-ling（萧丽玲）：《永存于当下的过去：万历朝（1573—1619）的插图、剧场与阅读》（*The Eternal Present of the Past: Illustration, Theater, and Reading in the Wanli Period, 1573—1619*），莱顿：博睿学术出版社（Leiden: Brill），2007 年。

胡同庆：《〈太公家教〉与〈增广贤文〉之比较》，《敦煌研究》，1987（2）：第 51—57 页。

胡适：《胡适文存》，合肥：黄山书社，1996 年。

［明］胡世宁：《胡端敏奏议》，台北：台湾商务印书馆，1983 年。

［明］胡文焕：《山海经图》，《中国古代版画丛刊二编》，第 1 册，上海：上海古籍出版社，1994 年。

———. 校正：《新刻赢虫录》，1593 年刊本，北京：学苑出版社影印，2001 年。

华玮、王瑷玲主编：《明清戏曲国际研讨会论文集》，台北：中国文哲研究所筹备处，1998 年。

怀效锋点校：《大明律》，北京：法律出版社，1999 年。

［宋］黄坚选编，熊礼汇点校：《详说古文真宝大全》，长沙：湖南人民出版社，2007 年。

黄霖：《〈西厢记〉〈琵琶记〉〈牡丹亭〉汇评述略》，《戏曲研究》，2011（83）：第 32—54 页。

———.《〈闺艳秦声〉与"易性文学"：兼辨〈琴瑟乐〉非蒲松龄所作》，《文学遗产》，2004（1）：第 119—132 页。

Huang, Martin W.（黄卫总）：《帝制中国晚期的欲望与小说叙述》（*Desire and Fictional Narrative in Late Imperial China*），麻州剑桥：哈佛大学亚洲中心（Cambridge, MA: Harvard University Asia Cener），2001 年。

黄天骥：《张生为什么跳墙？——〈西厢记〉欣赏举隅》，见《冷暖集》，广州：

花城出版社，1983年，第151—156页。

[明]黄文华选：《八能奏锦》，万历刊本，《善本戏曲丛刊》，第1辑，第5册。

———.选：《乐府玉树英》，1599年刊本，《海外孤本晚明戏剧选集三种》。

———.郗绣甫选：《词林一枝》，万历刊本，《善本戏曲丛刊》，第1辑，第4册。

[清]黄虞稷撰，瞿凤起、潘景郑整理：《千顷堂书目》，上海：上海古籍出版社，2001年。

[清]黄宗羲：《明儒学案》，明代传记丛刊，台北：明文书局，1991年。

Hung, William（洪业）：《〈蒙古秘史〉传承史》（"The Transmission of the Book Known as *The Secret History of the Mongols*"），《哈佛亚洲研究学刊》（*Harvard Journal of Asiatic Studies*），1951（14，no. 3-4）：第433—492页。

Hunt, Lynn（琳恩·亨特）、Margaret C. Jacob（玛格丽·特雅各伯）、Wijnand Mijnhardt（韦内得·敏哈特）：《改变了欧洲的一部书：皮卡特与伯纳德的〈世界宗教礼仪〉》（*The Book That Changed Europe: Picart and Bernard's* Religious Ceremonies of the World），麻州剑桥：哈佛大学贝尔纳普出版社（Cambridge, MA: Belknap Press of Harvard University Press），2010年。

姜伯勤：《中国祆教艺术史研究》，北京：三联出版社，2004年。

蒋国保：《儒学的民间化与世俗化：论泰州学派对"阳明学"的超越》，《南京大学学报（哲学·人文科学·社会科学版）》，2007（6）：第95—102页。

江蓝生：《古代白话说略》，北京：语文出版社，2000年。

蒋礼鸿：《中国俗文字学研究导言》，《杭州大学学报》，1959（3）：第129—140页。

蒋星煜：《明刊本〈西厢记〉研究》，北京：中国戏剧出版社，1982年。

[明]蒋一葵：《尧山堂外纪》，《四库全书存目丛书》，子部148。

Jiang, Yonglin（姜永琳）：《大明律》（*The Great Ming Code/Da Ming lü*），西雅图：华盛顿大学出版社（Seattle: University of Washington Press），2005年。

[明]焦竑：《俗书刊误》，《影印文渊阁四库全书》。

[明]景居士（八景）选：《玉谷新簧》，1610年刊本，《善本戏曲丛刊》，第1辑，第2册。

酒井忠夫：《明代の日用類書と庶民教育》，林友春编：《近世中國教育史研究：その文教政策と庶民教育》，东京：国土社，1958年，第39—51页。

Johns, Adrian（艾德里安·约翰斯）：《书的本性：印刷与知识的创造过程》（*The Nature of the Book: Print and Knowledge in the Making*），芝加哥：芝加哥大学出版社（Chicago: University of Chicago Press），1998年。

《居家必用事类全集》，《北京图书馆古籍珍本丛刊》第61册，北京：书目文献出版社，1988年。

Kafalas, Philip A.（菲利普·卡法拉斯）：《清澄的梦：怀旧与张岱的明朝回忆》（*In Limpid Dream: Nostalgia and Zhang Dai's Reminiscences of the Ming*），康涅狄格州诺沃克：东桥出版社（Norwalk, CT: EastBridge），2007年。

姜赞洙：《中国刻本〈古文真宝〉的文献学研究》，复旦大学博士论文，2005年。

Keyes, Roger S.（罗杰·凯斯）：《绘本：日本的艺术家与书》（*Ehon: The Artist and the Book in Japan*），西雅图：华盛顿大学出版社（Seattle: University of Washington Press），2006年。

Ko, Dorothy（高彦颐）：《闺塾师：明末清初江南的才女文化》（*Teachers of the Inner Chamber: Women and Culture in Seventeenth-Century China*），斯坦福：斯坦福大学出版社（Stanford: Stanford University Press），1994年。

来新夏主编、高维国编校：《杂字》，天津：南开大学出版社，1995年。

赖正维、黄珊：《徐葆光与〈中山传信录〉考述》，《福州大学学报（哲学社会科学版）》，2005（2）：第92—95页。

Lam, Joseph（林萃青）：《明乐与明史》（"Ming Music and Music History"），《明史研究》（*Ming Studies*），1998（38）：第21—62页。

［明］郎英：《七修类稿》，北京：中华书局，1959年。

李殿魁：《"滚调"再探》，华玮、王瑷玲主编：《明清戏曲国际研讨会论文集》，台北：中国文哲研究所筹备处，1998年，第717—775页。

［明］李东阳：《怀麓堂集》，《影印文渊阁四库全书》。

李福清（Boris Riftin）、李平编：《海外孤本晚明戏剧选集三种》，上海：上海古籍出版社，1993年。

李国庆：《杂字研究》，《新世纪图书馆》，2012（9）：第61—66页。

［宋］黎靖德编，王星贤点校：《朱子语类》，北京：中华书局，1986年。

李平：《流落欧洲的三种晚明戏剧散出选集的发现》，李福清、李平编：《海外孤本晚明戏剧选集三种》，上海：上海古籍出版社，1993年，第9—30页。

李时人编著：《中国文学家大辞典·明代卷》，北京：中华书局，2018年。

李舜华：《礼乐与明前中期演剧》，上海：上海古籍出版社，2006年。

［唐］李延寿：《北史》，北京：中华书局，1974年。

［清］李渔：《李渔全集》，杭州：浙江古籍出版社，1991年。

———.《肉蒲团》，陈庆浩、王秋桂主编：《思无邪汇宝》，第15册，台北：台湾大英百科股份有限公司，1994年。

李子归：《明代建阳的书户与书坊》，《中国文化研究所学报》，2018（66）：第

23—47 页。

连文萍:《明代皇帝的诗歌创作与传播——以明太祖、仁宗、宣宗、世宗为论述中心》,《清华学报》,新 46 卷第 2 期:第 277—317 页。

廖奔:《中国古代剧场史》,郑州:中州古籍出版社,1996 年。

廖可斌:《明代文学思潮史》,北京:人民大学出版社,2016 年。

———.《明代文学复古运动研究》,北京:商务印书馆,2008 年。

———.《论明代景泰至弘治中期的文学思潮》,《杭州大学学报(哲学社会科学版)》,1991(3):第 126—134 页。

Lin, Li-chiang(林丽江):《意象的繁盛:〈方氏墨谱〉与〈程氏墨苑〉的设计与刻印》("The Proliferation of Images: The Ink-stick Designs and the Printing of the *Fang-shih mo-p'u* and the *Ch'eng-shih mo-yüan*"),普林斯顿大学博士论文,1998 年。

[宋]林希逸:《考工记解》,《影印文渊阁四库全书》。

林友春编:《近世中國教育史研究:その文教政策と庶民教育》,东京:国土社,1958 年。

刘初棠:《中国古代酒令》,上海:上海人民出版社,1993 年。

刘辉:《小说戏曲论集》,台北:贯雅文化事业有限公司,1992 年。

Liu, Lydia H.(刘禾):《帝国的话语政治:从近代中西冲突看现代世界秩序的形成》(*The Clash of Empires: The Invention of China in Modern World Making*),麻州剑桥:哈佛大学出版社(Cambridge, MA: Harvard University Press),2004 年。

[明]刘若愚:《酌中志》,北京:北京古籍出版社,1994 年。

刘水云:《明清家乐研究》,上海:上海古籍出版社,2005 年。

[后晋]刘昫等撰:《旧唐书》,北京:中华书局,1975 年。

刘叶秋:《中国字典史略》,北京:中华书局,2004 年。

刘宗贤:《试论王阳明心学的圣凡平等观》,《哲学研究》,1999(11):第 69—78 页。

楼宇烈顾问,郑安德编辑:《明末清初耶稣会思想文献汇编》,60 册,北京:北京大学宗教研究所,2000 年。

Lowry, Kathryn(罗开云):《十六、十七世纪中国时曲之锦:阅读、模仿与欲望》(*The Tapestry of Popular Songs in 16th- and 17th-Century China: Reading, Imitation, and Desire*),莱顿:博睿学术出版社(Leiden: Brill),2005 年。

[明]陆容:《菽园杂记》,北京:中华书局,1985 年。

[清]陆心源:《仪顾堂题跋》,《续修四库全书》,史部,目录类。

鹿忆鹿:《〈蠃虫录〉在明代的流传:兼论〈异域志〉相关问题》,《国文学报》,

（2015）58：第 129—166 页。

陆勇强：《宋懋澄生卒年考辨及其他》，《明清小说研究》，2004（3）：第 138—140 页。

［明］罗懋登：《三宝太监全传西洋记》，南京：三山道人万历绣梓，［清］步月楼修补。

陆树仑、竺少华校点：《三宝太监西洋记通俗演义》，上海：上海古籍出版社，1985 年。

［明］吕柟：《端溪问答》，赵瑞民点校：《泾野子内篇》，北京：中华书局，1992 年。

骆耀军：《明尹直〈謇斋琐缀录〉版本流传述略》，《古籍整理研究学刊》，2016（6）：第 31—40 页。

马昌仪：《古本山海经图说》，济南：山东画报出版社，2001 年。

———.《全像山海经图比较》，北京：学苑出版社，2003 年。

麻国钧、麻淑云编著：《中国酒令大观》，北京：北京出版社，1993 年。

马汉钦：《明代诗歌总集与选集研究》，哈尔滨：哈尔滨工程大学出版社，2009 年。

马茂军：《〈宋文鉴〉与〈宋文海〉》，《大庆师范学院学报》，2006（6）：第 87—89 页。

Ma, Meng-ching（马梦晶）：《文本的碎裂与建构：晚明〈西厢记〉插图的视觉性与叙事性》（"Fragmentation and Framing of the Text: Visuality and Narrativity in Late-Ming Illustrations to *The Story of the Western Wing*"），斯坦福大学 2006 年博士论文。

马文大、王致军撰辑：《吴晓铃先生珍藏古版画全编》，北京：学苑出版社，2003 年。

Mair, Victor H.（梅维恒）编：《哥伦比亚中国文学史》（*The Columbia History of Chinese Literature*），纽约：哥伦比亚大学出版社（New York: Columbia University Press），2001 年。

McDermott, Joseph（周绍明）：《中国历史上印本地位的提升》（"The Ascendance of the Imprint in China"），《帝制中国晚期的印刷与书文化》（英），第 55—104 页。

———.《书籍的社会史：帝制中国晚期的书籍与士人文化》（*A Social History of the Chinese Book: Books and Literati Culture in Late Imperial China*），香港：香港大学出版社（Hong Kong: Hong Kong University Press），2006 年。

———.Peter Burke（彼得·伯克）合编：《东亚和欧洲的书籍世界，1450—1850》（*The Book Worlds of East Asia and Europe,1450–1850*），香港：香港大学出版社（Hong Kong University Press），2015 年。

Mclaren, Anne E.（马兰安）：《建构中国晚明时期新的阅读公众》（"Constructing

New Reading Publics in Late Ming China"),《帝制中国晚期的印刷与书文化》（英），第 152—183 页。

美国哈佛大学哈佛燕京图书馆编：《美国哈佛大学哈佛燕京图书馆藏中文善本汇刊》，北京：商务印书馆；桂林：广西师范大学出版社，2003 年。

Meyer-Fong, Tobie（梅尔清）：《印刷中的世界：帝制中国晚期的书籍、出版文化与社会》("The Printed World: Books, Publishing Culture, and Society in Late Imperial China"),《亚洲研究期刊》(*Journal of Asian Studies*)，2007（66,3）：第 787—817 页。

苗怀明：《二十世纪戏曲文献学述略》，北京：中华书局，2005 年。

缪咏禾：《明代出版史稿》，南京：江苏人民出版社，2000 年。

《妙锦万宝全书》，明万历四十年（1612）刊本，《中国日用类书集成》，第 12—14 册。

《明闵齐伋绘刻西厢记彩图》，《明闵齐伋绘刻西厢记彩图，明何璧校刻西厢记》，上海：上海古籍出版社，2005 年。

《明名臣琬琰续录》,《影印文渊阁四库全书》。

《明史》，北京：中华书局 1974 年。

《明实录》，"中央研究院"历史语言研究所校印，台北："中央研究院"历史语言研究所，1966 年；收入台湾"中央研究院"历史语言研究所汉籍电子文献资料库。

Mitchell, W. I. T.（W. I. T. 米切尔）：《图画想要什么：意象的生命与爱》(*What Do Pictures Want: The Lives and Loves of Images*)，芝加哥：芝加哥大学出版社（Chicago: The University of Chicago Press ），2005 年。

Moule, A. C.（慕阿德）:《〈异域图志〉介绍》("An Introduction to the *I yü t'u chih*")，《通报》(*T'oung pao*)，1930（27）：第 179—188 页。

Murray, Julia K.（孟久丽）：《刻本书籍中的教化插图》("Didactic Illustrations in Printed Books")，《帝制中国晚期的印刷与书文化》（英），第 417—450 页。

——.《道德镜鉴：中国叙述性图画与儒家意识形态》(*Mirror of Morality: Chinese Narrative Illustration and Confucian Ideology*)，檀香山：夏威夷大学出版社（ Honolulu: University of Hawai'i Press ），2007 年。

Nienhauser, William H.（倪豪士）等编：《印地安那中国传统文学手册》(*The Indiana Companion to Traditional Chinese literature*)，印第安纳州布卢明顿：印第安纳大学出版社（ Bloomington, Indiana: Indiana University Press ），1986—1998 年。

小川阳一：《風月機関と明清文学》，东京：汲古书院，2010 年。

——.《明代の遊郭事情　風月機関》，东京：汲古书院，2006 年。

——.《日用類書による明清小説の研究》，东京：研文出版，1995 年。

Ong, Walter（沃尔特·翁）:《口语文化与书面文化:语词的技术化》(*Orality and Literacy: The Technologizing of the Word*), 伦敦:罗德里奇出版公司（London: Routledge）, 1991 年。

Owen, Stephen（宇文所安）:《中国文学读本:从起源到 1911 年》(*An Anthology of Chinese Literature: Beginnings to 1911*), 纽约: W. W. 诺顿出版社（New York: W. W. Norton）, 1996 年。

———.《语词的意味:宋词传统中的真实价值》("Meaning the Words: The Genuine as a Value in the Tradition of the Song Lyric"), 见余宝琳（Pauline Yu）编辑:《宋词之声》(*Voices of the Song Lyrics in China*), 柏克莱:加州大学出版社（Berkeley: University of California Press）, 1994 年, 第 30—69 页。

潘富恩:《吕祖谦评传》, 南京:南京大学出版社, 1992 年。

潘林:《明代台阁体诗歌总集编纂的雅正诗学观》,《兰台世界》, 2015（33）:第 133—134 页。

潘敏德:《〈嫖经〉校点并序》,《明代研究》, 2013（21）:第 99—143 页。

Park, J. P.（朴钟弼）:《艺术手册:画谱与晚明闲适生活》(*Art by the Book: Painting Manuals and The Leisure Life in Late Ming China*), 西雅图:华盛顿大学出版社（Seattle: University of Washington Press）, 2012 年。

朴三洙:《试论韩国版〈古文真宝〉》,《长春师范学院学报》, 2001（4）:第 51—54 页。

《嫖赌机关》, 明代德聚堂刊本。

Ptak, Roderich（普塔克）:《中国与亚洲海洋:商贸、旅行与他者视野（1400-1750）》[*China and the Asian Seas: Trade, Travel, and Visions of the Other（1400-1750）*], 英国奥尔德肖特:阿什盖特出版公司（Aldershot, UK: Ashgate）, 1998 年。

———.《中葡与南洋:海洋与海路、宗教与贸易》[*China, the Portuguese, and the Nanyang: Oceans and Routes, Regions and Trades（c. 1000-1600）*], 英国奥尔德肖特:阿什盖特出版公司（Aldershot, UK: Ashgate）, 2004 年。

［清］蒲松龄著, 路大荒整理:《蒲松龄集》, 北京:中华书局, 1962 年。

［明］祁彪佳:《祁忠敏公日记》, 绍兴:绍兴县修志委员会, 1937 年。

《千家诗》, 明代郑云林刊本。

钱南扬:《汉上宧文存》, 上海:上海文艺出版社, 1980 年。

［清］钱谦益:《列朝诗集小传》, 上海:古典文学出版社, 1957 年。

［清］钱谦益等:《稿抄本明清藏书目三种》, 北京:北京图书馆出版社, 2003 年。

［清］情痴反正道人编次:《肉蒲团》, 东京大学藏清钞本。

全寅初主编：《韩国所藏中国汉籍总目》，汉城：学古房，2005 年。

《锲大明龙头便读傍训律法全书》，明代刘双松安正堂刊本。

《钦定天禄琳琅书目》，《影印文渊阁四库全书》。

［明］丘濬进呈，［明］陈仁锡评阅：《大学衍义补》，白松堂万历三十三年（1605）序本，HathiTrust 数字图书馆收。

邱澎生：《由市廛律例演变看明清政府对市场的法律规范》，《史学：传承与变迁学术研讨会论文集》，台湾大学历史学系，1998 年，第 291—333 页。

邱澎生、陈熙远编：《明清法律运作中的权力与文化》，台北：联经出版事业公司，2009 年。

瞿冕良：《中国古籍版刻辞典》，济南：齐鲁书社，1999 年。

曲彦斌主编：《语言民俗学概要》，郑州：大象出版社，2015 年。

———.《中国隐语行话大辞典》，沈阳：辽宁教育出版社，1995 年。

《全明诗》编纂委员会：《全明诗》，上海：上海古籍出版社，1990 年。

Rawski, Evelyn（罗友枝）：《清朝的教育与识字》(Education and Popular Literacy in Ch'ing China)，安娜堡：密歇根大学出版社（Ann Arbor: University of Michigan Press），1979 年。

Reed, Marcia（玛西娅·里德）、Paola Demattè（戴蓓岚）合编：《纸上中国：16 世纪晚期到 19 世纪早期的欧洲与中国作品》(China on Paper: European and Chinese Works from the Late Sixteenth to the Early Nineteenth century)，洛杉矶：盖蒂研究中心（Los Angeles: The Getty Research Institute），2007 年。

［明］仁潮：《法界安立图》，《卍续藏经》第 150 册，台北：新文丰，1993 年。

Rolston, David L.（陆大卫）编：《如何阅读中国小说》(How to Read the Chinese Novel)，普林斯顿：普林斯顿大学出版社（Princeton: Princeton University），1990 年。

———.《传统中国小说批评资料》("Sources of Traditional Chinese Fiction Criticism")，陆大卫编：《如何阅读中国小说》（英），第 3—34 页。

———.《传统小说评点》("Traditional Fiction Commentary")，Victor H. Mair（梅维恒）编：《哥伦比亚中国文学史》(The Columbia History of Chinese Literature)，第 940—950 页。

容肇祖：《明代思想史》，济南：齐鲁书社，1992 年。

Rosenfield, John M.（罗森福）：《三教合一：十五世纪日本绘画中的画题》("The Unity of the Three Creeds: A Theme in Japanese Ink Painting of the Fifteenth Century")，见《室町时代的日本》（英），第 205—225 页。

［明］阮祥宇编：《乐府万象新》，《海外孤本晚明戏剧选集三种》。

三浦国雄：《〈萬寶全書〉諸夷門小論：明人の外國觀》，《大東文化大學漢學會誌》，2005（44）：第227—248页。

Seth, Michael（迈克尔·赛思）：《简明朝鲜史》（*A Concise History of Korea*），马里兰州拉纳姆：罗曼和利特尔菲尔德出版集团（Lanham, MD: Rowman and Littlefield），2006年。

Shang Wei（商伟）：《〈金瓶梅〉与晚明印刷文化》（"*Jin Ping Mei* and Late Ming Print Culture"），见《书写与物质性在中国：韩南教授荣誉文集》（英），第187—238页。

———.《日常世界的创造：〈金瓶梅词话〉与日用类书》（"The Making of the Everyday World: *Jin Ping Mei cihua* and Encyclopedias for Daily Use"），见《事变与维新：从晚明到晚清及其后》（英），第63—92页。

《山海经图》，1593年刊本，《中国古代版画丛刊二编》，第1册，上海：上海古籍出版社，1994年。

［明］沈德符：《万历野获编》，北京：中华书局，1959年。

［清］沈德潜：《清诗别裁集》，北京：中华书局，1975年。

［明］沈弘宇述：《嫖赌机关》，明代德聚堂刊本。

神田喜一郎：《元の文宗の风流について》，见《羽田博士颂寿纪念东洋史论丛》，京都大学东洋史研究会，1950年，第477—488页。

［梁］沈约：《宋书》，北京：中华书局，1974年。

［辽］释行均：《龙龛手鉴》，北京：中华书局，1985年。

石宗源、柳斌杰总顾问：《中国出版通史》，北京：中国书籍出版社，2008年。

Shirane, Haruo（白根治夫）编：《展望〈源氏物语〉：媒介、性别与文化生产》（*Envisioning The Tale of Genji: Media, Gender, and Cultural Production*），纽约：哥伦比亚大学出版社（New York: Columbia University Press），2008年。

春光园花丸、冈田玉山：《异国一览》（《画本異國一覽》），大阪：浪花书林，1799年。

斯仁：《〈蒙古秘史〉伦理思想研究》，北京：高等教育出版社，2011年。

［汉］司马迁：《史记》，北京：中华书局，1959年。

［明］宋濂：《元史》，北京：中华书局，1976年。

苏峰先生古稀祝贺纪念刊行会编：《成簣堂善本书目》，东京：民友社，1932年。

Spence, Jonathan（史景迁）：《前朝梦忆：张岱的浮华与苍凉》（*Return to Dragon Mountain: Memories of a Late Ming Man*），纽约：维京出版社（New York: Viking），2007年。

Standaert, Nicolas（钟鸣旦）:《〈进呈书像〉史》（*An Illustrated Life of Christ Presented to the Chinese Emperor: The History of* Jincheng shuxiang），奥古斯丁：华裔学志研究中心（Sankt Augustin：Institut Monumenta Serica），2007 年。

Stone, Charles R.（查尔斯·斯通）:《中国艳情小说之源:〈如意君传〉译注》（*The Fountainhead of Chinese Erotica*: The Lord of Perfect Satisfaction［*Ruyijun zhuan*］ *with a Translation and Critical edition*），檀香山：夏威夷大学出版社（Honolulu: University of Hawai'i Press），2003 年。

Strassberg, Richard（宣立敦）:《中国动物宝典:〈山海经〉中的异物》（*A Chinese Bestiary: Strange Creatures from the Guideways through Mountains and Seas*），柏克莱：加州大学出版社（Berkeley: University of California Press），2002 年。

隋树森选编:《全元散曲简编》，上海：上海古籍出版社，1984 年。

孙崇涛:《风月锦囊考释》，北京：中华书局，2000 年。

———. 黄仕忠:《风月锦囊笺校》，北京：中华书局，2000 年。

［明］孙绪:《沙溪集》，《影印文渊阁四库全书》。

孙宜志:《江西弋阳方言的音韵特点》，《江西教育学院学报》，2008（29.1）第 58—61 页。

Swope, Kenneth M.（石康）:《龙头蛇尾:明中国与第一次大东亚战争，1592-1598》（*A Dragon's Head and a Serpent's Tail: Ming China and the First Great East Asian War, 1592-1598*），诺曼：俄克拉何马大学出版社（ Norman: University of Oklahoma Press），2009 年。

谭帆:《中国小说评点研究》，上海：华东师范大学出版社，2001 年。

田仲一成著，云贵彬、王文勋译:《明清的戏曲:江南宗族社会的表象》，北京：北京广播学院出版社，2004 年。

《太平御览》，北京：中华书局，1960 年影印版。

［明］谭元春著，陈杏珍标校:《谭元春集》，上海：上海古籍出版社，1998 年。

汤开建:《中国现存最早的欧洲人形象资料——〈东夷图像〉》，《故宫博物院院刊》，2001（1）:第 22—28 页。

［明］汤显祖著，徐朔方、杨笑梅校注:《牡丹亭》，北京：中华书局，1965 年。

［明］唐寅撰，［明］何大成辑:《唐伯虎先生集二卷外编五卷附录一卷续刻十二卷》，万历刊本。《续修四库全书》集部，别集类，第 1334—1335 册。

通拉噶、吴利群:《蒙元硬译体对〈蒙古秘史〉翻译的影响》，《内蒙古师范大学学报（哲学社会科学版）》，2006（4）:第 32—34 页。

［元］脱脱等:《宋史》，北京：中华书局，1977 年。

van der Loon, Piet（龙彼得）:《明刊闽南戏曲弦管选本三种》(*The Classical Theatre and Art Songs of Southern Fukien*)，台北:南天书局，1992 年。

van Gulik, R. H.（高罗佩）:《秘戏图考——附论汉代至清代的中国性生活，公元前二〇六年到公元一六四四年》(*Erotic Colour Prints of the Ming Period: With an Essay on Chinese Sex Life from the Han to the Ch'ing Dynasty, BC 206-AD 1644*)，书前有 James Cahill（高居翰）、Wilt L. Idema（伊维德）、Sören Edgren（艾思仁）评介文章，莱顿:博睿学术出版社（Leiden: Brill），2004 年。

Volpp, Sophie（袁书菲）:《文本、塾师与父亲:汤显祖〈牡丹亭〉中的教谕与学究》("Texts, Tutors, and Fathers: Pedagogy and Pedants in Tang Xianzu's *Mudan ting*")，见王德威、商伟合编:《事变与维新》(英)，第 25—62 页。

Wagner, Peter（彼得·瓦格纳）:《阅读图像文本:从斯威夫特到法国大革命》(*Reading Iconotexts: From Swift to the French Revolution*)，伦敦:睿创出版公司（London: Reaktion Books），1995 年。

王安祈:《明代传奇之剧场及其艺术》，台北:台湾学生书局，1986 年。

王宝平:《胡文焕丛书考辨》，《中华文史论丛》2001（65.1）:第 120—145 页。

王春瑜:《坑厕与文化杂谈》，《读书》，1991（11）:第 114—119 页。

Wang, David Der-wei（王德威）、Shang Wei（商伟）合编:《事变与维新:从晚明到晚清及其后》(*Dynastic Crisis and Cultural Innovation: From the Late Ming to the Late Qing and Beyond*)，麻州剑桥:哈佛大学亚洲中心（Cambridge, MA: Harvard University Asia Center），2005 年。

王尔敏:《明清时代庶民文化生活》，长沙:岳麓书社，2002 年。

王古鲁:《明代徽调戏曲散出辑佚》，上海:古典文学出版社，1957 年。

王国维著，周锡山编校:《王国维集》，北京:中国社会科学出版社，2008 年。

汪晖:《关于"早期现代性"及其他》，《中华读书报》2011 年 1 月 19 日。

[明]王骥德:《曲律》，《续修四库全书》集部，第 1758 册。

———.《新校注古本西厢记》，《续修四库全书》，集部，第 1766 册。

[晋]王嘉撰，[梁]萧绮录，齐治平校注:《拾遗记》，北京:中华书局，1981 年。

王利器:《元明清三代禁毁小说戏曲史料》，上海:上海古籍出版社，1981 年。

[明]王圻纂辑:《三才图会》，《续修四库全书》，子部，第 1232—1236 册。

王强:《会馆戏台与戏剧》，台北:文津出版社，2000 年。

王秋桂主编:《善本戏曲丛刊》，台北:台湾学生书局，1984 年。

Wang, Richard（王岗）:《创造工艺品:文化实践中的明代艳情小说》("Creating Cultural Artifacts: The Ming Erotica Novella in Cultural Practice")，芝加哥大学 1999

年博士论文。

王日根：《明清民间社会的秩序》，济南：岳麓书社，2003年。

［元］王实甫著，王季思校注：《集评校注西厢记》，上海：上海古籍出版社，1987年。

———．［明］《新刊奇妙全相注释西厢记》，北京金台岳氏弘治十一年（1498）刊本，《古本戏曲丛刊》第一辑，上海：上海古籍出版社，1954年。

———．张燕瑾校注：《西厢记》，中国古典文学读本丛书，北京：人民文学出版社，1994年。

［明］汪氏辑，孙雪宵校注：《诗余画谱》，上海：上海古籍出版社，2013年。

王颋：《折叠扇的输入与流播》，《东南文化》，2001（9）：第62—68页。

王文泰：《明代人编选明代诗歌总集研究》，复旦大学2005年博士论文。

王小盾：《唐代酒令艺术：关于敦煌舞谱、早期文人词及其文化背景的研究》，台北：文津出版社，1993年。

［明］王祎：《王忠文集》，《影印文渊阁四库全书》。

［南宋］王应麟：《玉海》，杭州：浙江书局，1883年。

王勇：《日本折扇的起源及在中国的流播》，《日本学刊》，1995（1）：第115—130页。

王育成：《明代彩绘全真宗祖图研究》，北京：中国社会科学出版社，2003年。

王正华：《过眼繁华——晚明城市图、城市观与文化消费的研究》，见李孝悌编：《中国的城市生活》，台北：联经出版事业公司，2005年，第1—57页。

———．《生活、知识与文化商品：晚明福建版"日用类书"与其书画门》，《"中央研究院"近代史研究所集刊》，2003（41）：第1—85页。

［明］王穉登：《客越志略》，清光绪七年（1881）钱唐丁丙嘉惠堂刻武林掌故丛编第四集。

王重民：《国会图书馆（Washington D.C.：Library of Congress）藏中国善本书录》，华盛顿特区：国会图书馆，1957年。

［明］《万用正宗不求人》，1609年刊本，《中国日用类书集成》，第10—11册。

温端政、周荐：《二十世纪的汉语俗语研究》，太原：书海出版社，2000年。

温世亮：《论〈皇明西江诗选〉的史料价值》，《兰台世界》，2014（1）：第158—159页。

［明］文震亨著，陈植、杨超伯校注：《长物志校注》，南京：江苏科学技术出版社，1984年。

West, Stephen H.（奚如谷）、Wilt Idema（伊维德）合译：《西厢记》（*The Story*

of the Western Wing），柏克莱：加州大学出版社（Berkeley: University of California Press），1995 年。

［明］吴伯宗：《荣进集》，《影印文渊阁四库全书》。

［明］吴承恩著，黄肃秋注释：《西游记》，北京：人民文学出版社，1980 年。

吴蕙芳：《明清以来民间生活知识的建构与传递》，台北：学生书局，2007 年。

———.《万宝全书：明清时期的民间生活实录》，台北：政治大学历史学系，2001 年。

Wu Hung（巫鸿）：《重屏：中国绘画的媒介与表现》（*The Double Screen: Medium and Representation in Chinese Painting*），芝加哥：芝加哥大学出版社（Chicago: The University of Chicago Press），1996 年。

［清］吴敬梓：《儒林外史》，北京：人民文学出版社，1958 年。

吴莉苇：《明清传教士对〈山海经〉的解读》，《中国历史地理论丛》2005（3）：第 117—126 页。

Wu, Yenna（吴燕娜）：《改良的讽刺和 17 世纪中国小说〈醒世姻缘传〉》（*Ameliorative Satire and the Seventeeth-Century Chinese Novel, Xingshi yinyuan zhuan—Marriage as Retribution, Awakening the World*），纽约州刘易斯顿：E. 梅伦出版社（Lewiston, NY: E. Mellen Press），1999 年。

［明］《五车拔锦》，1597 年刊本，《中国日用类书集成》，第 1–2 册。

［明］龚正我选辑：《摘锦奇音》，1611 年刊本，《善本戏曲丛刊》，第 1 辑，第 3 册。

肖东发：《建阳余氏刻书考略》，《文献》，1984（3）：第 230—47 页；1984（4）：第 195—219 页；1985（1）：第 236—250 页。

［梁］萧统编：《六臣注文选》，北京：中华书局，1987 年。

［明］笑笑生：《金瓶梅词话》，万历刊本，香港：太平书局，1993 年。

谢水顺、李珽：《福建古代刻书》，福州：福建人民出版社，1997 年。

［明］谢肇淛：《五杂组》，上海：上海书店出版社，2001 年。

［明］《新刊奇妙全相注释西厢记》，1498 年刊本，杭州：浙江古籍出版社影印，2002 年。

［明］《新刻出像音注花栏南调西厢记》，金陵富春堂万历刊本；《古本戏曲丛刊初集》，第 33 册。

［明］《新刻眉公陈先生编辑诸书备采万卷搜奇全书》，存仁堂 1628 年刊本，柏克莱加州大学东亚图书馆藏本。

须田牧子撰，黄荣光译：《〈倭寇图卷〉研究的现状》，《中国国家博物馆馆刊》，2013（6）：第 51—55 页。

齐烟、汝梅校点：《新刻绣像批评金瓶梅》，香港：三联书店，1990 年。

夏薇：《〈醒世姻缘传〉研究》，北京：中华书局，2007 年。

熊礼汇：《〈古文真宝〉的编者、版本演变及其在韩国、日本的传播》，[宋] 黄坚选编，熊礼汇点校：《详说古文真宝大全》，长沙：湖南人民出版社，2007 年，第 1—30 页。

[明] 熊稔寰汇辑：《新锓天下时尚南北徽池雅调》，万历刊本，《善本戏曲丛刊》，第一辑，第 7 册。

[清] 西周生著，黄肃秋校点：《醒世姻缘传》，上海：上海古籍出版社，1981 年。

徐彩雯：《跨越文化藩篱：〈浪漫骑士堂吉柯德〉之副文本变异》，《广译：语言、文学与文化翻译》，2014（11）：第 107—136 页。

许晖林：《朝贡的想像：晚明日用类书"诸夷门"的异域论述》，《中国文哲研究通讯》，2010（20.2）：第 169—192 页。

[明] 徐企龙编：《万书渊海》，1610 年刊本，《中国日用类书集成》，第 6—7 册。

———.《五车万宝全书》，1614 年刊本，《中国日用类书集成》，第 8—9 册。

[明] 徐渭：《南词叙录》，《中国古典戏曲论著集成》，第 3 册，北京：中国戏剧出版社，1959 年。

徐雪峰：《科举场面与戏剧效果》，《齐鲁学刊》，2008（2）：第 123—127 页。

[明] 徐应秋：《玉芝堂谈荟》，《笔记小说大观续编》，第 5 册，台北：新兴书局，1962 年。

[明] 严从简：《殊域周咨录》，黄润华、薛英编：《国家图书馆藏琉球资料汇编》，北京：北京图书馆出版社，2000 年。

杨伯峻：《论语译注》，北京：中华书局，1980 年。

———.《孟子译注》，北京：中华书局，1960 年。

[明] 叶子奇：《草木子》，正德十一年叶溥刊本。

杨惠玲：《戏曲班社研究：明清家班》，厦门：厦门大学出版社，2006 年。

杨天石：《泰州学派》，北京：中华书局，1980 年。

杨正泰校注：《天下水陆路程，天下路程图引，客商一览醒迷》，太原：山西人民出版社，1992 年。

扬之水：《物色：金瓶梅读"物"记》，北京：中华书局，2018 年。

———.《"妆得肩头一担春"：读宫制〈货郎图〉散记》，《紫禁城》，2017（1）：第 130—148 页。

———.《一担风雅——提匣与行具》，《紫禁城》，2006（5）：第 66—73 页。

姚蓉：《李雯生年辨正》，《文学遗产》，2006（1）：第 82 页。

么书仪、王永宽、高鸣鸾主编：《戏剧通典》；张炯等主编：《中国文学通典》，第 4 册，北京：解放军文艺出版社，1999 年。

叶德辉：《书林清话・书林余话》，长沙：岳麓书社，1999 年。

叶德均：《戏曲小说丛考》，北京：中华书局，1999 年。

Yeh, Catherine Vance（叶凯蒂）：《上海・爱：名妓、知识分子与娱乐文化，1850—1910》（*Shanghai Love: Courtesans, Intellectuals, and Entertainment Culture, 1850—1910*），西雅图：华盛顿大学出版社（Seattle: University of Washington Press），2006 年。

《异国物语》，江户时代刊本，东京：古典文库影印，1995 年。

衣若芬：《俯仰之间——〈兰亭修禊图〉及其题跋初探》，《中国学术》，2005（24），第 76—113 页。

［明］殷启圣汇辑：《尧天乐》，万历刊本，《善本戏曲丛刊》，第 1 辑，第 8 册。

［明］尹直：《謇斋琐缀录》，台北：台湾学生书局，1969 年。

［明］《异域图志》，明刊本。

［元］周致中著，陆峻岭校注：《异域志》，《真腊风土记校注 西游录 异域志》，北京：中华书局，2000 年。

Yonemoto, Marcia（玛西亚・优奈茂特）：《绘制近世日本版图：德川时代的空间、地方、与文化，1603—1868》［*Mapping Early Modern Japan: Space, Place, and Culture in the Tokugawa Period*（*1603—1868*）］，柏克莱：加州大学出版社（Berkeley: University of California Press），2003 年。

［清］永瑢等：《四库全书总目》，北京：中华书局，1965 年。

［清］雍正：《大义觉迷录》，北京：内府，雍正八年（1730）。

［明末清初］余怀，薛冰校注：《板桥杂记》，见《板桥杂记 续板桥杂记 板桥杂记补》，南京：南京出版社，2006 年。

Yu, Pauline（余宝琳）编：《宋词之声》（*Voices of the Song Lyric in China*），柏克莱：加州大学出版社（Berkeley: University of California Press），1994 年。

俞为民校注：《宋元四大戏文读本》，南京：江苏古籍出版社，1988 年。

［明］余象斗（余文台）编：《刻全像五显灵官大帝华光天王传》，1631 年刊本；台北：天一出版社，1985 年。

———. 纂：《三台万用正宗》，1599 年刊本，《中国日用类书集成》，第 3—5 册。

［明］俞宪编：《盛明百家诗》，《四库全书存目丛书》集部，第 304 册。

袁珂：《山海经校注》，上海：上海古籍出版社，1980 年。

Yung, Bell（荣鸿曾）：《样板戏之样板》（"Model Opera as Model: From Shajiabang to Sagabong"），见 Bonnie McDougall（杜博妮）编：《中国通俗文学与表演艺术：1949—1979》（*Popular Chinese Literature and Performing Arts in the People's Republic of China, 1949—1979*），柏克莱：加州大学出版社（Berkeley: University of California Press），1984 年，第 144—164 页。

Zeitlin, Judith T.（蔡九迪）、Lydia H. Liu（刘禾）、Ellen Widmer（魏爱莲）合编：《书写与物质性在中国：韩南荣誉文集》（*Writing and Materiality in China: Essays in Honor of Patrick Hanan*），麻州剑桥：哈佛大学亚洲中心（Cambridge, MA: Harvard University Asia Center），2003 年。

曾良：《明清小说俗字研究》，北京：商务印书馆，2017 年。

曾永义总策划，曹淑娟著：《戏曲格律与跨文类之承传、变异》，台北：国家出版社，2013 年。

查屏球：《由流行读物到文化典籍再到戏化语料》，见黄霖、陈广宏、郑利华编：《2013 年明代文学国际学术研讨会论文集》，南京：凤凰出版社，2015 年。

张伯伟：《选本与域外汉文学》，《南京大学学报（哲学·人文科学·社会科学）》，2002（4）：第 81—89 页。

———.《域外汉籍与中国文学研究》，《文学遗产》，2003（3）：第 131—139 页。

［清］张潮：《历代笔记小说大观·虞初新志》，上海：上海古籍出版社，2012 年。

［明］张岱：《陶庵梦忆》，夏咸淳、程维荣校注：《陶庵梦忆，西湖寻梦》，上海：上海古籍出版社，2001 年。

张发颖：《中国家乐戏班》，北京：学苑出版社，2002 年。

———.《中国戏班史》，北京，学苑出版社，2003 年。

［晋］张华撰，范宁校正：《博物志校正》，北京：中华书局，1980 年。

张光辉：《明、清刑律中的光棍罪》，《亚洲研究》，2008（5）：第 147—160 页。

张炯等主编：《中国文学通典》，4 册，北京：解放军文艺出版社，1999 年。

张伟保主编：《明代文学"复古与革新"研讨会论文集》，香港：新亚研究所，2001 年。

张秀民著，韩琦增订：《中国印刷史》，杭州：浙江古籍出版社，2006 年。

张炜：《西方书籍史理论与 21 世纪以来中国的书籍史研究》，《晋阳学刊》，2018（1）：第 19—25 页。

张涌泉：《汉语俗字研究》，长沙：岳麓书社，1995 年。

张志和：《朱鼎臣本〈三国志史传〉探考》，《明清小说研究》，2004（4）：第 196—205 页。

张志公：《传统语文教育教材论——暨蒙学书目和书影》，上海：上海教育出版社，1992 年。

　　赵含坤：《中国类书》，石家庄：河北人民出版社，2005 年。

　　[清]赵吉士：《寄园寄所寄》，上海：文盛书局，1915 年。

　　赵景深：《秋夜月》，《元明南戏考略》，北京：作家出版社，1958 年，第 125—135 页。

　　[汉]赵岐注，[宋]孙奭疏：《孟子注疏解经》，台北：故宫博物院，1986 年。

　　[清]昭梿著，何英芳校点：《啸亭杂录》，北京：中华书局，1980 年。

　　[明]郑开阳：《琉球图说》，《郑开阳杂著》，1693 年刊本，台北：成文出版社，1970 年。

　　郑克晟：《明代赣西重赋与江西士大夫》，《明清史探实》，北京：中国社会科学院出版社，2001 年，第 86—102 页。

　　郑利华：《前后七子研究》，上海：上海古籍出版社，2015 年。

　　[明]郑若庸：《类隽》，1578 年刊本，《续修四库全书》，子部，第 1236 册。

　　中国国家博物馆编：《中国国家博物馆馆藏文物研究丛书》，上海：上海古籍出版社，2006 年。

　　中国历史博物馆编：《中国历史博物馆》，北京：文物出版社，1984 年。

　　中国美术全集编辑委员会编：《中国美术全集》，60 册，北京：人民美术出版社，1984-1989 年。

　　《中外交通史籍丛刊》，北京：中华书局，1958 年；2000 年重印。

　　[元]周德清：《中原音韵》，《中国古典戏曲论著集成》，第 1 册，北京：中国戏剧出版社，1959 年。

　　周华斌、朱联群主编：《中国剧场史论》，北京：北京广播学院，2003 年。

　　周钧韬编：《金瓶梅研究资料续编（1911-1949）》，北京：北京大学出版社，1991 年。

　　周亮：《明万历年间建本内封面设计特征》，《装饰》，2007（8）：第 72—73 页。

　　[明]周世选：《卫阳先生集》，周承芳崇祯壬申年（1632）刊本。

　　周芜：《徽派版画史论集》，合肥：安徽人民出版社，1984 年。

　　周玉波：《喜歌札记》，北京：社会科学文献出版社，2011 年。

　　———.陈书录编：《明代民歌集》，南京：南京师范大学出版社，2009 年。

　　周鑫：《〈朱子家礼〉研究回顾与展望》，《中国社会历史评论》，2011（12）：第 432—446 页。

　　周心慧：《中国版画史丛稿》，北京：学苑出版社，2002 年。

　　———.《中国古版画通史》，北京：学苑出版社，2000 年。

———.《中国古代版刻版画史论集》，北京：学苑出版社，1998年。

———.《中国古代戏曲版画考略》，《古本戏曲版画图录》，北京：学苑出版社，1997年。

———.等编辑（金沛霖主编）:《古本戏曲版画图录》，5册，北京：学苑出版社，1997年。

———.主编:《新编中国版画史图录》，11册，北京：学苑出版社，2000年。

祝重寿:《中国插图艺术史话》，北京：清华大学出版社，2005年。

[清]朱彭寿:《安乐康平室随笔》，收入朱彭寿撰、何双生点校:《旧典备征 安乐康平室随笔》，北京：中华书局，1982年。

朱崇志:《中国古代戏曲选本研究》，上海：上海古籍出版社，2004年。

[明]朱国祯撰，王根林校点:《涌幢小品》，上海：上海古籍出版社，2012年。

朱立元、裴高主编:《中西学术（一）》，上海：学林出版社，1995年。

[明]朱孟震:《玉笥诗谈 正续》，北京：中华书局，1985年。

朱万曙:《明代戏曲评点研究》，合肥：安徽教育出版社，2002年。

[宋]朱熹:《御定小学集注》，《影印文渊阁四库全书》。

[清]朱彝尊:《明诗综》，《影印文渊阁四库全书》。